ZHENGSHOUFA ZHONG
GONGZHENG BUCHANG

征收法中的
公正补偿

—— 余文清 ◎ 著 ——

中国出版集团 | 全国百佳图书
中国民主法制出版社 | 出版单位

图书在版编目（CIP）数据

征收法中的公正补偿 / 余文清著 . — 北京：中国民主
法制出版社，2024. 12. — ISBN 978-7-5162-3820-2

Ⅰ. D922. 112. 4

中国国家版本馆 CIP 数据核字第 2024A4V277 号

图书出品人：刘海涛
出版统筹：石　松
责任编辑：刘险涛　吴若楠

书　　名 / 征收法中的公正补偿
作　　者 / 余文清　著

出版·发行 / 中国民主法制出版社
地址 / 北京市丰台区右安门外玉林里 7 号（100069）
电话 /（010）63055259（总编室）　63058068　63057714（营销中心）
传真 /（010）63055259
http: // www.npcpub.com
E-mail: mzfz@npcpub.com
经销 / 新华书店
开本 / 16 开　710 毫米 × 1000 毫米
印张 / 20　字数 / 364 千字
版本 / 2025 年 2 月第 1 版　2025 年 2 月第 1 次印刷
印刷 / 三河市龙大印装有限公司

书号 / ISBN 978-7-5162-3820-2
定价 / 98. 00 元
出版声明 / 版权所有，侵权必究。

公正补偿："财政幻觉"和"财产幻觉"的双向疗愈
——《征收法中的公正补偿》序

　　人唯有体面地生活，方能自由地思考。你我均为凡尘中的一分子，生于世间，总得有一片立足之地，方能谈及顶天立地的宏图大业。财产权与个人的尊严紧密相连，不可分割。同时，作为社会的一员，我们必须通过与他人合作，共同提升社会的总体福利，如此，个人的福利方能持久。于是，强制合作的征收制度便应运而生。征收问题，作为宪法学研究的富矿，其中蕴含的种种悖论既令人抓狂，又令人着迷。

　　征收规范的首要功能是约束政府的征收权。征收权源自国家主权概念，无须宪法特别授予。这一约束主要通过三个概念来实现：公共利益、补偿和正当程序。公共利益和正当程序几乎是对所有国家权力的基本要求，可以视为广谱药；而补偿，作为征收的"唇齿条款"，则可视为窄谱药。用"公正"来修饰补偿，使得这一窄谱药具有了双向疗愈的功效，既能疗愈政府的"财政幻觉"，又能疗愈财产权人的"财产幻觉"。

　　一

　　宪法学在探讨财产权时，往往陷入一种吊诡的局面。在强调财产权的重要性时，多从财产权与人格的关系出发，引用黑格尔哲学来支撑，突出财产与人的主体性之间的紧密联系，甚至不惜赋予其"神圣"之名，从而淡化财产权"物"的属性。然而，一旦话题转到补偿问题，态度便立即变得世俗，过分强调财产权"物"的属性，使得财产权的神圣性逐渐褪色。我们必须认识到，财产权的物性是其人性甚至神性的基础。原因在于，财产权在基本权利体系中的地位举足轻重，但如果财产权仅仅指向与人的主体性无关的物，那么财产权约束国家权力的功能就会变得极其薄弱——国家只需剥夺财产并支付对价即可。这样一来，宪法文本中财产权条款对国家征收的高度审慎态度将荡然无存，而宪法文本中的征收条款本意在于限制国家的征收权，这与民法典中财产权鼓励民事主体交易的功能具有完全不同的意蕴。然而，一旦征收成立，我们必须回到现实世界，讨论如何弥补那些为公共利益承受不合比例负担的财产权人所遭受的损失。这些损失只能用量化的货币来定价，法律才能得以操作。我们可以将上述悖论概括为：为什么要限制国家征收？因为财产权不仅仅是金钱；国家不得已征收了怎么办？付钱。如果付钱解决不了问题怎么办？多付钱？

二

公正补偿的重要功能是疗愈政府的"财政幻觉"。如果政府征收私人财产却无须补偿，或者征收价值高昂的财产仅提供低廉的补偿，那么政府就会产生过度征收的冲动。既可以强取豪夺，又可以假借公共利益之名行事。这种既有面子又有里子的事情，对于同为理性人的政府来说，何乐而不为呢？如果没有公正补偿，政府就无须内化征收的成本。本应保护财产权的政府，可能会演化为掠夺资源的"怪兽"，在偏执的"财政幻觉"中一意孤行，频繁启动征收的机器。越有价值的财产就越有可能被卷入命运的轮盘，人类苦心孤诣构建起来的财产权体系最终可能会毁于一旦。在土地财政的背景下，这类剧本上演的频率更高。政府征收更多的不动产，以更高的价格拍出，从"一征一卖"中赚得盆满钵满。

我们当然可以提出一套"长期价值"和"短期价值"的理论，来教育政府走出"财政幻觉"。不补偿或者少补偿会导致财产权人无心投资，出现"今朝有酒今朝醉""钱花掉了才是自己的"的现象，甚至用脚投票，导致财产外流，政府最终会"无财可征"。然而，这套理论最大的短板在于忽略了政府官员在启动征收时都面临任期限制这一制度事实。

公正补偿就是要让政府为征收买单。一旦如此，政府征收就会变得理性起来，走出"财政幻觉"，回到现实世界，开始考虑自身的财力状况，"有多少钱办多大事"。

三

既然公正补偿是疗愈政府"财产幻觉"的"苦口良药"，那么是否可以加大药的剂量呢？治顽疾是否应用猛药？是否应让政府为征收支付更多，即按照超出被征收财产本身价值的金额进行补偿，以使"财政幻觉"永不复发，这样是否更好呢？答案是否定的。虽然加大剂量或许能疗愈政府的"财政幻觉"，但同时也可能诱发财产权人的"财产幻觉"，其副作用不容忽视。

通过增加补偿来平衡财产权人不合比例的负担，看似简单，实则困难重重。首先，如何为被征收财产估值？多少金额才算多？多少金额才算少？政府与被征收人往往看法不一。经济学中的禀赋效应概念指出：对于同一件物品，如果它属于我自己，我往往会高估其价值；如果它属于别人，我往往会低估其价值。即对于同一件商品，人们愿意支付的价格往往低于他们愿意接受的价格。因此，按照政府或财产权人的估价进行补偿，双方很容易产生矛盾。

其次，给财产权人过多的补偿对纳税人来说也极不公平。因为政府用于补偿的资金来自财政，而财政的资金则来自税收。纳税人为什么要为打造"暴发户"而出资呢？公正补偿中的"公正"应包含双重含义：既要对财产权人公平，也要对纳税人公平。

再次，过多的补偿可能会引发财产权人的"财产幻觉"，激励他们进行低效甚至无效的投资。当财产权人观察到城市规划并留意市场动态时，如果预测到自己的财产可能面临征收，他们可能会增加投资。因为他们相信这样做能在征收中获得更多的补偿，从而避免投资成本的沉没。

最后，如果政府支付过多的补偿，导致财产权人因财产被征收而"一夜暴富"，这种结果可能并不会激励财产权人与政府合作。因为如果自愿出售只能得到等价补偿，而被征收却能获得溢价，那么财产权人为什么会选择主动出售呢？这样一来，"小地勒索"现象可能会层出不穷——即使政府的补偿已经高于预期，财产权人仍会策略性地抵抗，以谋求更高的出价。这将导致政府后续征收成本高昂，使得为了公共利益的征收无法顺利进行。

四

在"财政幻觉"与"财产幻觉"的双重困境中，公平市场价值的概念应运而生，成为公正补偿的 golden standard（黄金标准）。公平市场价值被定义为"自愿的买家支付给自愿的卖家的现金价值"，即一种脱离政府与财产权人影响的第三方定价机制。而且，此第三方并非特定个体，自愿买家与卖家均是假设存在，公平市场价值实则是多笔交易加权后的结果。它代表了制度选择的中值，是寻求和谐与平衡的妥协。

"公平"一词或许如普罗透斯之面，变幻无常。为简化讨论，我们暂且假定市场价值即为公平，内含了公平的要素。正如"公正补偿"一词，补偿本身就蕴含了公正的意味，不公正则不能称之为补偿，而应视为没收或惩罚。然而，这样的简化能否助我们走出困境呢？

市场价值以交易为基础，但在征收发生的那一刻，被征收的不动产并未发生买卖。若财产权人愿意将财产出售给政府，征收程序通常无需启动。因此，要确定被征收不动产的市场价值，往往只能参考类似不动产的市场价值。然而，世间万物各具特色，难以找到完全相同的不动产。不动产作为"特定物"，而非"种类物"，其独特性使得市场价值的确定变得复杂。

即便我们勉强找到了类似的不动产，其市场价值也难以确定。商品的交易频率越高，市场价值越容易确定，如95号汽油或大米的价格。反之，则市场价值难以捉摸。即使我们找到了与被征收不动产类似的不动产，其交易频率也往往不高，市场价值因此难以确定。

假设我们能够确定被征收不动产的价值，那么公平市场价值就能确定吗？相较于抽象的公共利益概念，公平市场价值作为公正补偿的标准更具现实意义。但价值本身与个人偏好相关，能否进行公平与否的判断呢？"公平市场价值"是"公平"对"市场价值"的限制，还是"公平"限制"市场"，进而"公平市场"限制"价值"？价值是客体对主体的意义，只要不触及人格尊严的底线，便无所谓公平与否。因此，"公平市场价值"是用"公平"来限制"市场"，再由"公平市场"来限制"价值"。这意味着，确定"公平市场价值"不能仅依赖于市场交易的简单均值，因为已发生的交易可能受到各种主客观条件的影响，如征收预期对交易价格的影响等。公平市场价值以已形成的交易价格为基础，但又不完全等同于这些价格。从这个角度看，公平市场价值其实也是一种假设。

在具体到某宗土地或土地使用权的征收时，通常是以政府确定的综合地价为基础，结合各种权重进行评估，最终得出被征收土地或土地使用权的价值。用公平市场价值作为公正补偿的标准，本意是约束政府行为，但其确定又离不开政府的作用。我们似乎找到了确定被征收不动产市场价值的方法，但这种方法很可能只是公平市场价值标准的表象。

即便我们竭尽全力走出公平市场价值的迷雾，也可能感到怅然若失。公平市场价值虽然双向疗愈了政府的"财政幻觉"和财产权人的"财产幻觉"，但也忽视了财产权人的情感，割裂了财产与人格的紧密联系。从抽象的经济理性人角度看，补偿公平市场价值似乎是公平的，但对于具有具体记忆和情感的财产权人来说，这真的公平吗？财产被征收，财产权的损失真的仅限于财产损失吗？公平市场价值能疗愈财产权人的"财产幻觉"，但无法抚平他们情感上的创伤。

公正补偿的概念理想很完美，但作为补偿标准的公平市场价值却存在不足，这是我们必须面对的制度现实。如果放弃公平市场价值概念而另寻他径，可能会导致政府的"财政幻觉"和财产权人的"财产幻觉"泛滥，征收补偿的路线将变得模糊不清。公平市场价值作为公正补偿的黄金标准，并非因其尽善尽美，而是在可选方案中，它比其他标准更为完善。我们追求世界的确定性，渴望幸福的生活，但也必须接受世事无常的现实。

传统的征收法以不动产征收为制度场景，几乎在每个问题上都存在争议。然而，争议背后其实有着大致相似的立场。具体到补偿问题，公正补偿和公平市场价值几乎是各国相关立法的共同基石。随着财产的不断迭代，"物必有体"的财产法概念可能逐渐成为过去式，与之相关的征收法概念也面临着扩展和更新的需求。

刘连泰

2024 年 7 月

前　言 / PREFACE

2004年宪法修正案将"补偿"明确纳入征收征用条款之中。根据《中华人民共和国宪法》（以下简称《宪法》）第10条第3款和第13条第3款的规定，国家为了公共利益的需要，可以依照法律规定对土地（私有财产）实行征收或者征用并给予补偿。此后，2011年颁布的《国有土地上房屋征收与补偿条例》（以下简称《征收与补偿条例》）（第2条）、2019年8月修改的《中华人民共和国土地管理法》（以下简称《土地管理法》）（第48条第1款）以及2020年通过的《中华人民共和国民法典》（以下简称《民法典》）（第243条）均进一步强调了征收国有土地上房屋或集体土地时应给予补偿的原则，并使用"足额""公平"或"合理"等术语来界定补偿的标准。这些规定体现了"无补偿即无征收"的原则，补偿的本质在于遵循公平正义，防止以公共利益为由，强制部分个体承担本应由全体公众共同承担的义务。然而，鉴于我国土地财产制度的复杂性和征收补偿实践的多样性，补偿规范在实际应用中仍面临诸多解释上的挑战：《宪法》对补偿的具体要求是什么？如何将《宪法》层面的补偿要求与《土地管理法》《民法典》《征收与补偿条例》等法律法规中的具体补偿要求对接？何为公平、合理的补偿？如何实现这样的补偿？征收补偿的具体对象应如何界定？如何唤醒征收补偿在限制政府征收权中的功能？"未经公正补偿，不得将私有财产征为公用。"作为美国宪法第五修正案的重要内容之一，公正补偿原则在美国被联邦最高法院及下级法院广泛适用。尽管中美两国在制度上存在显著差异，但在征收领域，公正补偿作为征收的必要条件，在中美两国法律中并无本质区别。因此，美国征收补偿的理论与实践在一定程度上可为我国提供有益的参考。

本书除绪论部分，共分为六章：

绪论首先阐述了征收法中公正补偿研究的背景、依据与意义，接着介绍了研究的主要内容与结构，对国内外研究现状进行了评述，并说明了研究方法。

第一章旨在明确征收法中公正补偿的基本含义，为研究奠定正确的前提。"无内容的概念是空泛的，无概念的观点是盲目的。"公正补偿的概念源自美国宪法第五修正案，尽管该修正案关于公正补偿的表述简洁（仅 12 个单词），且制宪者未对其作过多解释。从原旨主义理论出发，公正补偿作为限制征收权的要件而诞生，它向美国人民传达和灌输了"财产权神圣不可侵犯"和"未经补偿的政府征收侵犯基本权利"的理念。作为判例法国家，美国公正补偿的宪法含义很大程度上依赖于法院的解释，尤其是联邦最高法院的解释。在莫农加希拉航运公司诉美国案、鲍曼诉罗斯案、波士顿商会诉波士顿市案以及奥尔森诉美国案等案件中，联邦最高法院对公正补偿中的"公正"与"补偿"进行了深入解析，强调以被征收人的损失为基础进行等价补偿，并注重征收人与被征收人之间的双向公正。

第二章旨在阐明征收法中公正补偿的基础理论，为研究的正当性奠定基础。公平、效率和公共选择等理论为公正补偿的正当性提供了支持：作为社会公平的重要组成部分，公正补偿不仅能保护财产权人免于承受不合比例的负担，还能防止政府的财政幻觉，促进经济和社会效率，塑造政府的公共理性。征收、公用和公正补偿是征收补偿条款的三大核心内容。征收围绕征收权展开，征收权作为主权的附属权力，具有绝对性和至上性，而公用和公正补偿则是对征收权的限制。随着公用概念的不断扩张，公用要件的限制作用逐渐弱化，公正补偿要件的限制功能则得到强化。

第三章详细分解了征收法中公正补偿的内容，全景勾画公正补偿的多重面向。公正补偿包含实体和程序两大类内容。实体内容主要涉及补偿主体、补偿客体、补偿标准等要件；程序内容则围绕补偿主体实现公正补偿的方式、方法和步骤展开。实体内容是公正补偿的"体"，程序内容则是其"翼"，两者共同构成了公正补偿的完整框架。

第四章从多个维度剖析了征收法中公正补偿的标准，为标准的适用提供了客观规则。公平市场价值是法院在司法判决中创立的标准，是解决公正补偿适用难题的关键。然而，公平市场价值也面临诸多新问题。本章将通过分析法院判例，回答关于公平市场价值的基本问题，提炼出公平市场价值认定的分析准则或教义，归纳公平市场价值的计算方法，并剖析公平市场价值标准的困境。

第五章阐述了征收法中公正补偿标准的批判性建构意见，旨在解决公平市场价值标准的理性不足问题。"时代的发展总会丰富制度的新内涵"，尽管公平市场价值在征收法中占据主导地位，但其本身存在诸多缺陷。理论界和实务界一直在探索以主观估价、溢价补偿等方法来弥补现行补偿标准的不足，以实现更公正的补偿。

第六章立足于中国征收补偿的语境，深入研讨了美国征收法中的征收补偿经验。"法律的发展离不开借鉴"，在比较分析的基础上，架构财产权利束理念，解释公平市场价值标准在中国法中的适用，并构建程序与实质并重的征收补偿程序，以期达到"他山之石"的效果。

结语部分主要对本书的主要观点、内容进行了回顾与总结，并对未来中国征收补偿制度的发展进行了展望，同时指出了存在的问题。

目 录 / CONTENTS

绪　论

一、问题意识

征收权，作为国家主权的一项附属权力，通常在市场自愿交易机制失效、非强制手段无法实现公共利益的情况下才会被运用。20 世纪 80 年代，随着中国住房制度的改革及市场化房地产发展模式的兴起，建设用地需求激增，政府开始更频繁地行使征收权。这一时期，因拆迁引发的事件接连发生。从 2005 年上海麦琪里纵火拆迁事件，到 2012 年赣州安远的强拆事件，再到 2015 年山东丁汉忠抗拆事件，引发了社会对征收问题的广泛讨论。尽管近年来，随着城市建设步伐的放缓，征收补偿中的恶性事件已明显减少，但理论界和实务界对征收问题的关注热度并未减退。

在规范层面，限制政府征收权的理由主要有两点：一是征收目的的正当性，即征收必须基于公共利益；二是补偿的公正性，即补偿是否合理。公共利益的内涵和外延具有高度的模糊性，[①] 并且公共利益也是一个历史范畴的概念，人们对征收目的正当性的讨论一直难以取得实质性进展，征收矛盾至今仍未得到有效缓解，甚至在某些地区有所加剧。实际上，征收目的中公共利益的界限不清只是问题的一方面，补偿的公正性同样是引发矛盾的重要因素。

---

① 屈茂辉，周志芳. 中国土地征收补偿标准研究——基于地方立法文本的分析 [J]. 法学研究，2009，31（3）：163-177.

为进一步加强征地拆迁管理，切实维护群众合法权益，国务院办公厅、中纪委办公厅、国土资源部办公厅相继出台了一系列相关文件。①2010 年，国务院办公厅发布《关于进一步严格征地拆迁管理工作切实维护群众合法权益的紧急通知》，强调要确保补偿足额到位；②2011 年，中纪委发布《关于加强监督检查进一步规范征地拆迁行为的通知》，明确了征收补偿标准；③ 同年，国土资源部办公厅也发布《关于切实做好征地拆迁管理工作的紧急通知》，指出："征地中拆迁农民房屋要给予合理补偿，……确保征地补偿费用及时足额支付到位。④" 2014 年，中央全面深化改革领导小组第七次会议和中央政治局常委会会议审议通过了《关于农村土地征收、集体经营性建设用地入市、宅基地制度改革试点工作的意见》，要求合理确定土地征收补偿标准，并按规定足额支付土地补偿费、安置补助费、地上附着物和青苗补偿费等费用，同时安排被征地农民的社会保障费用。⑤2016 年 11 月 4 日，中共中央、国务院发布《关于完善产权保护制度依法保护产权的意见》，旨在进一步完善财产征收

---

① 根据 2018 年国务院《关于提请审议国务院机构改革方案》，我国不再保留"国土资源部"，组建"自然资源部"，基于时间线，此处仍以"国土资源部"表述。

② 该《通知》指出："要加强对征地实施过程的监管，确保征地补偿费用及时足额支付到位……"详见：国务院办公厅 . 关于进一步严格征地拆迁管理工作切实维护群众合法权益的紧急通知［EB/OL］.(2010-05-15)［2024-06-01］. http://www.wulanchabu.gov.cn/information/wlcbzfw3703/msg1878418518492.html.

③ 该《通知》指出："房屋拆迁要按照建筑重置成本补偿，宅基地征收按当地规定的征地标准补偿……要督促建立与当地经济发展水平相适应、收入增长幅度相协调的补偿标准动态调整机制……在《土地管理法》等法律法规作出修改之前，集体土地上房屋拆迁，要参照新颁布的《国有土地上房屋征收与补偿条例》的精神执行。"详见：中纪委办公厅 . 关于加强监督检查进一步规范征地拆迁行为的通知［EB/OL］.(2011-03-17)［2024-06-01］. http://www.heyuan.gov.cn/web/zdgytdsfwzsbcfgzc/20171115/2397669.html

④ 国土资源部 . 关于切实做好征地拆迁管理工作的紧急通知［EB/OL］.(2011-05-16)［2024-06-01］. http://f.mnr.gov.cn/201702/t20170206_1436897.html.

⑤ 在 2018 年 12 月 23 日在第十三届全国人民代表大会常务委员会第七次会议上，国务院作关于农村土地征收、集体经营性建设用地入市、宅基地制度改革试点情况的总结报告时提及该内容。

征用制度。^① 随后，最高人民法院也发布了《关于充分发挥审判职能作用切实加强产权司法保护的意见》^②《关于为实施乡村振兴战略提供司法服务和保障的意见》等司法解释，以助力补偿工作的公正实施。^③

补偿是私有财产保障的核心。美国宪法第五修正案明确规定，征收公民财产应给予"公正补偿"；德国基本法强调，征收赔偿应公平衡量公共利益与私人利益；日本宪法也指出，"私有财产在正当补偿下得收为公用。^④"无论是借鉴域外立法经验，还是依据我国《中华人民共和国宪法》（以下简称《宪法》）第 10 条第 3 款、第 13 条第 3 款、《中华人民共和国民法典》（以下简称《民法典》）第 243 条、《中华人民共和国土地管理法》（以下简称《土地管理法》）第 2 条第 4 款、第 48 条第 1 款，以及《国有土地上房屋征收与补偿条例》（以下简称《征收与补偿条例》）的相关规定，补偿都是正当化征收的必备要素。

① 该《意见》指出："该意见提出要"遵循及时合理补偿原则，完善国家补偿制度，进一步明确补偿的范围、形式和标准，给予被征收征用者合理补偿"。详见：中共中央、国务院. 关于完善产权保护制度依法保护产权的意见［EB/OL］.（2016-11-04）［2024-06-01］. http://www.gov.cn/xinwen/2016-11/27/content_5138533.htm.

② 2016 年 11 月 29 日，最高人民法院《关于充分发挥审判职能作用切实加强产权司法保护的意见》指出："征收征用案件……遵循及时合理补偿原则，对土地征收和房屋拆迁补偿标准明显偏低的，要综合运用多种方式进行公平合理补偿"。详见：最高人民法院. 关于充分发挥审判职能作用切实加强产权司法保护的意见［EB/OL］.（2016-11-29）［2024-06-01］. http://www.court.gov.cn/fabu-xiangqing-31771.html.

③ 2018 年 10 月，最高人民法院《关于为实施乡村振兴战略提供司法服务和保障的意见》指出："及时足额对农村集体经济组织和农民予以合理补偿……作为认定征地合法性的重要因素。"详见：最高人民法院. 关于为实施乡村振兴战略提供司法服务和保障的意见［EB/OL］.（2018-11-07）［2024-06-01］. http://www.court.gov.cn/fabu-xiangqing-127401.html.

④ 房绍坤，王洪平. 不动产征收法律制度纵论［M］. 北京：中国法制出版社，2008：334.

（一）中国征收补偿的规范内涵

1.《宪法》中的补偿规范

2004 年宪法修正案首次在征收征用条款中明确引入了"补偿"概念，从而在《宪法》层面上确立了被征收征用者的补偿权利以及国家的相应补偿义务。依据《宪法》第 10 条第 3 款与第 13 条第 3 款的规范内容，[①] 征收权的行使不再仅仅受限于"公共利益"这一条件，"并"一词表明了征收与补偿的唇齿关系。征收行为必须伴随补偿，无补偿则征收行为不成立，补偿因此成为征收权行使的必要条件。

《宪法》作出"给予补偿"的规定意在保障公民的合法的私有财产，以提纲挈领的方式一般化地对下位法的补偿规定进行统摄，同时还发挥了《宪法》作为根本法的价值负载和体系整合的功能。[②] 在当代社会，补偿模式多样，包括公正补偿、合理补偿、公平补偿、适当补偿等，补偿标准也各式各异，我国《宪法》目前仅对"给予补偿"作出了原则性规定，具体细节则交由法律进一步细化。然而，法律在细化过程中可能降低补偿标准，且《宪法》条款无法直接由法院适用，这可能导致《宪法》中的补偿规定高阁蒙尘。[③]

---

① 《宪法》第 10 条第 3 款规定："国家为了公共利益的需要，可以依照法律规定对土地实行征收或者征用并给予补偿。"第 13 条规定："公民的合法的私有财产不受侵犯。国家依照法律规定保护公民的私有财产权和继承权。国家为了公共利益的需要，可以依照法律规定对公民的私有财产实行征收或者征用并给予补偿。"

② 赵旭东，王光进 . 土地征收与房屋拆迁中的利益冲突及其法律调整［M］. 北京：法律出版社，2013：298.

③ 沈开举 . 征收、征用与补偿［M］. 北京：法律出版社，2006：211.

2.《土地管理法》中的补偿规范

继 2004 年宪法修正案之后，第十届全国人大常委会第十一次会议对《土地管理法》进行了修改，^①从法律制度层面完善了征收补偿的相关规定。2019 年 8 月 26 日，第十三届全国人大常委会第十二次会议通过了《关于修改〈中华人民共和国土地管理法〉的决定》，对 2004 年修改的《土地管理法》再次进行了修改，标志着历经多年的《土地管理法》修改工作终于完成。

在我国，《土地管理法》中的土地征收主要针对非国家所有的土地，即国家为实现公共利益，可通过行使征收权，并以补偿为条件，将集体所有的土地转变为国家所有。城市化进程中，城市规模的扩大常被视为重要指标之一。^②为满足城市经济建设用地需求，^③各地政府普遍采取了征收集体土地的方式。我国现有人口超过 14.1 亿，其中乡村人口约 5.09 亿，占比 36.11%。^④2021 年自然资源部公布了第三次全国国土调查的主要数据，显示我国耕地面积为 19.179 亿亩，^⑤虽已达到 2017 年国务院《全国国土规划纲要（2016—2030 年）》提出的 18.25 亿亩耕地保有量目标，^⑥但鉴于建设用地需求持续增长，"三调"结果显示，全国建设用地总量已达 6.13 亿亩，较"二调"

---

① 2004 年《中华人民共和国土地管理法》第 2 条第 4 款规定："国家为了公共利益的需要，可以依法对土地实行征收或者征用并给予补偿。"

② 参见：林筠，李随成. 西部地区城市空间结构及城市化道路的选择［J］. 经济理论与经济管理，2002（4）：69-73.

③ 2015 年，我国建设用地需求居高不下，2015 年实际供地达到 53 万公顷。随着新型工业化、信息化、城镇化、农业现代化同步发展，资源需求仍将保持强劲势头。参见：中华人民共和国中央人民政府. 国务院关于印发全国国土规划纲要（2016-2030）的通知［EB/OL］. (2017-02-04)［2024-06-01］. http://www.gov.cn/zhengce/content/2017-02/04/content_5165309.htm.

④ 中华人民共和国国家统计局. 第七次全国人口普查公报（第七号）［EB/OL］. (2021-05-11)［2024-06-01］. https://www.stats.gov.cn/sj/tjgb/rkpcgb/qgrkpcgb/202302/t20230206_1902007.html.

⑤ 中华人民共和国自然资源部. 一图读懂第三次全国国土调查主要数据公报［EB/OL］. (2021-09-03)［2024-06-01］. https://www.mnr.gov.cn/dt/tpxw/202109/t20210903_2679106.html.

⑥ 中华人民共和国中央人民政府. 国务院关于印发全国国土规划纲要（2016-2030）的通知［EB/OL］. (2017-02-04)［2024-06-01］. http://www.gov.cn/zhengce/content/2017-02/04/content_5165309.htm.

时增加了 1.28 亿亩，增幅达 26.5%。[①] 城市化是一个自发且渐进的过程，[②] 在土地总量不变的情况下，国有土地数量的增加必然导致集体土地数量的减少。政府指导下的城市规模扩大，在一定程度上是以牺牲农民利益为代价的。[③] 因此，《土地管理法》中的"补偿"规定，既具有控制政府征收权力的意图，也寓含保障失地农民合法权益的目的。

随着《土地管理法》的修改完成，国家鼓励盘活闲置农村村民住宅和宅基地，集体经营性建设用地入市的法律障碍已消除，使用权正逐步入市，未来实现更公平补偿的可能性正在不断增大。[④]

3.《民法典》中的补偿规范

在 2020 年《民法典》通过之前，民事领域关于征收补偿的规范主要规定在 2007 年颁布的《中华人民共和国物权法》（以下简称《物权法》）中。该法进一步细化了 2004 年宪法修正案中关于补偿的要求。根据《物权法》第 42 条和第 44 条的规定，[⑤] 一方面，《物权法》明确规定了应依法足额支付土地补

---

① 中国农村综合改革研究中心曾提出未来 30 年我国失地农民将超过 1 亿人。中国农村综合改革研究中心. 未来 30 年中国失地农民将超过 1 亿［EB/OL］.（2017-07-11）［2024-06-01］. http://znzg. xynu.edu.cn/a/2017/07/11081.html.

② 参见：陆大道，姚士谋，李国平. 基于我国国情的城镇化过程综合分析［J］.经济地理，2007（6）：883-884.

③ 参见：季金华，徐骏. 土地征收法律问题研究［M］.济南：山东人民出版社，2011：116.

④ 例如，在农业用地的土地补偿费和安置补助费方面，新修改的《土地管理法》不再采原用途的倍数补偿方法，而是采区片综合地价方法，综合地价由省、自治区、直辖市在考虑土地原用途、土地资源条件、土地产值、土地区位、土地供求关系、人口以及经济社会发展水平等因素的前提下制定，可以说，此项规定一定程度上为采用更为市场化的补偿计算方法准备了制度条件。

⑤ 《物权法》（已被废止）第 42 条规定："为了公共利益的需要，依照法律规定的权限和程序可以征收集体所有的土地和单位、个人的房屋及其他不动产。征收集体所有的土地，应当依法足额支付土地补偿费、安置补助费、地上附着物和青苗的补偿费等费用，安排被征地农民的社会保障费用，保障被征地农民的生活，维护被征地农民的合法权益。征收单位、个人的房屋及其他不动产，应当依法给予拆迁补偿，维护被征收人的合法权益；征收个人住宅的，还应当保障被征收人的居住条件。"第 44 条规定："单位、个人的不动产或者动产被征用或者征用后毁损、灭失的，应当给予补偿。"详见：中华人民共和国物权法［M］.北京：中国法制出版社，2012：23-24.

偿费、安置补助费、地上附着物和青苗补偿等，以确保失地农民的长远生计；另一方面，《物权法》为失地农民的居住条件提供了保障，将被征收人的保护从形式层面提升至实质层面。这些规定基本上被后来的《民法典》所继承，为公民个人财产保护提供了制度性支持。《民法典》第 117 条规定："为了公共利益的需要，依照法律规定的权限和程序征收、征用不动产或者动产的，应当给予公平、合理的补偿。"第 243 条第 1 款、第 2 款和第 3 款则分别明确了征收对象、征收补偿的损失范围等内容。[①] 与《物权法》不同的是，《民法典》并未将集体土地上的住宅视为地上附着物进行补偿，而是明确将"农村村民住宅"作为一类独立的补偿类别，这在一定程度上体现了对住宅作为不动产价值的尊重。

4.《征收与补偿条例》中的补偿规范

随着宪法修正案的通过以及相关法律的修改，1991 年颁布的《城市房屋拆迁管理条例》已逐渐显得不合时宜。经过数年的讨论，《征收与补偿条例》终于在 2011 年正式出台，实施了近十年的《城市房屋拆迁管理条例》也随之被废止。与之前的立法相比，《征收与补偿条例》在补偿范围、程序、主体等多个方面进行了优化，并在征收补偿规范中突出了公正补偿的理念。该条例第 2 条提出，征收房屋应对被征收人"给予公平补偿。"[②] 有论者对此表示赞赏，认为《征收与补偿条例》以"公平补偿"这一术语结束了学者们

---

① 《民法典》第 243 条第 1 款、第 2 款和第 3 款规定："为了公共利益的需要，依照法律规定的权限和程序可以征收集体所有的土地和组织、个人的房屋以及其他不动产。征收集体所有的土地，应当依法及时足额支付土地补偿费、安置补助费以及农村村民住宅、其他地上附着物和青苗等的补偿费用，并安排被征地农民的社会保障费用，保障被征地农民的生活，维护被征地农民的合法权益。征收组织、个人的房屋以及其他不动产，应当依法给予征收补偿，维护被征收人的合法权益；征收个人住宅的，还应当保障被征收人的居住条件。"

② 《征收与补偿条例》第 2 条规定："为了公共利益的需要，征收国有土地上单位、个人的房屋，应当对被征收房屋所有人（以下称被征收人）给予公平补偿。"详见：国有土地上房屋征收与补偿条例 [M].北京：中国法制出版社，2012：1-2.

长期以来认为《宪法》规定的补偿原则过于抽象的争论，增强了补偿实践的可操作性。[①] 然而，"公平补偿"的内涵和外延仍需立法和司法进一步解释和明确。

（二）中国补偿规范的适用现状

公共利益与补偿正当性是征收议题中的两个核心焦点。相较于对公共利益的关注，国内民众对补偿问题的关注度更高。在《征收与补偿条例》的首次征求意见稿中，社会各界针对补偿问题共提出了 13332 条意见，[②] 这比关于公共利益的意见多出了近 32%。从规范名称上看，《征收与补偿条例》打破了传统做法，将"补偿"一词与"征收"并列提出，既凸显了对补偿问题的重视，也准确把握了我国当前征收纠纷中的主要矛盾。以 2014 年最高法院公布的全国法院征收拆迁十大典型案例为例，补偿纠纷占据了相当大的比例。[③] 此外，在北大法宝上以"征收补偿"为关键词进行标题检索，共找到了 22435 例涉及补偿纠纷的行政案例，其中最高法院审理的相关案例就达 2321 例。[④] 由此可见，征收中的"补偿"问题一直是引发征收矛盾和社会问题的关键

---

① 参见：朱宝丽.征收权与财产权平衡视野下的征收补偿原则［J］.中国土地科学，2012，26（7）：67-72.

② 在《国有土地上房屋征收与补偿条例》第一次征求意见稿结束时，收到有关公共利益的意见共计 9161 条.详见：史笔，顾大松，朱嵘.房屋征收与补偿司法实务［M］.北京：中国法制出版社，2011：14.

③ 涉及补偿的六个案例分别为：何刚诉淮安市淮阴区人民政府房屋征收补偿决定案；艾正云、沙德芳诉马鞍山市雨山区人民政府房屋征收补偿决定案；文白安诉商城县人民政府房屋征收补偿决定案；霍佩英诉上海市黄浦区人民政府房屋征收补偿决定案；毛培荣诉永昌县人民政府房屋征收补偿决定案.详见:中国法院网.最高法公布全国法院征收拆迁十大典型案例［EB/OL］.（2014-08-29）［2024-06-01］.http://www.chinacourt.org/article/detail/2014/08/id/1429378.shtml?_t=84673.

④ 截止 2024 年 1 月 2 日，在北大法宝上分别以"征收"＋"补偿"和"征收"＋"公共利益（征收范围）"为关键词进行模糊搜索，有关补偿的案例比有关公共利益的案例多出近 5 倍。

因素。

补偿实际上是不同利益相关者相互博弈后的协商结果，而补偿规范则旨在使这一博弈结果更加公平。在我国，补偿条款实际上存在规范标准与实践标准之分。规范标准是指我国现行法律规范中明确规定的标准；实践标准则是指全国各地政府在具体征收补偿案件中实际执行的标准，[①] 两者并不完全一致。实践标准与规范标准的偏离有多方面的原因。一方面，《征收与补偿条例》虽然以列举的方式规定了补偿范围，并依据"类似房地产的市场价格"对被征收人进行补偿，从而平息了许多关于补偿不足的争议。但"类似房地产的市场价格"的具体评估仍需依赖地方政府的落实，而评估结果因被征收财产所处地域的不同而差异显著。此外，基于我国的二元土地所有制结构，《征收与补偿条例》仅规范国有土地上的房屋征收与补偿，而集体土地及其上房屋的补偿则大多由《土地管理法》《民法典》《土地管理法实施条例》来规范。对于因集体土地征收而被拆迁的房屋的补偿问题，2019 年新修改的《土地管理法》单独列出了"农村村民住宅"的补偿，不再将其作为地上附着物对待，但具体补偿方式仍不够明确。尽管新一轮的《土地管理法》修改已经完成，但新补偿规范与实践的完美融合仍面临诸多挑战。

另一方面，政府启动征收自有其公用目的，并且必然会力求最小化征收成本。在征收过程中，政府和被征收人构成了一种关联交易关系。信息获取充分时，公平的关联交易会促进交易双方高效地完成交易；而有失公平的关联交易关系则可能导致占据优势地位的一方利用其影响力和控制力进行违背自由市场规则的交易。[②] 在国有土地房屋征收案件中，政府拥有土地所有权，

---

① 参见：屈茂辉，周志芳. 中国土地征收补偿标准研究——基于地方立法文本的分析 [J]. 法学研究，2009，31（3）：163-164.

② 关联交易关系即关联方之间的交易形成的关系，关联交易在市场经济条件下广泛存在，优势是由于双方存在关联关系，可以节约大量因谈判或信息不对称等引起的交易成本，优化资源配置。参见：郑丽英. 关联交易的界定和规范 [J]. 当代法学，1999（6）：59-61.

而被征收人则拥有房屋所有权以及房屋所在土地上的土地使用权^①（如图 1 所示）。当政府拟收回房屋所在地的国有土地使用权时，根据我国《民法典》第 356 条、第 257 条和第 397 条以及《城市房地产管理法》第 32 条的规定，遵循"房随地走"的原则，政府必须同时取得国有土地上的房屋所有权，此时国有土地上房屋征收便随之发生。换言之，国有土地上房屋征收的目的并非直接针对"房屋所有权"，而是通过清除"国有土地所有权"上的负担来收回"房屋所有权"下的"国有土地使用权"。由于政府在征收关系中扮演多重角色，当征收费用过高且无法进一步优化时，政府很可能会倾向于降低对被征收人的补偿金，利用行政权力推动征收的进行，以此降低征收交易成本。

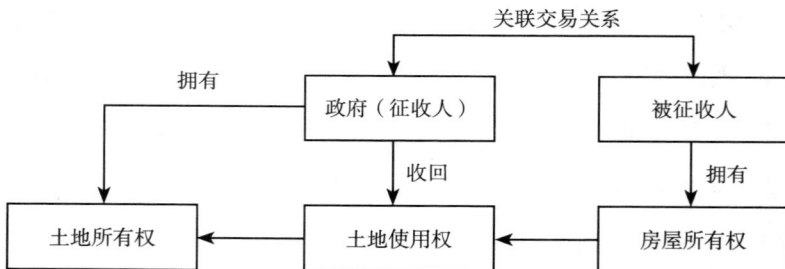

图 1　国有土地上房屋征收中政府（征收人）与被征收人之间的关联交易关系

总体上，我国征收法对财产征收作出了较为妥当的安排，^②但基于我国错综复杂的土地制度和补偿实践，征收补偿规范仍面临着解释困境。

---

① 参见：赵云海. 房屋征收补偿实质公平与市场价值［M］. 北京：中国社会科学出版社，2015：48.

② 规范上，我国并不存在一部名为《征收法》的法律，此处所称的"征收法"是类似于"行政法"一样，对有关征收的法律规范进行概称。

二、研究依据与意义

从《宪法》修正案明确"给予补偿"，到《征收与补偿条例》的颁布实施以及《土地管理法》的修改，再到《民法典》的相继出台，补偿规范的不断完善确实令人振奋，值得称赞。然而，在实践中，多次发生的补偿恶性事件却不断触动人们的神经，直指补偿规范的核心问题。这究竟是规范不够完善？政府补偿不够充分？还是人心过于贪婪？

一项合宪的征收必须同时满足公用和补偿两项要件。鉴于历史上人们对公共利益和社会义务的普遍认同，我国很少出现以公共利益为由限制政府征收权的案件。而在美国，法院在公用判定上较为遵从行政机构的征收决定，认为政府的征收决定具有"几近决定性"的效力，并仅受到最低限度的司法审查。[①] 因此，作为征收限制要件之一的公用正在逐渐弱化，尤其是在 2007 年美国凯洛诉新伦敦市案判决之后，公用要件再度扩张。[②] 以公用制约政府征收权的方式已不再那么有效，公正补偿要件的重要性因此进一步凸显，成为正当化征收的关键要素。在我国法律规范尚未明确、实践也未明确说明如何正当化补偿的背景下，关注公正补偿在美国征收法中的百年演变，可以让我们在真正树立理论自信的基础上，重新审视我国征收中的补偿问题。

---

① 根据现行法律，征收决定甚至无需受到合理基础（rational basis）审查。Hawaii Hous. Auth. v. Midkiff, 467 U.S. 229, 241(1984).

② Kelo v. City of New London, 545 U.S. 469 (2005).

（一）征收法的重要性

财产的个人属性与社会属性使得财产权与财产征收紧密相连。洛克曾言："私有财产是每个人应享有的、先于社会和国家的自然权利。[1]"洛克的财产权理论蕴含了"所属"的概念，后来逐渐演化为"自身所有权"的概念。即我的财产是正当属于我的，这种个人主义思想在近代财产所有权观念中占据了主导地位。[2]进入 20 世纪后，财产权观念从个人的绝对权利发展为社会的相对权利。根据霍费尔德的理论，设立财产权的正当性理由源于财产权的社会实用性，它强调人类在本质上的社会属性及其与社会的整体关联性。财产观念逐步向社会化转变，衍生出财产的社会义务，并日益强调财产权的社会限制。因此，财产权的宪法规范内涵不再仅限于财产的不可侵犯（保障），还包括限制（或制约）和剥夺（征收）。[3]不可侵犯的规范性内涵要求国家应积极主动地提供制度保障；限制的规范内涵则是指基于财产的社会性对财产进行公共制约；剥夺的规范内涵则在于国家根据公共利益或公用的需要对私人财产进行征收。在社会主义市场经济不断发展的当下，土地、房屋等财产的稀缺性使得"限制"与"剥夺"成为财产权研究的前沿问题。与财产的社会性限制相比，对财产进行"剥夺"的征收似乎更为引人注目，成为当前我国社会发展所必须面对的一个不可回避的课题。

在广义上，我国征收法对财产的征收作出了较为合理的安排。然而，从社会主义市场经济的要求来看，我国征收法中的规范内容仍存在难以解决的技术性难题。在美国，"剥夺"也构成了财产权宪法规范中的一项重要内容。

---

[1] 王铁雄. 征收补偿与财产权保护研究 [M]. 北京：中国法制出版社，2011：21.

[2] 王铁雄. 美国财产法的自然法基础 [M]. 沈阳：辽宁大学出版社，2007：20-149.

[3] 房绍坤，王洪平. 公益征收法研究 [M]. 北京：中国人民大学出版社，2011：22-24.

根据美国宪法第五修正案的规定，征收的启动必须基于公用的需要，而征收的对象则是私人所有的财产。这种对财产的"剥夺"导致了个人利益与公共利益之间的持续紧张。两百多年来，美国立法者和法官一直在利益冲突的金字塔顶端努力寻求平衡。可以说，自其从英国自然法教义中孕育以来，美国立法者和法官结合美国本土实际，逐步发展出一套相当成熟的、规范政府征收权的公正补偿原则。无论是在理论层面还是实践层面，征收法都已成为保障私有财产权的一道实质性红线。它在强调财产权社会化的同时，也凸显了财产权的个人属性；在以公用限制财产权的前提下，着重用补偿要件来制衡政府对征收权的行使。

（二）公正补偿的重要性

"公用＋公正补偿＝合宪征收"，两者缺一不可。在美国，众多学者对公用要件进行了广泛的研究和讨论。这些研究和讨论主要集中在批判政府对征收权的滥用上，并主要围绕两个核心问题：低效和不公正。然而，除了对不断扩张的公用标准导致其对政府征收权限制作用弱化的现象表示愤慨外，这些研究和讨论并未取得显著成效。当公用要件的扩张和虚化已成为既定事实，征收权的公用限制不再有效时，公正补偿便成为确保政府进行合宪征收的关键要件。

1.公用要件的扩张与虚化

公用（public use）是征收行为的目的要件，由"public"（公众）和"use"（使用）两个词组成。作为一种价值判断，公用概念必然受到"一个变迁中的社会的政治、经济、文化等因素及事实作为考核该价值的内容。[①]"在制宪时期，美国制宪者将征收权视为国家主权的固有权力，认为无需特别授

---

① 陈新民.德国公法学基础理论（上）[M].济南：山东人民出版社，2001：97.

权给联邦政府。因此，美国宪法第五修正案中的征收条款主要是为了限制政府权力的任意行使。该条款明确规定，只有基于公用目的，才能征收私有财产。在解释公用时，制宪者重点关注了"use"一词，将任何基于私人用途的征收排除在宪法保护之外。换言之，只有将公用解释为"由公众使用"，才符合宪法第五修正案的规范内涵。① 可以说，在19世纪30年代以前，美国法院一直严格遵循制宪者的意图，致力于将严格的公用要件用于限制政府的征收权。

然而，19世纪30年代以后，随着社会经济活动的复杂化，国家开始转变其作为"守夜人"的传统角色，不断加强对经济和社会的干预与控制。在征收领域，这种转变具体表现为政府开始取代国会成为公用要件的界定者，并在实际活动中频繁地运用征收权。此时，公用要件呈现出两种紧张态势：一方面，许多州法院开始将更宽泛的公用要件应用于征收案件，认为与经济建设相关的项目符合"公共利益"，并将其纳入公用概念的范畴。② 例如，在卢卡斯诉南卡罗来纳州海岸委员会案中，联邦最高法院将洛克的直觉财产概念用于扩大传统的公共利益概念。③ 另一方面，一些州法院担心政府日益扩张的征收权会侵犯私人财产权的神圣性，因此坚持采用狭义的公用概念来解释政府征收权的行使范围。④

19世纪末期，联邦最高法院以宪法解释者的身份开始处理州法院在公用要件上的分歧。虽然在选择狭义还是广义的公用概念时，联邦最高法院也曾徘徊与迷茫，但在大多数案件中，它更倾向于遵从政府的公用征收决定，判

---

① 姚佐莲. 公用征收中的公共利益标准——美国判例的发展演变［J］. 环球法律评论，2006（1）: 107-115; Ryerson v. Brown, 35 Mich. 333 (1877), 339; Lough bridge v. Harris, 42 Ga. 500 (1871); Logan v. Stogdale, 24 N.E. 135 (1890). 在这些案件中，法院均以狭义的公用标准解释征收权的行使范围。

② See Rogers v. Bradshaw, 20 Johns. 735, 742 (N.Y. Ct. of Err. 1823).

③ Lucas v. South Carolina Coastal Council, 505 U.S. 1003 (1992).

④ PRITCHETT W E. The "Public Menace" of Blight: Urban Renewal and the Private Uses of Eminent Domain［J］. Yale law & Policy Review, 2003, 21 (1): 1-52.

定其合宪。20 世纪以来，城市再开发计划赋予了广义公用教义以显赫的地位。此时，公用几乎可以与公共利益等同起来：只要征收最终能惠及公众，就被视为合宪。① 直至今日，美国联邦最高法院仍然继续沿用广义的公用概念。尤其是 2007 年的凯洛诉新伦敦市案，美国联邦最高法院判决以经济发展为目的的征收合宪，认为"促进经济发展是一项传统且备受公认的政府职能……②"由此可见，美国征收法中的公用概念已从狭义的公众"实际使用"逐步扩张为广义的"公共目的"或"公共利益"，美国征收法中的征收范围也在经历着由小到大的显著变化。

当客观的经济发展事实和社会发展状态要求对公用标准进行扩张解释，而这种扩张解释又有可能虚化作为限制征收权之目的要件的公用标准时，法律人应该如何应对这一挑战呢？

2.公正补偿要件的突显与重生

公用要件的持续扩张引起了理论界、实务界人士，尤其是公众对另一项合宪征收要件——公正补偿的再次关注。在具有标志性的凯洛诉新伦敦市案中，布雷耶、肯尼迪和苏特法官在口头辩论中探讨了补偿的充分性问题，希望通过提高补偿要求来限制政府的征收权，从而更充分地保障财产被征收人的权益。③ 有论者据此预测，未来联邦最高法院可能会重新审视公正补偿的标准。④ 虽然我们无法确知联邦最高法院是否真的会重新思考公正补偿要件，但

---

① Berman v. Parker, 348 U.S. 26 (1954); Hawaii Housing Authority v. Midkiff, 467 U.S. 229 (1984). 在伯曼案中，法院遵从立法机构和州法院对公用标准的判断，给予政府的征收决定更宽泛的司法审查。在夏威夷房产管理局诉米凯夫案中，联邦最高法院通过扩大构成公用的政府行为的范围，有效地消除了征收分析中的公用要求。

② Kelo v. City of New London, 545 U.S. 469 (2005).

③ 同上。

④ GILLETTE C P. Kelo and the Local Political Process［J］. Annals of the American Academy of Political & Social Science, 1996, 545 (1): 35-43. 克莱顿·吉利与其他学者一同呼吁："下一波有关征收的诉讼"应该涉及"公正补偿问题"（"the next wave of litigation" about takings "should involve the question of just compensation"）。

在公用要件日益虚化的当下，公正补偿要件无疑是对政府征收权进行有效限制的唯一有意义手段，也是防止政府滥用征收权的最重要保障。

殖民地时期，美国的制定法和首部州宪法并未明确规定财产被征收者享有获得补偿的权利。本杰明·富兰克林认为，"私有财产……是社会的产物，当社会需要时，它应响应社会的呼唤，哪怕是最后一个铜板；故而它对公共危机的贡献……被认为是……原来承受的义务的回报，或是正当债务的支付"①，这意味着政府可以基于公共利益来削减公民的财产权益。尽管共和主义思想让共和党人相信，一定数量的立法者会明智地行使征收权，但随着经济利益多样性在政治斗争中的不断显现，许多人开始重新审视并拒绝共和主义的正统观点。1777 年，佛蒙特州率先在州宪法中规定，"当任何人的财产在任何情况下被征收为公用时，所有人有权获得等价的金钱补偿。②"此后，1780 年的马萨诸塞州宪法和 1787 年的西北法令也均要求政府在征收私有财产时应支付补偿。1791 年，第五修正案的起草者詹姆斯·麦迪逊结合当时的革命形势，将自由主义思想融入宪法修正案，提出了国家应承认公正补偿的重要性。经过多番辩论，联邦党人最终将公正补偿原则付诸实践，并在实践过程中逐渐明确了其内在含义。

公正补偿要件是征收补偿制度的核心，征收决定的作出和实施都应遵循公正补偿原则。虽然它并未预先设定任何明确、具体的事实状态和法律后果，但却是具体权利、义务和责任得以存在并合逻辑地展开的精神内核。③ 可以说，征收法中的公正补偿条款既对财产权的限制进行了制衡，从而维护了财产的不可侵犯性，又为整个财产权的规范内容提供了适度的缓冲机制。④ 尽管在时

---

① 杨显滨.征收视野下的美国社会责任财产权观及对我国的启示［J］.法学杂志，2015（10）：125.

② VT. CONST. of 1777, ch. I, art. II.

③ 赵旭东，王光进.土地征收与房屋拆迁中的利益冲突及其法律调整［M］.北京：法律出版社，2013：298；董彪，吕丽丽.公正补偿原则的概念解析与立法建议［J］.太原理工大学学报（社会科学版），2006（3）：72-76.

④ 林来梵.论私人财产权的宪法保障［J］.法学，1999（3）：15-22.

间上，补偿作为"征收法理"的最后一个环节，主要发挥着事后救济的作用，但事后救济的成本也会对政府征收决策产生事前影响。公正补偿的支付或许无法根除政治决策过程中产生的所有问题，但无疑能够维护社会的相对公平正义、提高政治决策的效率、促进政治决策过程的平和，并降低社会冲突的风险。

自美国宪法第五修正案规定公正补偿条款以来，它历经征收实践的洗礼，跨越了历史的沧桑，在美国征收法中留下了深刻的印记。最终，在历史的检验和淘汰下，它为世界留下了一份宝贵的遗产。

三、研究现状

（一）国内文献综述

国内资料的搜索与分析，主要依托于 CNKI（中国知网）数据库、国家哲学社会科学学术期刊数据库及读秀数据库。以"补偿""征收补偿""公正补偿""完全补偿"等关键词为搜索条件，通过篇名、主题等方式，在核心期刊和硕博士论文中进行搜索。同时，借助厦门大学、北京大学、清华大学、中国政法大学、武汉大学等高校图书馆的资源，对相关书籍进行了深入搜索。经过对收集到的资料进行筛选、阅读、分析和梳理，可以发现，国内学者为完善征收补偿制度进行了大量理论探索，主要集中在以下几个方面：

第一，补偿立法研究。补偿立法是补偿研究的基础。结合立法内容和时间阶段，我国征收中的补偿立法大致经历了四个时期：计划经济时期的补偿立法、经济体制转型初期的补偿立法、市场经济时期的补偿立法以及《物权法》颁行后的补偿立法。在计划经济时期，用地单位和个人并无绝对财产权，征收征用均由国家计划决定。这种"计划"性也贯穿于"补偿"之中，包括

"是否补偿""补偿多少""如何补偿"等均由国家按计划安排。① 除了 1953 年 12 月 5 日政务院颁发的《国家建设征用土地办法》中规定的"凡因国家建设的需要，在城市市区内征用土地时，……按公平合理的代价予以补偿"外，② 这一时期缺乏其他相关法律，甚至《宪法》也未规定任何有关补偿的条款，补偿问题全由政府自由裁量。20 世纪 80 年代，我国开始探索市场化道路，财产权保护、经营自由等市场经济理念逐渐解绑僵化的意识形态，征收补偿立法也随之换轨。1991 年 3 月 22 日，国务院发布了《城市房屋拆迁管理条例》，对城市房屋拆迁补偿安置等作出了较为具体的规定，③ 为加强城市房屋拆迁的管理工作，维护当事人的合法财产权益，发挥了重要的作用。然而，该条例中拆迁主体的门槛过低，拆迁理由表述过于宽泛，补偿标准也不尽如人意，因此备受诟病。2001 年 6 月 6 日，国务院第四十次常务会议通过了修改后的《城市房屋拆迁管理条例》，明确被征收人可以选择以货币的方式获得补偿。④ 2004 年宪法修正案中增加了"补偿条款"，以根本法的形式确认了被征收人享有获得补偿的宪法权利。根据 2004 年宪法修正案，《土地管理法》进行了自通过后的第二次修改，明确规定了被征收人在征收征用后的补偿权利。为了提高物的效用，保护公民财产权利，2007 年 3 月 16 日，我国正式通过了

---

① 陈文通. 对我国农地征收补偿制度的经济学思考［J］. 中共中央党校学报，2006（4）：49-54.

② 《国家建设征用土地办法》第 17 条第 1 款规定："凡因国家建设的需要，在城市市区内征用土地时，地上的房屋及其他附着物等，应根据当地人民政府、用地单位及原所有人和原使用人（或原所有人和原使用人推出之代表）会同勘定之现状，按公平合理的代价予以补偿。地基与房屋的产权同属一人者，地基部分不另补偿；分属两人者，视地基所有人的生活情况酌情补偿之。"详见中央人民政府政务院关于国家建设征用土地办法［EB/OL］.（2011-04-15）［2024-06-12］. http://www.china.com.cn/cpc/2011-04/15/content_22369651.htm.

③ 《城市房屋拆迁管理条例》（1991）第 5 条、第 12 条、第 13 条、第 14 条、第 19 条、第 20 条、第 21 条、第 25 条、第 26 条和第 35 条等。

④ 《城市房屋拆迁管理条例》（2001）第 23 条规定："拆迁补偿的方式可以实行货币补偿，也可以实行房屋产权调换。"

《物权法》，再次完善了财产征收征用的补偿权利。^① 在《物权法》通过后，国家愈发注重征收补偿方面的立法。2011 年，国务院颁布了《征收与补偿条例》，该条例不仅明确了房屋征收和房屋拆迁的区别，还确立了"公平补偿"原则以及依"类似房地产的市场价格"对房屋进行补偿的标准。2019 年，《土地管理法》再次进行了修改，从法律层面上确立了以"原有生活水平不下降，长远生计有保障"为内涵的公平、合理的征收补偿原则，扩大了集体土地征收的补偿范围，新增了关于农村村民住宅补偿与社会保障费用的补偿，回应了"长远生计有保障"的补偿原则。同时，删除了耕地按"原有用途"标准补偿的规定，为此后土地发展权的征收补偿留下了规范空间。同样的，2020 年通过的《民法典》也遵循了《土地管理法》的相关规定，在价值保障之外强调被征地农民的生存保障，体现了土地征收与补偿的功能二次转向——将被征收者的权益作为保障重点。这些立法均为我国征收补偿实践提供了规范上的依据。

当前，我国已构建了较为系统的补偿法律制度。不少学者对征收补偿立法存在的问题进行了广泛的讨论，既有宏观角度的整体性论述，^② 也有微观角度的个案分析，如从宪法规范出发，论述我国征收补偿法律制度（王铁雄，2011；沈岿，2010），或从《征收与补偿条例》出发，提出完善国有土地上房屋征收补偿立法之建议（房绍坤，2012；张先贵，2012），又或从《土地管理法》《土地管理法实施条例》等视角切入，提出完善集体土地征收补偿立法之建议（凌学东，2014；张先贵 等，2012）。既有横向的比较研究，如比较两岸四地的土地征收补偿制度（季金华 等，2011；李海霞，2016）或比较美、德等域外国家的征收补偿制度（房绍坤 等，2010）。也有纵向的历史梳理，如以《征收与补偿条例》为分析对象，对中央层面和地方层面的补偿立法进行了系

① 《物权法》第 42 条、第 44 条、第 59 条、第 121 条、第 132 条。

② 沈开举从当今中国社会形势出发，讨论了我国补偿立法。参见:沈开举.征收、征用与补偿［M］.北京：法律出版社，2006.

统性的研究，指出征收补偿立法存在的历史问题（屈茂辉，2014）。

第二，补偿范围研究。财产的价值在于其利用价值，只有当财产权人可以自由地使用其财产时，财产权才具有现实意义。在我国，国有土地上的房屋征收主要涉及房屋及其附属物的所有权以及房屋所在地上的土地使用权。《征收与补偿条例》将补偿范围限定为房屋的价值、搬迁费用、临时安置费用以及停产停业的损失。[1] 然而，在集体土地上的征收中，不仅涉及房屋及附随物的所有权、集体土地所有权、集体土地使用权，还包括青苗所有权。根据《民法典》《土地管理法》《土地管理法实施条例》的规定，[2] 集体土地征收的补偿范围包括土地补偿费、安置补助费、农村村民住宅补偿费以及其他地上附着物和青苗的补偿费用。鉴于我国二元土地所有制以及房屋所具有的特殊属性，学者们虽对征收补偿的范围存在不同看法，但大都认为我国当前的补偿范围过窄。[3]

第三，补偿标准研究。补偿标准是征收补偿问题研究中不可避免的议题之一。近年来，研究补偿标准的学者日渐增多。他们大致可分为本土论者和比较论者。本土论者关注中国补偿标准的理论建构和规范分析，提出了不同的征收补偿标准；比较论者则关注征收补偿标准的中外比较分析（王静，

---

[1] 《征收与补偿条例》第 17 条规定："作出房屋征收决定的市、县级人民政府对被征收人给予的补偿包括：被征收房屋价值的补偿；因征收房屋造成的搬迁、临时安置的补偿；因征收房屋造成的停产停业损失的补偿。"

[2] 《土地管理法》第 48 条第 2 款，《土地管理法实施条例》第 32 条。

[3] 赵云海在《房屋征收补偿实质公平与市场价值》一书中提出，我国征收补偿范围并不涵盖被征收人被迫增加的社会成本以及房屋和土地的未来发展权的收益；沈开举在《征收、征用与补偿》一书中指出，我国的征收补偿主要限于剥夺土地使用权领域，对财产权的限制以及公权力行为附随效果造成的特别牺牲补偿则鲜有涉及；朱广新在《房屋征收补偿范围与标准的思考》一文提出，房屋征收补偿的范围不应局限于《征收与补偿条例》所规范用语的文义，应该对房屋征收背后所隐藏的土地使用权进行更深层次的分析，以便更好地确定补偿范围，实现公平的补偿。申建平在《对农村集体土地征收补偿范围的反思》一文中提出，将土地承包经营权作为独立的征收对象纳入征收补偿的范围。金伟峰在《论房屋征收中国有土地使用权的补偿》一文中指出，房屋征收补偿的范围包括剩余年限的土地使用权出让金、土地的开发利益和预期增值利益等。

2008；沈开举 等2007；刘连泰 等，2013；高鲁嘉 等，2018），并提出将域外的补偿标准或补偿标准理论引入中国征收法，以便更好地保障财产被征收人的财产权益（许迎春 等，2013；张翔，2014；张千帆，2015；宋志红，2016）。还有学者另辟蹊径，从补偿标准确定的时间节点着手处理补偿标准问题（刘连泰，2010；孙丽岩，2017）。

第四，补偿程序研究。补偿程序与补偿的实体规范一样，是征收法不可或缺的组成部分。大多数学者在分析征收法中的补偿原则时，往往会同时分析补偿程序。有的学者从比较法的视角分析我国的补偿程序[1]；有的学者则希望通过批判性理论建构，提出完善我国补偿程序的主张。[2]

（二）美国文献综述

基于语言能力的限制，本书主要搜集了英文的美国征收补偿研究资料，且重点聚焦于美国法上的相关资料。通过以 "just compensation"（公正补偿）、"just compensation clause"（公正补偿条款）、"fair market value"（公平市场价值）以及 "the fifth amendment"（第五修正案）等关键词单独或组合作为搜索条件，在 HeinOnline、Westlaw Next、Lexis-Nexis、World Digital Library、

---

[1]　例如，赵谦在《完善我国农村征地补偿程序的法律思考》一文中，分析和借鉴典型国家和地区的补偿程序的法律规范，提出在我国征收补偿程序中分别设定待转让农地属性界定程序、待转让农地价值评估程序、征地补偿方案拟定程序、征地补偿方案实施程序和征地补偿救济程序。

[2]　例如，李超峰在《我国集体土地征收补偿法律程序建构分析》一文中提出，应当完善我国土地征收的补偿程序，赋予财产被征收人参与被征财产的价格评估的权利，由被征收人与征收人共同协商确定补偿方案；吴传毅在《科学发展观视域下的农村土地征收补偿制度思考》一文中提出，我国现行补偿程序存在重形式、轻内容的问题，应当进一步加强我国征收补偿费用的协商程序，扩大被征收人的参与度；周兰领在《征收、征用与补偿的行政法问题研究》一文中，指出我国补偿程序存在着正当性不足的问题，比如，征收补偿的其他利益相关者缺乏实际参与听证的程序性保障；蒲晓媛在《行政补偿程序的缺陷及其完善——以公用征收为例》一文中提出，我国应建立一部行之有效的行政补偿程序法，从而完善现行公用征收中的补偿程序。

Harvard University Press Ebooks 等数据库中搜索相关著作和期刊。现将美国法上关于征收补偿的文献综述如下。

尽管 1868 年美国宪法第十四修正案通过后，第五修正案即成为对各州具有约束力的宪法条款，但直至二战后，补偿问题才逐渐成为学界的研究热点。美国征收法中的公正补偿研究主要围绕两大核心问题展开：一是是否应当支付公正补偿；二是如何确定补偿的公正数额。前者涉及对政府行为性质的判断，通常与"公用征收"概念相结合进行研究；① 后者则关乎补偿的公正性，即何为公正补偿以及如何实现公正补偿。作为第一个问题的逻辑延伸，第二个问题既是公正补偿理论的核心，也是本书的研究重点。

关于是否应当支付公正补偿，判例法上形成了典型征收和管制性征收（regulatory takings）两种应支付公正补偿的征收类型。② 根据第五修正案的规定，典型征收是指政府依正当程序强制性剥夺财产权的全部或部分权利，或物理性侵入公民财产并取走其中的"排他权"的行为。③ 美国学者对此类征收的补偿正当性已达成普遍共识。④ 此外，还有一类非典型的征收，即管制性征收，也需要支付公正补偿。管制性征收通常指政府虽未通过正式的征收程序剥夺财产，但对财产的管制走的太远，以至于实际上产生了征收的效果。⑤ 联邦最高法院早在 1922 年就要求政府对其管制所导致的财产价值减损支付公正补偿。⑥ 虽然联邦最高法院从司法上认定了"走的太远"的政府管制构成应支

---

① BERLIN K. Just Compensation Doctrine and the Workings of Government: The Threat from the Supreme Court and Possible Responses [J]. Harvard Environmental Law Review, 1993, 17 (1): 97-124.

② MERRILL T W. The Character of the Government Action [J]. Vermont Law Review, 2012, 36 (3): 651.

③ Pumpelly v. Green Bay Co., 80 U.S.166 (1871).

④ STOEBUCK W B. Police Power, Taking and Due Process [J]. Washington and Lee Law Review, 1980, 37 (4): 1057.

⑤ COLETTA R R. Reciprocity of Advantage and Regulatory Takings: Toward A New Theory of Takings Jurisprudence [J]. American University Law Review,1990, 40 (1): 297.

⑥ Penn Cent. Transp. Co. v. New York City, 438 U.S. 104 (1978).

付公正补偿的征收，^①但学者们认为，识别政府行为"何时走的太远"就如确定"云的形状"一样，^②无迹可寻。美国学者从不同视角证成了补偿的正当性，其中最具代表性的两种观点分别是：从经济学角度出发，认为如果政府无需支付补偿，将有强烈的动机发动征收以降低投入成本，而被征收人对征收的担忧可能挫伤其投资和生产的积极性，从而减少社会财富；^③从宪法精神和原则出发，以财产权的保护功能来阐释公正补偿的正当性。^④

关于"给予多少补偿才公正"的问题，美国大部分学者更倾向于研究实现公正补偿的标准。尽管公用概念随时代发展而变化，但法院对公正补偿的解释却相对稳定。作为征收权的宪法限制要件之一，公正补偿通常被认为是以被征收财产的"公平市场价值"来确定。学者们以此为基础，深入探讨了公平市场价值的概念、具体确定方式以及其作为公正补偿衡量标准的正当性等问题。

关于何为公平市场价值，根据法院的判决，它是指在公平公开的自由市场上，自愿的买家愿意支付且自愿的卖家愿意接受的金钱价值。自法院将公平市场价值确定为公正补偿的一般衡量标准以来，学者们对此议论纷纷、褒

---

① HIPPLER T A. Comment: Reexamining 100 Years of Supreme Court Regulatory Taking Doctrine: the Principles of "Noxious Use" "Average Reciprocity of Advantage" and "Bundle of Rights" From Mugler to Keystone Bituminous Coal［J］. Bonston College Environment Affairs law Review, 1987, 18 (4): 598-603.

② OSWALD L J. The Role of "Harm/Benefit" and "Average Reciprocity of Advantage" Rules in a Comprehensive Takings Analysis［J］. Vanderbilt Law Review, 1997, 50 (6): 1449.

③ 从经济学分析视角出发，波斯纳法官认为，公正补偿既可以保护私人财产，也可以限制政府公权力，防止政府征收过多的土地。详见：HELLER M A, KRIER J E. Deterrence and Distribution in the Law of Takings, Harvard Law Review［J］. 1999, 112 (5): 997-1025.

④ SERKIN C. The Meaning of Value: Assessing Just Compensation for Regulatory Takings［J］. Northwestern University Law Review, 2005, 99 (2): 677-742. 玛格丽特·拉丁以黑格尔的人格理论为基础，论证了财产是个人自我实现机制，未经补偿的征收不符合财产的本质特征。RADIN M J. Property and Personhood［J］. Stanford Law Review, 1982, 34 (5): 957-1015. 弗兰克·米歇尔曼基于洛克的财产理论论证公正补偿的正当性。MICHELMAN F I. Property, Utility, and Fairness: Comments on the Ethical Foundations of "Just Compensation" Law［J］. Harvard Law Review, 1967, 80 (6): 1221-1222.

贬不一。有论者认为，公平市场价值并非法院所称的"充分且完美等价于被征收财产的价值"的补偿。[①] 根据司法上的公平市场价值标准，它确实不是一种理想的、能够完全补偿被征收人损失的标准，因为它不包括因政府征收而引发的财产价值增值和贬值，也不涵盖商誉损失、情感损失等主观和间接的损害。[②] 在意识到公平市场价值与宪法上的公正补偿之间的差距后，学者们尝试提出各种方法来弥合二者。例如，有学者提出以主观价值评估方法来修补公平市场价值的不充分性；[③] 也有学者主张以经济价值方法来确定公正补偿；[④] 还有学者提出以溢价分级表来保护被征收人的合法权益。[⑤]

关于如何确定市场价值，这本质上是一个涉及价值评估的技术问题。法院采用公平市场价值的原因之一是为了避免补偿的技术难题。公平市场价值是一个相对客观的标准，它将公正补偿的问题简化为"公平""市场""价值"三个要素，并确定了具体的标准来计算公平市场价值。在公正补偿案件中，法院已发展出几项较为成熟的计算方法，包括可比销售法[⑥]、收益资本法[⑦]、重置成本法和开发成本法[⑧]。然而，也有论者指出，尽管公平市场价值在技术上

---

① LUNNEY G S. Compensation for Takings: How Much is Just? [J]. Catholic University Law Review, 1993, 42 (4): 721-770. 也有论者认为，公平市场价值标准实际上没收财产中的主观价值。

② SERKIN C. The Meaning of Value: Assessing Just Compensation for Regulatory Takings [J]. Social Science Electronic Publishing, 2005, 99 (2): 677-742.

③ BELL A, PARCHOMOVSKY G. Taking Compensation Private [J]. Stanford Law Review, 2007, 59 (4): 871-906.

④ CHANG Y C. Economic Value or Fair Market Value: What Form of Takings Compensation Is Efficient? [J]. Supreme Court Economic Review, 2012, 20 (1): 35-88.

⑤ FRANKLIN M A, RABIN R L. Tort Law and Its Alternatives: Cases and Materials (8) [M]. Mineola: Foundation Press, 2006: 809-814.

⑥ ELLICKSON R C. Alternatives to Zoning: Covenants, Nuisance Rules, and Fines as Land Use Controls [J]. University of Chicago Law Review, 1973, 40 (4): 735-737.

⑦ FRANKLIN M A, RABIN R L. Tort Law and Its Alternatives: Cases and Materials (8) [M]. Mineola: Foundation Press, 2006: 809-814.

⑧ Uniform Appraisal Standards for Federal Land Acquisitions 44 (5th ed. 2000).

更具可操作性，但它本质上仍然是一个主观的价值评估意见。^①还有论者认为，以公平市场价值为衡量标准恰好体现了财产权的社会义务，政府征收的正是那部分不予补偿的价值。^②尽管公平市场价值备受批判且充满讽刺意味，但法院仍坚持将其作为衡量公正补偿的标准，并坦然接受其不充分性和不公平性。^③尽管学者们对法院的态度表示不满，但对公正补偿的研究并未取得显著进展。特别是 2005 年凯洛诉新伦敦市案的判决一出，公用研究的热潮再度碾压公正补偿，仅有少部分学者意识到复活公正补偿要件的重要性。^④

（三）小结

通过梳理相关文献，可以发现我国尚未建立起体系化的征收法，而关于征收法中的公正补偿研究，主要聚焦于美国征收法的相关规范和司法实践。当前，中美两国的研究现状大致呈现出以下特点。

第一，目前尚无系统性研究征收法中公正补偿的著作或论文。通过文献的梳理与对比，中美两国直接研究征收法中公正补偿的著作或论文，要么局限于具体的公正补偿标准，或在研究征收制度时附带提及公正补偿制度、规则，要么仅关注某一补偿范围、补偿标准、补偿方法或补偿程序，缺乏对公正补偿的系统性和整体性研究。

第二，关于公正补偿的基本内涵和外延的理解尚未廓清。国内对征收法

① FEGAN M. Just Compensation Standards and Eminent Domain Injustices: An Underexamined Connection and Opportunity for Reform [J]. Connecticut Public Interest Law Journal, 2007, 6 (2): 269.

② KANNER G. "Fairness and Equity" or Judicial Bait-and-Switch? It's Time to Reform The Law of "just" Compensation [J]. Albany Government Law Review, 2011, 4 (1): 38-74.

③ 法院在 564.54 英亩土地案中指出，"由于在某一特定时间内评估个别地方的特定财产存在着严重的实际困难，我们已经意识到，需要一个相对客观的运作规则……" U.S. v. 564.54 Acres of Land, 441 U.S. 506 (1979), 510-511.

④ FRANKLIN M A, RABIN R L. Tort Law and Its Alternatives: Cases and Materials (8) [M]. Mineola: Foundation Press, 2006: 809-814.

中"公正补偿"的研究，偏向于理论建构和阐释，很少对公正补偿的原初含义、制宪者意图、宪法价值等问题进行深入且全面的挖掘和分析，导致对公正补偿的基本内涵及其外延存在一定的误解。公正补偿实际上包含主观意义上的不完全补偿和客观意义上的完全补偿。在未廓清公正补偿的基本内涵和外延的基础上进行研究，将无法真正揭示公正补偿的学术价值。美国学者虽未系统性地论述公正补偿的基本内涵和外延，但已呈现出研究该问题的大致脉络。

第三，研究内容和研究方法不尽科学。在研究内容上，国内研究主要集中于补偿的范围和标准，缺乏对公正补偿的全局性和整体性思考，简单地将补偿类型化为国有土地上的征收补偿和集体土地上的征收补偿。此外，国内学者对中国征收法中的补偿规范主要进行批判性研究，多从立法角度出发研究征收中的补偿规则或者原则，^①而从其他角度，尤其是司法角度关注公正补偿内容的研究较少。在研究方法上，国内学者主要采用比较分析方法，而对规范分析方法、历史分析方法，尤其是判例（案例）分析方法的运用相对较少。相比之下，美国学者对判例（案例）分析、历史分析等方法运用更加娴熟和充分。

第四，研究广度虽有余，但深度不足。国内关于域外补偿教义的研究，要么泛泛介绍多个国家的补偿制度，要么论述某一国家的某一征收补偿制度，然后进行比较与借鉴。对域外研究成果和资料的研究深度依然不足，且重复研究的现象较为突出。

尽管中美学者对征收法中的公正补偿研究相对不够全面，但上述成果仍为本书的写作提供了丰富的素材，并在研究方法、研究角度、研究内容等方面提供了重要启示。需要明确的是，本书在研究公正补偿时，会多次提及"公正补偿教义"。该"教义"在美国文献中对应的是"doctrine"一词，指法

---

① 刘玉姿．美国征收法中的公用教义［M］．厦门：厦门大学出版社，2020：2．

官在裁判案件过程中，通过对文本的阐释，发展出的一系列具象化的裁判规则或原则。与"principle"一词表示的"原则""原理"不同，"doctrine"与司法的关联程度更高，它是以司法为基础对文本进行解释的规则或原则，这种经由司法解释的规则或原则反过来会对文本产生一定的约束力。因此，书中提及的"公正补偿教义"（just compensation doctrine）主要是指法院通过判例法发展而来的补偿规则或原则。对征收法中的公正补偿研究不能止于书斋，困于一隅，研究"屠龙之术"，而应以联邦最高法院和下级法院的判例为媒介，将公正补偿判例加以类型化、规范化，将裁判意见体系化，从而全面廓清公正补偿蕴含的诸多内容。

四、研究方法

本书将收集、整理美国征收补偿条款制定和批准时期的历史资料，以解释公正补偿的原初含义；依托美国联邦最高法院和下级法院的司法实践，厘清公正补偿的发展史、衡量标准、认定因素和计算方法等；通过比较和借鉴美国征收法中的公正补偿经验，以中国话语探讨符合中国语境的补偿制度，为以中国式现代化全面推进中华民族伟大复兴提供更为坚实有力的理论支撑和智力支持。

本书主要综合运用以下方法。

（一）判例分析方法

判例是法律的生命，是活着的法律（living law）。通过描绘美国联邦最高法院和下级法院有关公正补偿的判决图景，有助于梳理征收法中公正补偿含义、标准等的发展历程，并准确提炼公正补偿的基本内容。

（二）规范分析方法

规范分析方法是法学特有的方法。以规范分析方法分析美国征收法中的公正补偿，需以美国现行的公正补偿规范为前提，以公正补偿的概念分析为核心，建构出合理的概念和逻辑体系，明确征收法中公正补偿规范的原初含义，奠定中美补偿制度比较与借鉴的规范基础。

（三）比较分析方法

比较分析方法是国内学者研究法学问题的普遍路径。通过比较分析方法，有助于比较、判别事物的异同，深入把握和了解各项事物的全貌。本书以美国征收法中的理论和实践为主要研究对象，通过比较和借鉴美国征收法中较为丰富和成熟的公正补偿教义，找到中美在补偿领域的普遍性和一般性特征，结合中国补偿现状，最终建构和完善中国征收补偿制度。

（四）历史分析方法

反以观往，覆以验来。全面梳理美国征收法中公正补偿标准的历史脉络，廓清公正补偿的起源与演变，有助于明晰征收法中公正补偿研究的历史背景。

第一章　公正补偿的基本意涵

概念是法学研究的最小单位，没有准确的概念界定，便无法明确教义的核心内容及其适用范围。概念阐释需以规范为基石，它界定了阐释的边界，区分了日常语境中的概念与法律语境中的概念，从而深化了对法律规范的理解。相较于中国，美国更早地步入了征收补偿的阶段。在公正补偿规范确立之前，美国经历了一段长期的无补偿征收实践史和思想斗争史。

在美国殖民地时期，政府普遍不认同征收私有财产必须给予补偿的原则，未经补偿的征收事件屡见不鲜。这种做法最初是依据王室特权来正当化的，随后在共和主义革命意识形态的推动下得以确立。① 然而，在美国独立战争期间，随着公共利益至上的共和主义思想逐渐向自由主义思想转变，② 人们开始在州层面上追求征收补偿。部分州的宪法和联邦制定法开始接纳补偿条款，③ 其中最具代表性的立法包括 1777 年的佛蒙特州宪法、1780 年的马萨诸塞州宪

---

① POCOCK J. The Machiavellian Moment Revisited: A Study in History and Ideology［J］. Journal of Modern History, 1981, 53 (1): 49-72; BAILYN B. The Ideological Origins of the American Revolution［M］. Cambridge, Eng: the Belknap Press of Harvard University Press, 1967: 34-93.

② 本书讨论了美国革命时期的自由主义思想，自由主义是一种意识形态，它以原子论而非有机的术语来概念化社会，政府的目的就是保障个人自由。MACPHERSON C B. The Political Theory of Possessive Individualism: Hobbes to Locke［M］. Toronto: Oxford University of Canada, 2010: 263-267.

③ 本书解释了为什么公正补偿条款会出现在佛蒙特州宪法、马萨诸塞州宪法和西北法令之中。TREANOR W M. The Origins and Original Significance of the Just Compensation Clause of the Fifth Amendment［J］. Yale Law Journal, 1985, 94 (3): 701.

法以及 1787 年的西北法令。①

18 世纪后半叶，自由主义思想与财产权保护观念在美国财产征收领域迅速崛起。美国革命时期形成的补偿思想在联邦宪法中得到了全面体现。美国联邦宪法第五修正案明确规定："未经公正补偿，不得将私有财产征为公用。"② 但是，美国联邦宪法既未规定何为"公正补偿"，也未明确其标准。因此，"公正补偿"概念的基本内涵在很长一段时间内都是理论界和司法实务界讨论的焦点。

宪法学家们从宪法解释理论入手，努力揭示公正补偿的原始含义；而美国联邦法院和地方法院则在处理大量征收补偿案件的过程中，逐步提出了公正补偿的教义，试图描绘出一幅更为清晰的公正补偿概念图景。

第一节　公正补偿规范的演进

一、补偿规范诞生之前：未经补偿的征收盛行③

在殖民地时期，英国殖民统治对北美殖民地的财产秩序造成了巨大冲击。殖民地官员凭借王室特权，大肆进行征收；同时，地方立法机构秉持共和主义思想，导致个人财产权常常屈服于公共利益，因此，未经补偿的征收在这一时期屡见不鲜。④

---

① Vermont Constitution of 1777, ch. I, art. 11; Massachusetts Constitution of 1780, part I, art. X; Northwest Ordinance of 1787, art. 2.

② U.S. CONST. amend. V.

③ 殖民地时期，授权征收私有财产的制定法以"真正的价值（true worth）""应得的赔偿（due satisfaction）"等术语规定给予财产被征收之人相应救济，并未明定征收与补偿之间的必然联系。

④ 但相较于给予补偿的征收实践，未经补偿的征收实践更多且更频繁，尤其是在经济发展热潮下，立法机构频繁征收土地用于修建公路。参见：See ELY J W. The Historical Context of Just Compensation ［J］. Practical Real Estate Lawyer, 2014, 30 (3): 9.

（一）英国封建王权思想

1066 年，诺曼底公爵威廉加冕为英格兰国王，并在全国推行封土制。这一制度将土地分封给各大功臣，封臣在接受分封时必须对国王宣誓效忠，成为国王的臣民。国王被视为英国境内所有土地的最终所有者，这意味着国王有权在未经土地占有者同意的情况下取得土地。例如，为了实施统治、防御国土或发展国家经济，国王可以在私人财产上修建道路、堤坝，或挖掘私人土地上的硝石、金矿等，而无需给予补偿。在这一时期，土地财产权并非由土地占有者或其他因素决定，而是完全由封建王权所决定。

16 世纪初，英国殖民者踏上了北美大陆，并在 18 世纪中期前，在北美大西洋沿岸陆续建立了 13 个殖民地。随着殖民者的不断拓荒，英国的法律思想、制度、风俗习惯等逐渐渗透到北美殖民地，对殖民地的各项制度产生了深远的影响。可以说，美国社会的各项制度，包括土地征收制度，都或多或少地受到了其宗主国的影响。在殖民统治下，殖民地被视为英国国王的私有财产，土地权利的正当性和合法性都要追溯至英王本身。

尽管 17 世纪的英国已经开始质疑未经补偿之征收的正当性，并将补偿作为英国议会强制购买财产行为的一般要件，但由于北美独特的环境，英国的补偿观念并未在北美各个殖民地得到广泛传播。仅有少数地方政府法令规定对被征收的财产权人给予相应的救济，如磨坊法案（Mill Acts）。然而，多数殖民地政府仍然根据最初的王权和立法授权条款限制个人财产权。殖民地官员可以认为财产权人（及其相关利益者）未能遵守其设定的条件（即充分地开发、利用其土地），^①或者通过原初土地赠与及其所包含的封建特权实施征收，而不给予被征收的财产权人任何补偿。^②尽管有些学者认为，"即使法律没有明确规定补偿，自然法也有支持补偿的规范作用，并将补偿视为一项普遍原则^③"，但英国殖民统治并未为美国殖民地培育出根植于英国"财产权神圣不可侵犯"思想和"征收必须给予补偿"之实践的沃土。

（二）共和主义思想与殖民地时期的制定法

随着殖民统治的深入，英国政府的高压政策导致殖民地与英国之间产生了裂痕。地方立法机构与殖民地王室官员形成了对峙，捍卫殖民地居民的共同理想成为彼时美国的主要任务。公民利益共同体的观念逐渐生成，殖民地居民对地方立法机构表现出空前的信任，笃信立法机构作为人民的发声者，能够正确地感知公共利益并界定个人权利。"所有的财产在其人民的保护下都是安全的"，^④这一理念逐渐深入人心。共和主义思想取代了王室特权理念，成为正当化这一时期政府未经补偿之征收的思想基础。

按照共和主义思想的理解，社会是一个有机整体，人是政治上的人，人本身包含了某种道德目的，这些目的本质上是社会性的。人们必须通过参与共和国的活动来实现自己。^⑤相应地，政府存在的目的之一就是培育公民美

---

① MENSCH E B. The Colonial Origins of Liberal Property Rights［J］. Buffalo Law Review, 1982, 31 (1): 664-669.

② See HOLDSWORTH W S. A History of English Law［J］. Cambridge Law Journal, 1927, 27 (6): 706-785.

③ KENT J. Commentaries on American Law(2)［M］. New York: O. Halsted, 1826: 275-276.

④ WOOD G S. The Creation of the American Republic［M］. Chapel Hill: University of North Carolina Press, 1969: 62.

⑤ BRUGGER B. Republican Theory in Political Thought［M］. Basingstoke: Macmillan Press, 1977.

德和促进共同利益。在这一时期，"对公共利益的信仰"以及将公共利益置于私人利益之上的观念，成为殖民地人们的共同信念。整体公共利益至高无上，个人的自我实现则次之。"个人无私奉献于公共利益"被奉为圭臬。共和主义思想认为财产具有重要的地位，并且具有多元面向：财产既可以为个人参与政治活动提供必要条件，也可能诱发腐败并最终侵蚀公共利益。在这一时期，对财产欲望的克制和谴责频繁出现在共和主义的修辞中。"为了整体的更大利益而牺牲个人利益构成了共和主义（republicanism）的本质"，① 人们普遍认为，"私有财产……是社会的产物，当社会需要时，它应响应社会的呼唤，哪怕是最后一个铜板；故而它对公共危机的贡献……被认为是……原来承受的义务的回报，或是正当债务的支付"②。换言之，政府可以为了促进公共利益而削减或者限制个人财产权。

在此背景下，美国殖民地时期的制定法几乎不承认公民在政府征收其财产时享有补偿的权利。例如，1632 年的弗吉尼亚公路法案、1636 年的普利茅斯公路法案、1666 年的马里兰公路法案、1704 年的新泽西公路法案以及 1721 年的南卡罗来纳公路法案等均规定，政府不必为修建穿越私人土地的公路支付补偿。③1699 年的宾夕法尼亚公路法案和 1704 年的特拉华公路法案则放宽了要求，指出政府无需为修建横跨未开发土地（空地、没有建筑物或其他东西的土地）的公路支付补偿。④ 不过，马萨诸塞殖民地的宪章是一个例外。

---

① MCCOY D R. The Elusive Republic: Political Economy in Jeffersonian America［M］. Chapel Hill: University of North Carolina Press, 1980: 68.

② 段平华. 德国和美国私有财产权征收补偿之比较研究［J］. 文史博览（理论），2007（8）：71-73；杨显滨. 征收视野下的美国社会责任财产权观及对我国的启示［J］. 法学杂志，2005，36（10）：125-133；TREANOR W M. The Origins and Original Significance of the Just Compensation Clause of the Fifth Amendment［J］. Yale Law Journal, 1985, 94 (3): 694-716.

③ HART J F. Taking and Compensation in Early America: The Colonial Highway Acts in Social Context［J］. American Journal of Legal History, 1996, 40 (3): 260-262.

④ M'Clenachan v. Curwin, 3 Yeates 362, 371-73(Pa. 1802); Lindsay v. Commissioners, 2 S.C.L.(2 Bay) 38, 47-51 (1796).

1641 年，马萨诸塞通过了《自由典则》（The Body of Liberties of 1641），该典则规定："非为公共使用或者服务，不得被强迫（press）服务或者征收（take）任何人的牲畜和货物，若牲畜和货物因此死亡或者遭受损失的，所有人应当得到补偿。①" 然而，常态的未经补偿的征收却极大地促进了美国殖民地时期的经济发展：它降低了道路修建的成本，并顺利地将土地和桥梁的所有权转移给了能够合理利用此类财产的人。

殖民后期，诉诸封建王权来证成未经补偿之征收的做法逐渐淡出了美国征收实践的历史舞台。但人们仍未普遍承认征收补偿的必要性，未经补偿的征收仍然大范围存在：未开发的土地被大量征收用于修建公路，所有类型的货物都可能被强制征收为军用物品。②

二、补偿规范初现：州层面上的征收补偿

在美国独立战争时期，大量褫夺公权法案（Bills of Attainder）得以通过，③ 各州在战争期间滥用此类法案，引起了人们的广泛忧虑。为了规范州政府的征收行为，少数州宪法和联邦制定法开始纳入明确的补偿条款，然而，受限于当时的条件，这些努力收效甚微。

---

① The body of liberties of 1641. 马萨诸塞州甚至向已开发土地的所有权人提供补偿；Mass. Stats. ch. X (1743).

② NEVINS A. The American States During and After the Revolution [M]. New York: The Macmillan Company, 1924: 453-458.

③ 褫夺公权法案滥觞于英格兰，曾被英格兰统治集团用于打压政治异己的法律工具，在美国独立战争期间曾被大规模使用，这一时期，美国各州政府不仅要负担巨额的战争债务，还要应付众多亲英派（托利党人）的刁难。1777 年，根据大陆会议的指示，各州开始制定褫夺公权法案，以将其境内亲英派的财产没收充公并变卖财产换取战争资金（最终 13 个宣布独立的州均制定了褫夺公权法案），进而解决上述问题，顺利行使新获得的政府权力。孙聪. 美国征收法的起源及其现代制度建构 [M]. 北京：经济日报出版社，2018：46.

（一）共和主义思想的淡化与自由主义思想的兴起

共和主义思想不仅对美国殖民地时期的征收补偿政策产生了深远的影响，也为美国殖民地挑战英国统治提供了重要的智识支持。然而，一旦各州立法机构在与王室官员的对抗中取得胜利并自行掌权，斗争期间被掩盖的社会分歧便暴露无遗。州立法机构开始采取各种具有财产再分配效果的措施：通过制定法征收反独立者的财产，通过发行货币等手段来援助债务人。[①] 这一系列行为导致美国人民逐渐失去对立法机构的信任，并开始重新审视共和主义思想，拒绝整体公共利益至上的传统观点。在此背景下，一批批非共和主义思想家涌现，如约翰·亚当斯、本杰明·林肯、詹姆斯·麦迪逊等政治家，他们主张政府不能削弱或限制个人权利，[②] 并试图划定一个个人可以行使权利且免受国家干涉的自由范围。

从整体历史进程来看，虽然共和主义思想并未完全消失在美国的政治话语中，但在这一时期，对立法机构的不信任以及对个人权利的日益关注在很大程度上削弱了共和主义思想的影响。共和主义思想所强调的整体利益开始为自由主义思想所强调的个人权利和自由所取代。1776 年批准的《独立宣言》是自由主义思想的集大成之作，其中宣称："……造物主赋予了人们某些不可剥夺的权利，其中包括生命权、自由权和追求幸福的权利……政府的正当权力，来自被统治者的同意……[③]" 尽管财产权被杰斐逊排除在《独立宣言》所列举的

---

① NEVINS A. The American States During and After the Revolution［J］. American Historical Review, 1924, 9 (2): 569-572.

② PARSONS J. A Consideration of Some Unconstitutional Measures, Adopted and Practiced in This State［M］. Sacramento: Creative Media Partners, LLC, 2012: 522-523.

③ ADRIENNE K P W. The Life and Selected Writings of Thomas Jefferson［M］. New York: A Division of Random House, 1988: 24.

自然权利之外，但他的目的在于保护广大人民追求幸福的权利，而并非否认财产权免受国家干涉的自由。到了 18 世纪中期，补偿规范开始在州宪法和联邦制定法中逐渐出现。1777 年的佛蒙特州宪法、1780 年的马萨诸塞州宪法以及 1787 年的西北法令都明确要求州政府在征收私人财产时必须支付补偿。

（二）1777 年佛蒙特州宪法

18 世纪中期，英国在与法国的战争中获胜，夺取了北美大陆的主导权，并随后宣布佛蒙特成为其殖民地，将其归入"马萨诸塞湾省"（Province of Massachusetts Bay）的管辖范围。此后，新罕布什尔与纽约均宣称对佛蒙特地区的土地拥有所有权。在新罕布什尔的授权下，佛蒙特地区的早期居民获得了土地所有权。1764 年，英国国王乔治三世将该地区划归纽约省（Province of New York）管辖，[①] 但纽约省省长（总督）拒绝承认新罕布什尔省（Province of New Hampshire）之前的授权以及早期居民在佛蒙特土地上的财产权益。同时，新罕布什尔省省长却将该省西部的大片土地出售给了移民，这一行为引起了纽约省省长的强烈不满。1770 年，纽约省最高法院判定新罕布什尔省省长的土地买卖行为为非法；1774 年，纽约省立法机构发布公告，明确支持纽约省省长取代新罕布什尔省长的地位，并要求佛蒙特立即向纽约当局"投降"——即剥夺新罕布什尔省所授予的土地权益。[②] 独立战争爆发后，13 个殖民地联合组建了新的国家，由于大陆会议不愿开罪纽约州，佛蒙特选择拒绝加入。1777 年 1 月 5 日，佛蒙特宣布独立；同年 7 月 8 日，佛蒙特共和国

---

① 纽约省是第一个成为英王直辖的殖民地，辐射范围包括美国现在的纽约州、新泽西州、特拉华州和佛蒙特州，以及康涅狄格州、马萨诸塞州和缅因州的部分地区和东宾夕法尼亚州。在英王重新分配土地后，东部的佛蒙特地区与新罕布什尔省产生了辖区纠纷。1776 年，纽约省改称"纽约州"，于 1777 年通过纽约州宪法。SLADE W. Vermont State Papers, Gale Ecco(1823), at xv, xvii.

② N.Y. Stats. (1774).

（Republic of Vermont）议会通过了宪法。^①该宪法一直沿用至 1791 年，当年佛蒙特以第 14 个州的身份加入联邦。为避免混淆，本文直接称其为"佛蒙特州宪法"。^②

1777 年佛蒙特州宪法中设立了补偿条款，该宪法第 2 条规定："当任何人的财产在任何情况下被征收为公用时，所有人有权获得等价的金钱补偿（an equivalent in money）。^③"考虑到佛蒙特独立的历史背景，尽管佛蒙特共和国的制宪记录不完整，但其在宪法中作出此规定的理由却有据可查。一方面，佛蒙特始终坚持其早期反对纽约立法机构征收行动的原则，认为未经财产权人同意，政府不得征收财产；另一方面，为了避免州立法机构过度剥夺佛蒙特大部分公民的土地权利，佛蒙特通过制定宪法来确保其财产权不再受到立法机构类似威胁的侵害。这种财产限制与财产保护之间的平衡关系塑造了佛蒙特州宪法的补偿条款。根据佛蒙特州宪法的规定，佛蒙特州立法机构必须为其征收行为支付补偿，即使政府征收的是未经开发的土地用于修建公共道路，也不能免除补偿责任。

（三）1780 年马萨诸塞州宪法和 1787 年西北法令

在立法机构信任缺失与个人权利备受瞩目的背景下，1780 年的马萨诸塞州宪法与 1787 年的西北法令均纳入了补偿条款。^④

---

① 1777 年佛蒙特共和国在宪法序言中哀叹道："纽约立法机构曾经且现在仍然拒绝承认本州善良人民的土地所有权。"See VT. CONST. of 1777.

② 1791 年，佛蒙特作为第 14 个州加入联邦，而 1777 年制定并于 1786 年修改的佛蒙特共和国宪法是当前佛蒙特州宪法的重要组成部分，现行佛蒙特州宪法于 1793 年通过，因此，佛蒙特州的第一部宪法为 1777 年宪法。

③ VT. CONST. of 1777, ch. I, art. II.

④ 西北法令虽由国会制定，但该制定法针对的是州层面的征收，主要用于限制独立战争期间以军事需要为旗号的褫夺公权法案。

1780 年马萨诸塞州宪法的出台有着复杂的历史渊源。1774 年，独立战争爆发后，英国总督逃离了殖民地。随后，马萨诸塞宣布独立，并向大陆会议提出了一系列关于政府组建、权力分配等后续问题的咨询。大陆会议回应建议，以 1691 年英王颁发的特许令为依据组建马萨诸塞州政府。然而，这一提议遭到了马萨诸塞州西部地区伯克希尔和汉普夏县的强烈反对，他们拒绝采用这一"封建、压迫和腐败"政权所颁发的特许令来组建政府，并在《独立宣言》发表后，积极呼吁制定马萨诸塞州宪法。① 在政府组建问题未决之际，制宪纷争又起。利益集团间的斗争愈演愈烈，人们对立法机构可能侵犯财产权的担忧日益加剧。1778 年，西奥菲勒斯·帕森斯（Theophilus Parsons）在其颇具影响力的《埃塞克斯决议》（Essex Result）中指出，政体必然包含两个利益截然不同的群体：有财产者和无财产者。在立法机构权力无限制的情况下，居民（inhabitants）的财产利益极有可能被削弱。② 尽管有学者指责《埃塞克斯决议》旨在为少数富人谋取政治权力，③ 但其对财产权利的保护仍值得称道，并成为马萨诸塞州宪法的重要组成部分。

马萨诸塞州宪法蕴含了一个新观点，即"社会是由不可分割的利益集团组成的"。从该宪法的序言来看，宪法的制定过程本质上是一种合同或契约的签订过程，由构成社会有机整体的各类人共同参与。在社会或人民之间组建政府或制定宪法的首要目的，就是保护和捍卫个人的权利免受政府侵犯。马萨诸塞州宪法的批准和通过通常被视为个人权利的胜利，该宪法包含诸多财产权保护措施，其中就包括征收补偿条款。马萨诸塞州宪法第 10 条规定："根据常规法，社会上的每个人都有权在享有其生命、自由和财产时受到保

---

① 李剑鸣. 美国革命中的政体想象与国家建构——解读《埃塞克斯决议》[J]. 史学集刊, 2016（3）: 54-80.

② PARSONS J. A Consideration of Some Unconstitutional Measures, Adopted and Practiced in This State [M]. Sacramento: Creative Media Partners, LLC, 2012: 372.

③ NASH G B. The Unknown American Revolution: The unruly Birth of Democracy and the Struggle to Create America [M]. New York: Viking, 2005: 299.

护……在紧急情况下，任何人的财产若被征为公用（public uses），都应获得合理补偿（reasonable compensation）。"①

　　相比之下，西北法令中征收补偿条款的写入则略显偶然。独立战争期间，拥有西北大部分地区土地的纽约州和弗吉尼亚州将土地交给了中央政府。建国初期，国会试图通过制定法来治理西北地区，并为新州加入联邦创设制度条件。然而，部分国会议员担心制定法的通过可能会建立一个废除土地授予制度的地方立法机构，即议员可能反对法令，以确保原先从联邦政府获得的土地赠与不会因此发生变故，如被撤销或失效。为了消除国会议员的顾虑，确保西北法令的顺利通过，征收补偿条款被纳入了西北法令。西北法令第 2 条规定："未经与其处于同等地位的陪审团或国法的判决，任何人的自由和财产不得被剥夺。若在公共紧急情况下，为了保护公共利益而征收任何人的财产或要求其提供特定服务，应给予完全补偿（full compensation）。②"

　　尽管马萨诸塞州宪法和西北法令在征收补偿方面取得了显著进步，但舆论却对此表现出了罕见的沉默，州政府也对该条款置若罔闻，未经补偿的征收现象并未减少。③

---

① 原文为："Each individual of the society has a right to be protected by it in the enjoyment of his life, liberty and property, according to standing laws... And whenever the public exigencies require, that the property of any individual should be appropriated to public uses, he shall receive a reasonable compensation thereof." See MASS. CONST. of 1780, part I, art. X.

② 原文为："No man shall be deprived of his liberty or property but by the judgment of his peers, or the law of the land; and should the public exigencies make it necessary for the common preservation to take any persons property, or to demand his particular services, full compensation shall be made for the same." See Northwest Ordinance of 1787, art. 2.

③ VT. CONST. of 1785; Va. Stats. ch. LXXV (1785).

三、公正补偿规范确立：联邦层面上的征收补偿

詹姆斯·麦迪逊，作为美国宪法第五修正案的起草者，是财产权的坚定捍卫者。然而，麦迪逊所撰写的公正补偿条款在法律上具有狭义效力，仅适用于联邦政府的物理性征收。尽管公正补偿条款的主旨与反联邦党人所倡导的共和主义思想相悖，但对国家权力的警惕、对个人自由的热爱以及对财产保护的关切，使得这一条款在宪法批准后的数年内成为主导美国的法律和政治思想。

（一）自由主义思想与财产权保护理念

美国政治理论高度重视个人主义和财产权，但由于早期复杂的历史背景，征收与补偿之间的必然联系以及补偿在限制政府权力方面的重要性，最初并未得到自由主义者的充分重视。正如麦迪逊所言："革命期间，保护财产的……必要性无人过问，在美国人口和财产的现行状况下……关于人的权利的规定本身就应该包括财产权利，可以从共和党的法律倾向中自然地推导出来，这些权益将越来越明确。[①]"直到 18 世纪末期，自由主义思想和财产权保护理念才在美国得以广泛传播。美国制宪者认识到，美国社会的本质特征是不同利益集团之间的斗争，而"造成派系斗争最普遍、最持久的原因是，拥有财产的不同以及分配财产的不公。有产者和无产者在社会形成了不同利益。[②]"财产权及其

---

① Letter from Thomas Jefferson to Rev. James Madison(Oct. 28, 1785), in 8 T. JEFFERSON, THE PAPERS OF THOMAS JEFFERSON 308, 310 (J. Boyd ed. 1953).

② 亚历山大·汉密尔顿，詹姆斯·麦迪逊，约翰·杰伊.联邦党人文集［M］.北京：中国青年出版社，2013：59.

保护是个人在社会中存在的基础，充分体现了人在社会中的自由、地位和尊严，是构成自由的实质部分。

财产权与自由主义的结合强调了财产权的保护，以及财产作为政治自由的基础。尽管美国联邦宪法的制定者们对财产权保护在宪法中的地位有不同见解，但他们达成了基本共识：财产权必须提升到宪法层面，从而促使政府将财产权保护置于施政的首要位置。[①] 政府对财产的保护不能低于个人对财产的保护，只有这样，社会才能在公民个人不屈服于国家权力和影响的情况下，向更加自由和民主的方向发展。

（二）美国宪法第五修正案

自殖民地时期以来，美国征收补偿立法中关于补偿的表述多种多样，如真正价值（true worth）、应得赔偿（due satisfaction）、公正赔偿（just satisfaction）、[②] 合理补偿（reasonable compensation）和完全补偿等。[③]1789 年，美国宪法第五修正案以提纲挈领的方式规定："未经公正补偿，不得将私有财产征为公用"，这标志着美国联邦层面征收补偿规范的开始。

美国宪法第五修正案的公正补偿条款的诞生既包含了历史的偶然性，也包含了历史的必然性。独立战争期间，褫夺公权法案的历史影响尚未完全消除。美国人民既希望通过国家权力保护私有财产权，又担心过大的国家权力可能带来更大的权利侵害。在联邦党人与反联邦党人的论战中，詹姆斯·麦迪逊于 1789 年提出了一份宪法修正案草案。该草案包含两条关于财产权保护的规定：一条是修改宪法序言，回归经典的洛克式表述，将财产与生命、自由和追求幸福的权利并列为神圣不可剥夺的基本权利；另一条是修改联邦宪

---

① 杨显滨. 美国财产权的司法保障机制及对我国的启示［M］. 上海：上海三联书店，2017：15.

② ELY J W. The Historical Context of Just Compensation［J］. Practical Real Estate Lawyer, 2014, 30 (3): 9.

③ MASS. CONST. of 1780, part I, art. X; Northwest Ordinance of 1787, art. 2.

法第一条，将征收补偿条款纳入其中。① 然而，麦迪逊的宪法修正案草案最初并未引起其他制宪者的共鸣。国会内部意见分歧，州层面的反对者一再主张推迟批准时间，甚至有三个州直接表示反对。

反联邦党人也对麦迪逊提出的宪法修正案持不同意见，有论者将此归结为反联邦党人对共和主义思想的偏好。慎思之下，反联邦党人开始减少对公正补偿条款的抵触情绪。宪法第五修正案的公正补偿条款旨在禁止联邦政府未经补偿征收私人的动产和不动产，这与佛蒙特州、马萨诸塞州以及西北地区实施的禁令是一致的。② 由于当时的联邦政府很少有机会实施征收，因此公正补偿条款的法律适用范围非常有限。在 1868 年宪法第十四修正案通过之前，第五修正案的公正补偿条款仅适用于联邦政府直接的、物理性的财产征收。③ 通过补偿来约束联邦政府征收权的主张与宪法修正案批评者的政治宗旨并无太大冲突，因为他们都担心政府的权力过于强大，而不是过于疲软。反联邦党人深知麦迪逊的意图，他们推迟批准只是一个借口，旨在争取通过"保护州免受联邦政府干涉"的宪法修正案。

在宪法修正案审议过程中，参众两院对麦迪逊所提出的宪法修正案草案进行了大幅修改。④ 从修改后的条款来看，征收补偿条款的实质内容并未发生变化：它既回应了反联邦党人的要求，也回应了公民对财产权的诉求。征收条款并非授予立法机构征收权，而是经由宪法确认立法机构的固有权力属性；财产权不可侵犯，公正补偿条款是对政府征收权的限制。即使政府的征收符

---

① 麦迪逊提出了宪法序言草案和宪法第一条的修改草案，众议院审议后，将第一条修改草案列为第八修正案，在参议院审议全部修正案后，对整个修正案进行重新编号并提交各州，最终形成了现在的第五修正案。

② SCHWARTZ B. The Bill of Rights: A Documentary History［R］. Broomall: Chelsea House Publishers, 1971: 47-73.

③ Renthorp v. Bourg, 4 Mart. 97, 130-32 (La. 1816); Gardner v. Trustees of Newburgh, 2 Johns. Ch. 162, 167 (N.Y. Ch. 1816).

④ 1789 年 8 月 17 日，国会修改了麦迪逊关于宪法序言的草案，删除了其中大部分洛克式的语言，但在征收补偿方面，国会基本上参照了麦迪逊的草案。

合公用要件，在未经公正补偿的情况下，政府也不应剥夺财产权人的"土地或商品"。①

尽管联邦宪法第五修正案以概括性的方式规定无补偿即无征收，但在第五修正案批准后的头几年里，反对补偿者仍然坚持其立场，认为政府在征收个人财产时无需支付补偿。在南卡罗来纳州，当财产权人要求政府对用于修建公路的被征收土地进行补偿时，州检察长明确指出这是一个"全新的诉求，因为它在我国历史上第一次被提出来……②"直到19世纪20年代，公正补偿才得到普遍接受。③

第二节　公正补偿的原初含义

基于第五修正案公正补偿条款的抽象特性，这一概念不可避免地会面临"一千个读者，就有一千个哈姆雷特"式的多元解读困境。在宪法解释的众多方法中，原旨主义以其作为解锁宪法深层含义的制度密钥，成为探究宪法文本含义的独门秘籍。

一、原旨主义：解读公正补偿的独门秘籍

（一）原旨主义何以可能

原旨主义作为一种历史悠久的宪法解释方法，其理论根源可追溯至16世纪英国清教徒对圣经原意的解读。④到了20世纪30年代，原旨主义的概念开

---

① MADISON J. Property［N］. National Gazette, 1792-03-27.

② Lindsay v. Commissioners, 2 S.C.L.(2 Bay) 38, 47-51 (1796).

③ STOEBUCK W B. A General Theory of Eminent Domain［J］. Washington Law Review, 1972, 47 (4): 573.

④ See POWELL H J. The Original Understanding of Original Internet［J］. Harvard Law Review, 1985, 98 (5): 889-891.

始在美国的学术讨论中崭露头角，但直至 20 世纪 70 年代，它才正式作为一种对抗能动式和非原旨主义式宪法解释的有力武器，登上了美国宪法解释的舞台。

在面对非原旨主义的宪法解释时，原旨主义者首先提出了原初意图原旨主义（original intent originalism），即通过分析立宪时期的会议记录、联邦党人或反联邦党人的公开著作等材料，来探寻宪法制定者或批准者的真实理念和意图，从而揭示宪法条款的原初含义。[①] 然而，到了 20 世纪 90 年代，原初意图原旨主义被原初公共含义原旨主义（original public meaning originalism）所取代。后者主张，宪法的含义即为其文本在制宪之时的原初含义，即当时宪法文本中词汇所承载的普通公众的理解。[②] 原初公共含义原旨主义更加忠实于宪法文本，尊重民主多数的智慧结晶，但在处理文本歧义或模糊性问题时显得力不从心。为了应对这一挑战，阐释者原旨主义（constructionist originalism）应运而生。它主张，在宪法条款明确时，解释者应遵循宪法的原初含义；而在条文存在歧义或模糊时，解释者可以借鉴非原旨主义者的资料来确定宪法的含义。[③] 阐释者原旨主义的重要贡献在于将"阐释"的概念引入了宪法解释领域，使后人也能参与到宪法含义的建构中来。然而，由于它融合了非原旨主义的元素，因此并未能完全化解非原旨主义与原旨主义之间的冲突。于是，原初方法原旨主义（original methods originalism）应运而生。它从解决原旨主义的技术难题入手，转而关注宪法解释的正确方法，即制宪者

---

① See BREST P. The Misconceived Quest for the Original Understanding［J］. Boston University Law Review, 1980, 60 (2): 204.

② 参见：侯学宾. 美国宪法解释中的原旨主义［M］. 北京：法律出版社，2015：18.

③ See BARNET R E. Restoring the Lost Constitution: The Presumption of Liberty, Princeton［M］. Princeton: Princeton University Press, 2005: 118-125; WHITTINGTON K E. Constitutional Interpretation: Textual Meaning, Original Intent & Judicial Review［M］. Lawrence: University Press of Kanas, 1999: 7-15.

所采用的解释方法。① 它假设制宪者一定拥有某种确定宪法文本含义的方法，并认为当代的宪法解释者或美国人也可以基于这种方法来确定某一宪法条款的含义。在漫长的宪法解释理论争鸣中，原旨主义不断演进，发展出了 1.0、2.0、3.0 和 4.0 等多个版本，稳坐宪法解释的宝座。

（二）原旨主义何以正当

1787 年美国宪法以"我们合众国人民"为开篇，宣告了美利坚合众国的诞生。原旨主义认为，正是建国一代的"我们合众国人民"制定了原初的宪法，并赋予了它强大的生命力。这里强调的是"我们合众国人民"，而非仅仅是建国之父。

制宪者虽已逝去，但宪法却长存。原旨主义坚信宪法文本蕴含着固定的含义，并认为所有现代问题都应回溯到宪法文本，通过某种忠实于文本的方法来呈现其固定含义。事实证明，在美国人看来，200 多年前由建国一代"我们合众国人民"所制定的美国宪法仍然是可取的、稳定的，并蕴含着开启后续"我们合众国人民"幸福生活的制度密钥。② 原旨主义对原初宪法的热爱，并不意味着它是绝对的、不可修改的。相反，它承认宪法的代际联系，并允许每一代人继续从事自治政府的事业，即每代人都可以平等地参与宪法条款的增添。如果后代人没有按照原初宪法规定的修改程序来修改它，那么这至少说明，比起原初宪法的频繁修改，"我们合众国人民"似乎"更偏爱被过去束缚"的好处。③

---

① MCGINNIS J O, RAPPAPORT M B. Originalism and the Good Constitution［M］. Cambridge, Mass.: Harvard University Press, 2013: 116.

② 美国联邦宪法第 7 条明确规定，宪法生效必须获得十三个州中的九个州的批准，并为"我们人民"创造了诸如保护民主决策、个人权利以及其他有益目的的政府结构。U.S. CONST. art. VII.

③ MCGINNIS J O, RAPPAPORT M B. Originalism and the Good Constitution［M］. Cambridge, Mass: Harvard University Press, 2013: 99.

宪法是一项世世代代都可以参与的事业，而原旨主义则始终保持着相对开放的态度。它既不否认原初宪法的美好性，也不禁止后代对其做出任何修改。在原旨主义的世界里，活着的一代会根据原旨主义的宪法解释理论来解释现行宪法，并继承逝去一代所遗留下的美好传统。同时，他们也会着眼于未出生一代的可能发展，努力使宪法臻于完美，成为基本法、高级法和我们的法律。①

二、公正补偿的原旨主义解释

美国宪法第五修正案的原文是："nor shall private property be taken for public use, without just compensation（未经公正补偿，不得将私有财产征为公用）"，② 坚持原旨主义的立场，可以阐释美国宪法第五修正案文本的语词及制宪者起草第五修正案公正补偿条款的目的。③

（一）公正补偿的语义分析："Just"和"Compensation"

美国宪法第五修正案的"公正补偿"一词包含两个核心问题：是否应当给予补偿？给予多少补偿是公正的（just）？问题一通常涉及政府行为性质的判断，当政府的行为符合宪法规定的基于公用标准的征收时，对问题一的回答是肯定的；问题二通常涉及补偿的标准，需要深入的理论探讨和

① 作为基本法的宪法，"促进政治稳定并分配权利、义务、权力和责任"，为"我们人民"确立根本的治理框架；作为高级法的宪法，"批判、限制、追究"法律和权力，化身为价值和原则的宝库；作为"我们的法律"的宪法，将宪法作为一项"溯及当下并面向未来"的事业，确保每代人都能够参与自己的宪法。参见：杰克·巴尔金.活的原旨主义［M］.刘连泰，刘玉姿，译.厦门：厦门大学出版社，2015：44，47.

② U.S. CONST. amend. V; 刘玉姿.美国征收法中的公用教义［D］.厦门：厦门大学，2016：106.

③ 参见：杨显滨.论美国征收条款及其对我国的启示［J］.政法论坛，2015（5）：104-112.

判例梳理。

"公正补偿"对应"just compensation"，由"just"和"compensation"组成。在美国征收法中，"公正补偿"与"公平补偿"（fair compensation）并不同义。[1] 根据英文版《布莱克法律词典》的解释，"just"是指"conforming to or consonant with what is legal or lawful（符合或符合法律或合法的内容）"。[2] 它与"equitable"[3] 一词语义相同，都表示法律和道德意义上的公平和公正。较之法律和道德意义上的"just"，"fair"[4] 相对更接近经验世界，是指一般意义上的公平、平等或者价格公道。[5] 从词义的差别出发，我们便能理解宪法第五修正案为何以"just"修饰补偿（compensation），以及法院为何以"fair"修饰市场价值（market value）。

"just compensation"中的另一个词"compensation"蕴含着"等价"这一概念。根据《元照英美法词典》的解释，"compensation"既具有"补偿"之义，又具有"赔偿"之义，是指对他人的损失给予价值相当的金钱（货币）或者其他等价物，以使受损失一方恢复到如同损失未曾发生时一样的境况。[6] 在征收领域，这种补偿主要是指在财产权人的土地被政府强制征收，或者在财产权人对土地进行改善之后不得不放弃租赁权时，政府支付给受损

---

① ELY J W. The Historical Context of Just Compensation[J]. Practical Real Estate Lawyer, 2014, 30（3）: 9.

② BLACK H C. Black's Law Dictionary(6)［M］. Paul: West Publishing Co., 1979: 775.

③ "equitable"一词与"just"同义，equitable 是指"conformable to the principles of justice and right"。BLACK H C. Black's Law Dictionary(6)［M］. Paul: West Publishing Co., 1979: 482; National Surety Corporation v. Mullins, 262 Ky. 465, 90 S.W.2d 707, 708; Wisdom v. Board of Sup'rs of Polk County, 236 Iowa 669, 19 N.W.2d 602, 606; Carter v. Carter, 181 OKl. 204, 73 P.2d 404, 405; National Surety Corporation v. Mullins, 262 Ky. 465, 90 S.W. 2d 707 708.

④ 英文版《布莱克法律词典》中，"fair"的解释是，"in the ancient technical sense，are unknown, and, in the modern and popular sense, they are entirely voluntary and nonlegal, and transactions arising in or in connection with them are subject to the ordinary rules governing sales, ect"。

⑤ BLACK H C. Black's Law Dictionary(6)［M］. Paul: West Publishing Co., 1979: 535.

⑥ 薛波，潘汉典. 元照英美法词典（缩印版）［M］. 北京：北京大学出版社，2013：268.

害影响的人的一笔与财产等价的金钱。^①在英文版《布莱克法律词典》中，"compensation"是指"indemnification; payment of damages; making amends; making whole; giving an equivalent or substitute of equal value（赔偿；损害赔偿金的支付；赔礼道歉；使整体；等值的；提供等值或等值替代品的）"，"支付损害赔偿或者法院命令由侵害他人之人来完成的任一其他行为，理论上，补偿是使受害人完好无损"，^②这与其他法律词典中关于"compensation"的解释并无不同，都具有指代"补偿"和"赔偿"的含义。根据《布莱克法律词典》的解释，"compensation"是"equivalent in money for loss sustained"，^③即"在金钱上与所受损失相等价的补偿"，是一种与司法确定的补偿有关的定义，不同于支付货物或者完成工作意义上的"compensation"。质言之，"compensation"一词本身就蕴含着"等价"的概念，而且是"金钱上"的等价，与联邦最高法院界定的"compensation"概念高度一致。^④

从词义上看，公正补偿中的"just"和"compensation"是指法律意义上的金钱等价补偿，但仅作词义上的解释不足以阐明公正补偿的原初含义，还必须深入挖掘美国宪法第五修正案背后的历史资料，探究与制宪者制定意图有关的公正补偿的原初含义。

---

① 戴维·M.沃克.牛津法律大辞典［M］.李双元，译.北京：法律出版社，2003：238.

② GARNER B A. Black's Law Dictionary(9)［M］. Paul: Thomson West, 2009: 322.

③ GARNER B A. Black's Law Dictionary(9)［M］. Paul: Thomson West, 2009: 322.在征收领域，"compensation"是指"equivalent given for property taken or for an injury done to another".

④ 在莫农加希拉航运公司案中，联邦最高法院阐明了"compensation"的等价概念。Monongahela Navigation Co. v. United States, 148 U.S. 312, 325-326（1893）.司法上，美国法院也经常使用"damage"和"indemnity"来形容因征收导致的损害或者损失。界定"damage"和"indemnity"也具有理论上的意义。在词义上，英文版《布莱克法律词典》中的"damage"是指"Loss, injury, or deterioration to person or property"。"damage"实则包含了"损失"（loss）和"损害"（injury）两种语义。虽然中译版《牛津法律大辞典》将"damage"译为"损害"，但其解释却是"一个人所遭受的被认为可提起法律诉讼的损失或伤害。""damage"既有损失，又有损害之义。"indemnity"的词义虽是"赔偿"，但其解释却是"对损失、损害或者花费进行补偿的义务。"因此，单就语义而言，英语并未明确区分"damage""compensation"和"indemnity"，三者词义大体上相同。

（二）基于制宪者意图的公正补偿的原初含义

公正补偿规范起源于 18 世纪后期，其含义在"制宪者——批准者——宪法文本——读者"的传递过程中历经时间区隔。尽管制宪者未对公正补偿作出详尽解释，也未留下关于起草修正案初衷的文献记载，但可以肯定的是，制宪者在规定公正补偿条款时必定怀有原初意图，否则制宪行为将沦为"毫无意义的空气震动"①。正如克里斯托弗·塞尔金（Christopher Serkin）所言，"第五修正案的内容应该取决于它旨在服务的目的"②，因此，确定公正补偿的原初含义应从明确制宪者关于公正补偿的原初意图着手。

自 1787 年宪法制定以来，美国批准并持续有效的宪法修正案共计 27 条，这些修正案大致可分为三类：①保障和扩大公民基本权利；②废除黑人奴隶制；③完善美国政治制度。宪法第五修正案属于第一类。据历史学家考证，詹姆斯·麦迪逊提出公正补偿条款是为了平息人民对军队在独立战争时期频繁征收所有粮食、商品或其他财产的不满。③美国学者乔治·塔克（George Tucker）于 1803 年对此观点表示赞同，并提出第五修正案中的公正补偿条款正是针对独立战争期间大量未经补偿的军事征收行为。④ 作为独立战争的亲历者，麦迪逊深知为财产权提供必要的宪法保护是新生美国在未来发展稳定的

① 列宁．列宁全集（第 25 卷）［M］．中共中央马克思恩格斯列宁斯大林著作编译局，译．北京：人民出版社，1988：75.

② SERKIN C. The Meaning of Value: Assessing Just Compensation for Regulatory Takings［J］．Social Science Electronic Publishing, 2005, 99 (2): 679.

③ 约翰·G. 斯普兰克林．美国财产法精解［M］．钟书峰，译．北京：北京大学出版社，2009：637.

④ TUCKER G, BLACKSTONE W. Blackstone's Commentaries: with Notes of Reference to the Constitution and Law of the Federal Government of the United States, and of the Commonwealth of Virginia［M］．Philadelphia: William Young Birch and Abraham Small, 1803: 305-306.

政治、经济和法律体系的重要前提。^① 征收权蕴含政府过度干涉私人财产权的风险，为了保护个人财产权免受政府恣意侵害，麦迪逊利用制定《权利法案》的契机，在宪法中加入了征收补偿条款，并将"公正补偿"视为限制政府征收权的关键要素。在最初提出宪法第一条的修改草案时，麦迪逊就采用了"just compensation"这一表述，^② 该表述在历经国会特别委员会（the select committee）审查、参众议院和各州审议后未被修改，最终保留在第五修正案中。关于为何制宪者选择"just"而非"fair"，有学者认为，与公平（fair）补偿相比，公正（just）补偿的要求通常更高：公平补偿不是以最高且最佳用途（highest and best use）为标准，而是以最低的经济回报（economic return）或合理的经济使用（reasonable beneficial use）为标准。^③ 回到麦迪逊等制宪者的最初意图，与征收相伴的公正补偿，其本质是在宪法公平正义理念指导下的补偿，它要求政府"公正"地对待每个人，^④ 以恢复到征收前的"公正"状态。格林·伦尼（Glynn Lunney）曾以"保护少数土地所有人免于受对其财产感兴趣的多数人的干涉"来解释制宪者写入"公正补偿"的意图；^⑤ 约翰·费也持相似观点，他指出"公正补偿"的目的在于确保个人不会被挑选出来承担

---

① 亚历山大·汉密尔顿，詹姆斯·麦迪逊，约翰·杰伊. 联邦论——美国宪法评述 [M]. 尹宣，译. 南京：译林出版社，2010：353-357.

② 麦迪逊首次提出宪法第一条的草案原文为："No person shall be obliged to relinquish his property, where it may be necessary for public use, without a just compensation"。

③ 芝加哥学者约翰·康斯托尼斯（John J.Costonis）从警察权的正当行使和管制必要性的角度，认为在政府和私人财产所有权人之间的利益无法同时兼顾的紧张框架内，强调缩小补偿，即给予公平（fair）补偿，而不是公正（just）补偿，可以平衡宪法上的个人补偿权与政府希望尽可能少的支付补偿之间的冲突，根据约翰·康斯托尼斯观点，公平补偿的补偿程度低于公正补偿的补偿程度。COSTONIS J J. "Fair" Compensation and The Accommodation Power: Antidotes for Taking Impasse in Land Use Controversies [J]. Columbia Law Review, 1975, 75 (6): 1022-1023.

④ Armstrong v. United States, 364 U.S. 40, 49 (1960).

⑤ LUNNEY G S. Compensation for Takings: How Much is Just? [J]. Catholic University Law Review, 1993, 42 (4): 721-770.

公共利益的成本；① 法学家弗兰克·米歇尔曼（Frank Michelman）则援引马克思主义者的观点来解释公正补偿的目的，"公正补偿确保规避风险的人能够安全地投资财产，以支持经济的繁荣。②"除保护被征收人的权利外，作为征收权限制的"公正补偿"还会促使政府考虑公共利益与支付给被征收人的补偿比，以确保土地征收行动的效率。当征收产生的经济效益较低时，公正补偿将阻止政府进行征收。简而言之，公正补偿预设了征收的公平性和正义性：不补偿或不公正的补偿具有剥夺"我们合众国人民"基本权利的负面影响，也无法阻止政府进行低效的征收。当然，虽然过度补偿在短期内可能不会损害财产被征收人的利益，但最终会通过抑制有益的征收，反噬财产权人的合法权益。

　　同时，公正补偿条款还承载了麦迪逊的某些期望，这些期望在麦迪逊1792 年发表的《财产》一文中得到了印证。麦迪逊重申其提出公正补偿条款的目的，③ 除了限制国家政府的行动自由外，还强调"公正补偿是一项更高的权利，并且是决定该国人民意识的关键因素。'未经公正补偿，不得将私有财产征为公用'是美国宪法的组成部分，因此，我觉得自己不仅得到了授权，而且必然会得出如下结论：补偿规定是应当的，且必然与行使宪法上剥夺个人财产的权力相伴而生。④"作为一项保护财产权的国家承诺或意图声明，公正补偿条款还具有教育作用，即向人民传达和灌输"财产权神圣不可侵犯"的思想以及"未经补偿的政府征收将违反基本权利"的理念，从而抑制人民和政府制定一些不合理的财产分配制度，例如不平等的税收、纸币滥发等。⑤

---

① FEGAN M. Just Compensation Standards and Eminent Domain Injustices: An Underexamined Connection and Opportunity for Reform［J］. Connecticut Public Interest Law Journal, 2007, 6 (2): 269.

② MICHELMAN F I. Property, Utility, and Fairness: Comments on the Ethical Foundations of "Just Compensation" Law［J］. Harvard Law Review, 1967, 80 (6): 1165-1258.

③ MADISON J. Property［N］. National Gazette, 1792-03-27.

④ Gardner v. Trustees of Newburgh, 2 Johns. Ch. 162 (N.Y. Ch. 1816).

⑤ Enfield Toll Bridge Co. v. Connecticut River Co., 7 Day 28 (Conn. 1828).

美国宪法第五修正案文本中的公正补偿深植于自然正义理论。麦迪逊认为，公正补偿条款不仅是对权力的限制，也宣告了私有财产的重要性和国家的尊重义务。正如威廉·特雷纳（William Treanor）所指出的，"第五修正案的目的不仅在于保护财产权人，也对财产神圣的美国社会起着教育的作用。[①]"它标志着个人与政府关系以及财产权与公共利益关系的转变。经过半个多世纪，第五修正案被各州普遍接受，几乎所有州的宪法都规定了公正补偿条款。公正补偿蕴含着公平正义的含义，要求政府平等地对待每一个人。

（三）公正补偿：完全补偿或不完全补偿

完全补偿，又称作"全额补偿"，通常是指征收人应对征收行为给被征收人造成的全部损失予以补偿，使被征收人完全恢复到如同征收未曾发生时一样的境况。这种补偿是一种主客观上的完全补偿，不仅涵盖直接损失，还包括因征收引发的各种间接损失，如期待利益的损失、剩余财产价值的损失，甚至涉及非经济性的情感损失、自治价值损失等。完全补偿理念深受财产权"神圣不可侵犯"理论的影响，在倡导私有财产神圣的时代尤为盛行。当财产权利主体因公共需要而牺牲时，国家必须提供全额补偿。1874 年颁布的《普鲁士邦土地征收法》首次在法规中确立了完全补偿的原则。该法第 8 条规定："征收补偿以全额为之"，[②]不仅要补偿被征收土地及其地上附着物、孳息的完全价值，还要补偿因征收造成的特殊损失。对被征收人而言，完全补偿是最理想的补偿方式，它全面覆盖了既有损失、物质损失、直接损失，以及期待损失、精神损失和附带损失；但对征收人而言，完全补偿也存在一些问题，比如可能引发重复补偿，还可能增加政府的财政压力。随着政府对社会经济干预的加强，完全

---

① TREANOR W M. The Origins and Original Significance of the Just Compensation Clause of the Fifth Amendment［J］. Yale Law Journal, 1985, 94 (3): 710-712.

② 陈新民. 德国公法学基础理论［M］. 山东：山东人民出版社，2001：504-513.

补偿在一定程度上成为政府基于公共利益实现社会发展规划的障碍。

与完全补偿不同，不完全补偿理念对补偿的范围有更为严格的界定，它是多种观点妥协的产物：既体现了"财产权的社会义务"，也融合了"私有财产的神圣不可侵犯"理念；既坚持了"国家权力的绝对性"，又强调了"私有财产权的国家保障义务"。不完全补偿仅对因征收造成的直接、客观和必要的损失进行补偿，而对于难以量化的情感损失、社区迁移损失等个人主观价值损失，则视为财产权人因所有权的社会义务而应承受的一般限制，因此无需补偿。换句话说，政府只对超出财产权人应承担的社会义务范围之外的损失负责补偿。不完全补偿可以进一步分为主观上的不完全补偿和客观上的不完全补偿。主观上的不完全补偿主要从被征收人的角度考虑，即这种补偿并未完全覆盖被征收人因征收而遭受的所有损失，如特殊的主观价值损失。[①] 然而，主观上的不完全补偿有时也能达到客观上完全补偿的效果，即被征收人获得的补偿足以使其维持征收前的生活条件。客观上的不完全补偿则是指实际上的不完全补偿，无论如何，这种补偿都不会达到客观上完全补偿的效果，因为被征收人并未完全获得具有"外部有效性"的财产价值补偿。[②] 在征收实践中，不完全补偿通常以其客观含义为准。

除了完全补偿和不完全补偿外，还有公平补偿、公正补偿、适当补偿[③]、

---

① 特殊的主观价值包括情感价值、特殊适用性价值和不正当需求（例如歧视）的价值。

② 客观上的不完全补偿不仅不补偿被征收人的主观价值损失，还不完全补偿被征收人的客观价值损失，从被征收人和社会公众角度看，都是一种不完全补偿；客观上的完全补偿仅不补偿被征收人的特殊主观价值损失，但完全补偿被征收人的客观价值损失，这种补偿虽达不到被征收人的（主观上的）完全补偿，但依社会公平正义和财产权的社会义务，完全补偿了被征收人损失的价值。详见：LEE B A. Just Undercompensation: The Idiosyncratic Premium in Eminent Domain［J］. Columbia Law Review, 2013, 113 (3): 596-649.

③ 《欧盟基本权利宪章》第 17 条规定："人人均享有拥有、使用、处分与遗赠其合法取得财产之权利。除非基于公共利益，符合法律规定之要件及情况，并于合理期间内适当补偿损失，不得剥夺个人财产。法律得于符合公共利益之情况管理个人财产之使用"；《魏玛宪法》第 153 条的规定，除法律另有规定外，应给予财产权人适当补偿。

合理补偿等概念。^① 完全补偿与不完全补偿在逻辑上可以涵盖所有的补偿情形。美国制宪者在宪法第五修正案中选择了"公正补偿"的表述。尽管学者们对公正补偿究竟属于完全补偿还是不完全补偿存在不同看法，有学者认为美国的公正补偿实质上等同于完全补偿^②；也有学者认为公正补偿是一种不完全补偿^③。但结合美国宪法第五修正案的条文、公正补偿的含义以及制宪者的初衷来看，由于财产负有社会义务，公正补偿的目的是根据公平正义的原则，避免让个别财产权人因公共利益而承受的特别牺牲。因此，美国宪法上的公正补偿应该是一种主观上的不完全补偿，客观上的完全补偿。^④

第三节　公正补偿含义的司法发展

正如美国学者约翰·费曾所言："没有什么直接证据可以证明第五修正案'公用'一词的制宪者含义。^⑤"同样，也没有直接证据可以证明第五修正案中"公正补偿"一词的宪法确切含义。因此，公正补偿的含义在很大

① 《中华人民共和国矿产资源法》第 36 条、《中华人民共和国防沙治沙法》第 35 条、《电力供应与使用条例》第 16 条、《乡镇煤矿管理条例》第 11 条、国务院办公厅《关于治理开发农村"四荒"资源进一步加强水土保持工作的通知》第 3 条等均明确规定对被征收人给予合理补偿；有的国家规定了其他补偿理念，例如《基本法》第 14 条第 3 款规定，征收补偿之确定，应就公共利益与参与人利益进行合理之衡量，形成了所谓的"利益衡量"理念。参见：尤重道.土地征收补偿实物［M］.台北：永然文化出版股份有限公司，2001：114.

② 房绍坤、王洪平等学者指出，"美国法上的征收补偿采用的同样是'完全补偿'原则"。参见：房绍坤，王洪平.公益征收法研究［M］.北京：中国人民大学出版社，2011：351.

③ 刘连泰、左迪等学者指出，公正补偿本来就是一种不充分、不完美的补偿，但仍不失为一种最佳现实选择。详见：刘连泰，左迪.征收法上按公平市场价值补偿规则的白圭之玷——以美国法为例［J］.浙江社会科学，2013（9）：55-62，156-157.

④ 但在美国征收实践中，法院以公平市场价值标准衡量被征收财产的公正补偿，可能产生客观上的不完全补偿效果。详见：Coniston Corp. v. Village of Hoffman Estates, 844 F. 2d 461, 464 (7th Cir. 1988).

⑤ FEE J. Reforming Eminent Domain［C］// MERRIAM D H, ROSS M M. Eminent Domain Use and Abuse: Kelo in Context. Chicago: American Bar Association, 2006: 128-292.

程度上依赖于法院的解释。①19 世纪晚期之前，由于联邦政府很少行使征收权，因此很少有探究"公正补偿"含义的必要性。公正补偿的司法实践最初是在州层面展开的，例如加德纳诉纽堡村案②、罗利和加斯顿诉戴维斯案③等，然而，在这一时期，州法院并未对公正补偿的含义形成明确或成熟的法律教义。

直到第十四修正案通过后，联邦最高法院才开始正式对公正补偿的含义进行解释。1893 年，在莫农加希拉航运公司诉美国案（以下简称"莫农加希拉航运公司案"）中，④联邦最高法院首次明确提出了自己对公正补偿的定义。⑤四年后，在鲍曼诉罗斯案（以下简称"鲍曼案"）中，联邦最高法院从主体角度出发，对"公正（just）"补偿进行了双向解释，即补偿对被征收人和社会而言都应是公正的。

在随后的十几年里，联邦最高法院不断重申财产的等价物概念，但对第五修正案公正补偿条款中的"公正"一词却未予明确提及。1910 年，在波士顿商会诉波士顿市案（以下简称"波士顿商会案"）中，联邦最高法院提出，宪法上的公正补偿是针对人的，而不是针对财产的。1934 年，在奥尔森诉美国案（以下简称"奥尔森案"）中，联邦最高法院结合自己先前

---

① FEGAN M. Just Compensation Standards and Eminent Domain Injustices: An Underexamined Connection and Opportunity for Reform［J］. Connecticut Public Interest Law Journal, 2007, 6 (2): 269.

② 在宪法第五修正案适用于各州之前，部分州通过判例确立了公正补偿理念。在加德纳诉纽堡村中，州法院指出，虽然纽约州宪法没有规定补偿条款，征收人仍必须根据自然法支付补偿。详见：See Gardner v. Village of Newburgh, 2 Johns. Ch. 162(N.Y. Ch. 1816).

③ 在罗利和加斯顿诉戴维斯案中，法院根据北卡罗来纳州制定法的要求，任命五名无相关利益且态度中立之人来评估土地征收对被征收人造成的损失。在詹姆士河流公司诉特纳案中，弗吉尼亚州法院也提出类似要求。详见：Raleigh & Gaston R.R. v. Davis, 19 N.C. (2 Dev. & Bat.) 451,452 (1837); James River & Kanawaha Co. v. Turner, 36 Va. (9 Leigh) 313, 314 (1838).

④ 刘玉姿. 美国征收法中的公用教义［D］. 厦门：厦门大学，2016.

⑤ 莫农加希拉航运公司案不是首个上诉到联邦最高法院的征收补偿案件，首个上诉到联邦最高法院的是 1878 年的布姆诉帕特森案，但在该案中，联邦最高法院没有对公正补偿展开较多的讨论。详见：Boom Co. v. Patterson, 98 U.S. 403, 407 (1878).

的判决，将其在莫农加希拉航运公司案中所确定的"完全且完美的等价物（full and perfect equivalent）"向更客观、简单的方向进行了解释，即"人"的财产的"完全且完美等价物"或"充分且完全的金钱等价物"等于"人"的财产的"公平市场价值"，[①] 并继续强调公正补偿是对人的补偿，而不是对财产的补偿。

上述四个判例构成了对"公正补偿"概念解释的起承转合闭环。

一、起：莫农加希拉航运公司诉美国案

（一）案情与争点

1836 年，一家位于莫农加希拉河上的莫农加希拉航运公司（私人公司）从宾夕法尼亚州获得了一份在该河建造一系列水闸和水坝的许可。自 1841 年起，该公司根据联邦政府的建议，在河道上建造了 7 座船闸和水坝。在航道修建之前，莫农加希拉河仅容许吨位不超过 50 吨的小型船只通行，且小型船只上溯河流的吨位还需根据季节及水位来判断；航道建成后，大型蒸汽船得以在任何季节畅行该河流，此举极大地提升了宾夕法尼亚与匹兹堡之间河流的通航能力，促进了以航运为手段的商业活动。鉴于工程耗资巨大，宾夕法尼亚州授权莫农加希拉航运公司通过收取航运通行费来回收成本。

1888 年 8 月 11 日，国会通过了《8 月 11 日法案》（Act of August 11），授权陆战部长以不超过 161,733.13 美元的费用收购莫农加希拉航运公司的 7 号船闸、水坝及其附属设施，从而将这些设施的所有权完全转让给联邦政府。然而，由于该费用未将航运公司因失去收取通行费的特许经营权而遭受的损失纳入考虑，双方自愿协商购买未果，联邦政府遂提起征收诉讼，要求征收

---

① Olson v. United States, 292 U.S.246 (1934).

莫农加希拉航运公司原先拥有的"上船闸和大坝"。1888 年 12 月 1 日，宾夕法尼亚西部巡回法院审理了此案，双方就大坝的价值提出各自看法。法院委任的勘查员（viewers）报告指出，7 号船闸和大坝的总价值为 209,393.52 美元。据此，法院裁定 7 号船闸和大坝的价值为 20.9 万美元。由于该裁定未涵盖特许经营权的损失，航运公司提起了上诉。[①]

本案的核心争议并非联邦政府是否有权征收莫农加希拉航运公司的财产，而是政府应为此支付多少补偿，即第五修正案所规定的公正补偿具体指何意。莫农加希拉航运公司坚决要求政府补偿其无形财产的损失，而联邦政府则认为，该公司仅有权获得有形财产价值减损的补偿，无权要求补偿因丧失收取通行费之特许经营权而造成的损失。[②]

联邦最高法院对此持反对意见，撰写全体一致意见的大法官大卫·J. 布鲁尔（David J. Brewer）指出，私有财产不应被征收，"除非将与之完全且完美的等价物归还给财产权人。[③]"只有在财产权人获得其财产"真实价值"（true value）的补偿后，方可认为已对财产作出了公正补偿。[④]即便基于贸易条款授权合众国进行征收，情况亦应如此，因为"管制贸易的权力受到宪法所规定的所有限制的约束……其中包括第五修正案"[⑤]。联邦最高法院认定，航运公司位于莫农加希拉河上的船闸和大坝为该公司合法所有，其有权基于特许经营权收取费用，该权利与有形财产的所有权一样，是一项既定的财产权。"当有形财产被征收时，实际上剥夺了财产权人收取通行费的特许经营权，公正补偿需要支付的不仅仅是有形财产本身的价值，还包括他被剥夺的特许经营权。[⑥]"最终，联邦最高法院推翻了原判决，并将案件发回重审。

---

① 　Monongahela Navigation Co. v. United States, 148 U.S. 312, 314-319 (1893).

② 　同上。

③ 　同上，p312, 326 (1893).

④ 　同上，p337 (1893).

⑤ 　同上，p336 (1893).

⑥ 　同上，p354 (1893).

（二）公正补偿＝被征收财产的"完全且完美"的"等价物"

　　征收补偿条款作为权利法案的重要组成部分，个人在使用财产过程中所获得的安全性构成了检视政府行为价值的最重要标准之一。公正补偿原则旨在防止公众对个体施加超出其应承担比例的财产负担。在莫农加希拉航运公司案中，联邦最高法院拒绝了政府对"公正补偿"的狭义和晦涩的解读，并指出："人们愉快地选择了第五修正案关于这一问题的措辞，整个修正案是对政府权利或权力的一系列否定，最后一条规定：'未经公正补偿，不得将私有财产征为公用。''补偿'（compensation）这一名词，本身默认了一个'等价'（equivalence）概念。[①] 因此，我们所谈的经由补偿形式的损害赔偿，或者补偿性损害赔偿有别于刑罚的或者惩罚性的损害赔偿；前者与损害（injury）等价，后者是一种惩罚手段。因此，如果省略'公正的'（just）这个形容词，并且该条款仅仅是：未经补偿，不得征收财产，那么语言的正常含义将会是补偿相当于财产的价值，并且它强调的是'just'这一形容词。毫无疑问，根据这两个词的组合，补偿必须完全且完美的（full and perfect）等价于被征收的财产；并且将会注意到：这种公正补偿是针对被征收财产，而不是对所有人……'公正补偿'应与被征收的财产完全等价。[②]"

　　宪法征收补偿问题的本质在于，个人可以依据宪法要求政府提供何种程度的保护。在任何社会中，个人在使用和享有财产时，通常面临的最大挑战来自政府。因此，法院必须高度重视公民的宪法权利，对涉及人身和财产安

---

① 部分学者认为，莫农加希拉航运公司诉美国案确立了公平市场价值补偿，但从英文版判例看，该案并未将公正补偿确立为财产的公平市场价值，而是将公正补偿解释为财产的"完全且完美的等价物。"详见：Monongahela Navigation Co. v. United States, 148 U.S.326 (1893).

② Monongahela Navigation Co. v. United States, 148 U.S. 325-326 (1893).

全的宪法规定作出有利于公民的解释，以减少此类情况的发生。

联邦最高法院认为，"公正补偿"指的是被征收财产的"完全且公平"（full and just）[1]、"完全且准确"（full and exact）或者"完全且完美"的"等价物"[2]。当财产权人为了公共利益交出更多且不同于其他人的财产时，公众应当返还给财产权人完全且公平的等价物，这包括财产权人通过其投资所获得的收益。

二、承：鲍曼诉罗斯案

（一）案情与争点

根据 1809 年法案，华盛顿市任一地段或广场的财产权人，在向哥伦比亚特区土地勘测员提交土地测量报告后，有权对土地进行细分。在确认细分土地与原地块相符后，可前往同一机构进行认证并登记。然而，华盛顿市北部边界外的土地财产权人却时常在其土地上私自铺设道路，并根据自己的意愿将街道划分为若干地块，但这些细分通常与原地块不一致，且违背了华盛顿市的总体规划。

1888 年 8 月 27 日，国会颁布了《哥伦比亚特区土地分区管制法》，并据此成立了哥伦比亚特区规划委员会，授权其制定和发布一般性命令，以管控该地区所有土地的测绘和细分。同时，该法还规定，财产权人必须获得规划委员会的许可后，方能将土地用于其期望的用途。为进一步实现这一目标，国会于 1893 年 3 月 2 日通过了《哥伦比亚城外高速公路系统修筑法》，旨在为哥伦比亚特区之外的地区建设一套永久性的高速公路系统。然而，该法的

---

① Monongahela Navigation Co. v. United States, 148 U.S. 312, 325 (1893).

② 同上，p326 (1893).

第 11 条和第 15 条却引发了合宪性质疑。第 11 条规定，"在确定被征收部分地块的补偿时，陪审团应该考虑财产权人因征收项目提高该地块或者剩余地块的价值而获得的利益，并据此作出裁判；在此类案件中，法院也要查明和说明损失和收益"[①]；第 15 条则规定了补偿数额的评估方法，对于财产权人或受益人因公共项目改善而获得的利益，应以专用税的形式予以扣除。[②]

1895 年，哥伦比亚特区委员会依据《哥伦比亚城外高速公路系统修筑法》第 6 条向特区最高法院提出申请，拟征收罗斯等人所在社区的土地以修建高速公路。根据建设规划，部分被征收人的财产被全部征收，而部分则被部分征收。陪审团和法院需衡量损失和收益，并从补偿中扣除因拟征收用途而增值的部分被征收土地的财产权人利益。[③] 根据规划委员会专员的申请，法院依据该法第 10 条召集并组成了一个由 7 人构成的陪审团。在科克斯（Cox）法官作出审判以及征收人和被征收人提出证据后，陪审团按照法院先前确定的方式作出了裁决。裁决中详细列出了每宗土地的面积、被征收土地的面积、未被征收土地的面积、土地所受的影响、已被征收土地的补偿费、已被征收建筑物的补偿费、剩余财产的补偿费以及损失的利益等。对此，罗斯等被征收人提起诉讼，认为《哥伦比亚城外高速公路系统修筑法》第 11 条和第 15 条关于补偿计算的规定违宪。

1896 年 2 月 5 日，地区法院以该法违宪为由驳回了征收申请。法院认为，在该案中应根据权利的轻重来判断，对个别地块所获的特别利益可以适当抵销，即从被征收地块的补偿中予以扣除。但扣减的特殊利益或评估的一般福利都应是立即实现的，或至少是目前可以确定的福利。而 1893 年的法案

---

① Bauman v. Ross, 167 U.S. 548, 557 (1897).

② 《哥伦比亚城外高速公路系统修筑法》第 15 条规定："如果整宗土地被征收，土地所有人可以按照市场价值获得补偿，但需要为得到的特殊利益支付专用税。专用税从补偿款中扣除。"详见：刘连泰. 潘蓉案的美国式判决［J］. 政法论丛，2010（2）：75-76.

③ Bauman v. Ross, 167 U.S. 548 (1897).

仅要求征收，并未规定立即开发高速公路，因此违宪。[①] 委员会随后提出上诉，但上诉法院维持了原判。最终，该案被提交至联邦最高法院。

尽管地区法院和上诉法院均支持罗斯的观点，但联邦最高法院认为，宪法既未禁止国会对此作出规定，也未禁止陪审团在确定公正补偿时考虑财产的收益和损失。法院在判决书中详细解释了其对公正补偿条款中"just"一词的理解。

（二）公正补偿中的"公正"＝"双向公正"

由于宪法仅规定了补偿的一般原则，且立法机构的性质决定了其不可能在每个案件中确定具体的补偿金额，因此公正补偿只能通过法院审查每个案件的具体情况来确定。那么，如何使个案补偿符合宪法上的"公正"补偿呢？在鲍曼案中，这一问题实际上转化为陪审团或法院在确定补偿时是否应考虑财产权人的损失和收益。

针对这一问题，联邦最高法院从公正补偿中的"公正"入手，强调"just"一词必须是双向的。公正补偿不仅仅对被征收人是公正的，对社会公众而言也必须是公正的。如果陪审团确信个人将通过拟议的公共项目获益，那么给予被征收人"完全且完美的等价物"就不能被视为一种公正补偿。根据税收理论，政府用于征收补偿的财政来源于社会全体公众集体缴纳的税收，被征收人因征收所遭受的损失必须从政府财政中支出。换言之，对被征收人的补偿是由社会全体公众共同承担的。因此，如果给予被征收人的补偿过高，全体公众将承担过高的负担，这对社会是不公的；反之，当补偿过低时，虽然对社会而言收益大于损失，但对被征收人却是不公正的。根据双向解释的"just"，国会规定陪审团和法院必须衡量征收中的损失和收益，并将被征收人

---

① Bauman v. Ross, 167 U.S. 548, 564 (1897).

从征收中获得的收益扣除，这既是对公众负责，也是对被征收人负责。

在 1812 年至 1890 年的 75 年时间里，美国国会通过一般法授权在哥伦比亚特区城外铺设或改造公共道路，并明确规定将土地财产权人因征收所获的收益从补偿中予以扣除。公正补偿的双向解释表明，宪法所要求的公正补偿是根据征收对被征收人造成的损失来衡量的。被征收人有权获得其被剥夺或不复存在的财产的价值，但无权获得更多。"给他较少的补偿对他不公正；给他较多的补偿对社会公众不公正。[①]"

三、转：波士顿商会诉波士顿市案

（一）案情与争点

1890 年 1 月，波士顿商会从亨利·惠特尼（Henry M. Whitney）和中央码头与泊船坞公司（Central Wharf & Wet Dock Corporation）处购得一宗约 1.5 万平方英尺的土地，用于建造自用大厦。根据合同规定，亨利·惠特尼和中央码头与泊船坞公司在其中 3539 平方英尺的土地上保留了通行权、采光权和空间权。为确保保留空间的一侧边界与已转让土地上所建的波士顿商会大厦的建筑曲面相匹配，该边界被规划为一条半径为 40 英尺、长 83.53 英尺的曲线。此外，这块土地紧邻一条名为"中央码头"或"中央码头街"的私人道路。

1901 年 3 月 21 日，波士顿街道委员会提议将此私人道路规划为公共街道——即连接印度街和大西洋大道的牛奶街。同时，根据规划要求，委员会要求从波士顿商会所有的土地中划出 2955 平方英尺（包括通行地役权）作为

---

① Bauman v. Ross, 167 U.S. 574 (1897); Searl v. School Dist., 133 U. S. 553, 562, 10 Sup. Ct. 374.

公共街道。[①]

该案件涉及波士顿商会对这 2955 平方英尺土地的所有权及其对私人道路的地役权，以及亨利·惠特尼和中央码头与泊船坞公司对私人道路的地役权。根据法律规定，如果陪审团在听证会上发现任何一方有权要求补偿，则需确定相关权益的财产权人所遭受的总损失，并在裁决中明确列出，然后按各自的比例进行分摊；否则，应在裁决中声明不给予补偿。[②] 波士顿市评估的总补偿金为 5 万美元，但波士顿商会、亨利·惠特尼、中央码头与泊船坞公司等认为征收人还需补偿其因私人道路地役权丧失而遭受的损失，因此总补偿金应为 6 万美元。

本案的争议焦点在于被征收人是否有权获取私人街道地役权的损失补偿。马萨诸塞最高法院在判决中判定，被征收人并未因私人街道被征收为公共街道而遭受任何损失，缘由是征收人虽将私人地役权转为公共地役权，但原财产权人仍可如往昔一样享有使用街道的权利，财产权人并未失去什么——从他们手中获取的公共地役权只是拓展到普通大众，并且维护街道的责任也转交给了市政当局。宪法规定要给予被征收人公正补偿，但补偿应以被征收人遭受的损失为限度，损失的评估应当依照征收时的条件进行。由于将土地征收用于修建公路或者铁路属于对土地的永久占用，此类征收通常会剥夺土地所有人在未来对土地的任何有价值的使用，地役权的价值通常与土地价值等同。然而在该案中，私人道路所在土地的价值远超地役权的价值。[③] 征收之前，私人街道受到波士顿商会、亨利·惠特尼、中央码头与泊船坞公司等多个主体的地役权限制，这些人对私人道路的地役权基本与公众对公共街道的地役权相同，地役权人将其作为街道使用的价值远远高于将其用作其他用途的价值，因此，私人道路所在土地的使用性质几乎未发生变化，同样，地役权也

---

① Boston Chamber of Commerce v. City of Boston, 217 U.S. 189, 193-195 (1910).

② 同上，p246（1910）.

③ 同上，p348（1910）.

几乎未发生变化。将私人道路征为公共街道的行为对财产（私人道路）的价值或者使用的影响极其微小。鉴于地役权人未遭受损失，马萨诸塞州最高法院判决地役权人无权获得相应补偿。该案最终上诉至联邦最高法院，联邦最高法院维持了马萨诸塞州最高法院的判决，并提出第五修正案的公正补偿是针对"人"，而非针对"财产"的补偿主张。

（二）公正补偿 = 对"人"的损失的补偿

根据联邦最高法院在波士顿商会案中所作的判决，第五修正案的"公正补偿仅要求把从财产被征收人手中征收走的东西支付（补偿）给他，它处理的是人，而不是土地。问题在于财产权人损失了什么，而不是征收人获得了什么？①"虽然波士顿市与其他公众获得了公共地役权，但波士顿商会、亨利·惠特尼、中央码头与泊船坞公司等地役权人并未因私人道路转变为公共街道而遭受损失。私人道路所在土地的最高且最有价值的用途是作为街道，征收并未破坏或剥夺权利人在未来对私人道路的任何价值。因此，第五修正案的公正补偿原则仅按被征收人（所有人）的实际损失进行补偿，而非按征收人的收益进行补偿。

波士顿商会案中关于公正补偿"处理的是人而非土地"的主张与莫农加希拉航运公司案中关于公正补偿是"对财产而非对所有人"的主张存在矛盾。尽管联邦最高法院未对其先前提出的相反主张作出解释，②但司法上确定的补偿本质上并非"针对财产"，而是针对人，即买卖双方在自愿交易中均接受的价格。财产本身既不知道也不关心谁支付了多少钱给谁。财产不享有权利，

---

① Boston Chamber of Commerce v. City of Boston, 217 U.S. 189, 159 (1910).

② 波士顿商会案没有推翻莫农加希拉航运公司案，在后续案件中，联邦最高法院仍会重申其在莫农加希拉航运公司案件关于公正补偿的解释，例如，阿布斯特朗诉美国案。Armstrong v. United States, 364 U.S. 40 (1960).

也无权获得补偿；只有人才有权利，[1] 且权利法案保护的是人的权利，而非无生命物体的权利。

四、合：奥尔森诉美国案

（一）案情与争点

该案起源于伍兹湖沿岸关于承水地役权（easements of flowage）的征收补偿纠纷。伍兹湖横跨明尼苏达州、安大略省和马尼托巴省，面积在 1400 至 1500 平方英里之间，汇聚了明尼苏达州内的两条大河流。其出口位于加拿大，形成了温伯尼河。1898 年，一家加拿大公司依据与王室的协议，在伍兹湖修建了诺曼水坝，以调控流经温尼伯河的水流。自水坝建成后，伍兹湖沿岸土地所有人的财产频繁遭受淹没。[2]

1909 年，美国和英国缔结条约，成立了国际联合委员会，并赋予了该委员会广泛的管辖权，包括处理因大坝排水导致人工湖湖面上升的案件。1912 年，此问题被提交至委员会。经过听证和深入研究，美英两国对条约进行了完善，其中第 8 条规定，美国应承担其境内与伍兹湖接壤、海拔高达 1064 英尺基准面以下土地的地役权费用。[3]

根据此条约，国会指示陆军部长通过协商购买或征收的方式，获取明尼苏达州伍兹湖沿岸特定高度土地的地役权，并依据明尼苏达州宪法第 1 条第 13 款"未经事先支付或者担保公正补偿，不得基于公用征收、毁损、破坏私有财产"的规定确定补偿金额。然而，财产权人对此提出异议，他们认为政府应根据其土地对水库的特殊适用性来确定公正补偿金，因为温尼伯河排水

---

① Boston Chamber of Commerce v. City of Boston, 217 U.S. 189, 195 (1910).

② Olson v. United States, 92 U.S. 246, 249 (1934).

③ 同上。

口设有宝贵的电力设施，且所涉土地正位于蓄水池区域，水面提升后，蓄水池的容量将大幅增加，年价值可达 100 万美元以上。[①]

初审法院认为，政府在征收前就有权保持水位在蓄水能力之下，因此在确定土地公平市场价值时，不考虑财产权人对土地的水库用途及其特殊适应性，故未采信财产权人提出的证据。财产权人随后提出上诉，但上诉巡回法院维持了原判。[②] 于是，财产权人向联邦最高法院申请调卷令，请求法院根据其土地对水流和存储的实际使用和特殊适应性来作出公正补偿。

联邦最高法院指出："支付给财产权人的金额并不取决于其当前对土地的用途，而是要在充分考虑财产所适合的所有用途后才能确定。"换言之，应考虑财产的最高且最有利益的用途（highest and most profitable use），尽管这种用途不一定作为市场价值的直接衡量标准，但其需求前景会对市场价值产生影响，即使该财产为私人所有。"如果合并的可能性足以影响市场价值，那么某一地块只有与其他土地合并才能产生最有益用途的事实，并不排除在考量之外。征收的事实也不会对公共事业用途的可用性产生负面影响。众所周知，拥有这种权利的公共事业公司和其他公司往往是实际的或潜在的竞争者，不仅是在单一所有权的土地上，而且在需要由不同所有人所拥有的众多土地组合起来的道路、场地和其他区域上。潜在购买者或征收人的可能需求也会在一定程度上影响市场价值，这些因素都应被纳入考量。[③]"

---

① Olson v. United States, 92 U.S. 246, 250 (1934).

② Olson v. United States, 54 S. Ct. 704, 707-708 (1934).

③ Olson v. United States, 292 U.S. 246, 255-256 (1934).

（二）"人"完好无损、"人"的损失的等价物和公平市场价值

在奥尔森诉美国案中，联邦最高法院不仅结合了莫农加希拉航运公司案的"等价"概念，① 还融合了波士顿商会案的"对人"补偿观点。法院指出："这种等价物是指征收时以金钱支付的财产的市场价值。它可能高于或低于所有人的投资。可能以低于其价值的价格取得财产，或者已经支付了投机价格和过高的价格。财产的价值在所有人持有期间可能发生巨大变化。收益可能大于或小于权益、税收和其他资产持有费用。公众不能以任何方式将利益充公，或要求公众承担所有人协商价的负担。所有人有权在金钱上或经济上被置于如同其财产未被征收时一样好的境况。征收人必须使财产权人完好无损，但财产权人无权获得更多。州和联邦宪法保障的是财产本身，而不是其成本。② "法院的解释包含两个关键点：一是公正补偿要使财产权人完好无损，但财产权人无权获得超出损失的补偿，这与鲍曼案和波士顿商会案的公正补偿定义相似；二是公正补偿的"等价物"指的是财产的公平市场价值。可以说，联邦最高法院在莫农加希拉航运公司案和奥尔森案中提出的"等价物"解释，共同构成了衡量公正补偿的基本维度。

然而，联邦最高法院的解释并非没有争议。有论者认为，法院认定的公正补偿仅仅是"金钱上等价于"财产的公平市场价值，而"just"一词的制宪者含义表明，法院和立法机构的补偿意图不仅仅是补偿被征收财产的公平市场价值③；还有论者公开反驳联邦最高法院，认为其认定的公正补偿只是表面

---

① Olson v. United States, 292 U.S. 246, 254-255 (1934).

② 同上，p246 (1934).

③ KANNER G. Condemnation Blight: Just How Just is Just Compensation［J］. Notre Dame Law Review, 2014, 48 (4): 772-773.

公平，且为其他法院提供了不充分补偿的借口。[①] 但无论如何，"权利将如法院所为的一样重要"[②]，联邦最高法院已明确承认，奥尔森案确立的"补偿原则（principle of indemnity）一直未被赋予全部的字面用意"[③]，出于实际困难，法院需要一个相对简单的解释和一个相对客观的运作规则[④]，而公平市场价值就是联邦最高法院对公正补偿问题的正式回答。

【本章小结】

"公正补偿"的规范经历了漫长的演变过程。在殖民地时期，由于封建王权思想的影响，"财产神圣不可侵犯"的自然法原则被淹没，补偿规范尚未形成，未经补偿的征收行为屡见不鲜。进入独立战争时期，补偿规范开始在州宪法和联邦制定法中显现，例如 1777 年的佛蒙特州宪法、1780 年的马萨诸塞州宪法以及 1787 年的西北法令，但这些规范的实际效果并不理想。

美国独立之后，出于对国家权力的戒惧，对个人自由的热爱以及对财产保护的重视，美国制宪者通过修正案的形式确立了公正补偿条款——"未经公正补偿，不得将私有财产征为公用"，这一条款标志着美国联邦层面上公正补偿要求的正式确立。

随着联邦最高法院和下级法院判例的"起""承""转""合"，公正补偿的含义逐渐变得明晰。从字面意义上看，"公正补偿"由"just"和

---

① GERGEN A E. Why Fair Market Value Fails as Just Compensation [J]. Hamline Journal Public Law amd Policy, 1993, 14 (2): 181-196.

② SERKIN C. The Meaning of Value: Assessing Just Compensation for Regulatory Takings [J]. Northwestern University Law Review, 2005, 99 (2): 679-80.

③ United States v. Cors, 337 U.S. 325, 332 (1949).

④ United States v. 50 Acres of Land, 469 U.S. 24, (1984).

"compensation"两个词组成。其中，"just"通常指法律意义上的公平和公正，而"compensation"则指"金钱上的等价物"。结合制宪者的意图、早期文献以及法院的判决，征收法中的"公正补偿"被理解为被征收财产的充分且完美的金钱等价物，它是一种基于被征收人损失的双向公正补偿。

第二章　公正补偿的理论基础

　　"征收""公用""公正补偿"是构成美国宪法第五修正案的三个关键词。政府的征收权受到"公用"目的的限制，即被征收财产的预期用途必须为公用，并且必须向被征收人支付公正补偿。由于征收权是一项附属于主权的权力，立法者只能对"公用"条款作出一般性的规定，具体的标准或内容通常由行政机构在实践中进行裁量，虽然法院能够通过公用条款审查征收的正当性，但在实践中，法院通常否认自身享有对征收的实质性审查权，或者将其审查简化为一项机械的法律适用公式，从而作出遵从立法裁决的司法裁决，[①]"公用"（public use）的概念日益扩张：从最初的公众实际使用（actual use），发展至如今的公共利益（public benefit）或者公共目的（public purpose）。

　　鉴于法院只愿意对征收目的要件进行最低限度的司法审查，[②]"公正补偿"便成为征收的重要限制要件。为更深入且全面地理解"公正补偿"这一教义，需要探寻其背后的理论基础。隐匿于条款背后的理论基础，对"公正补偿"教义的实际运作的影响不逊于条款本身。

---

① 　DURHAM J G. Efficient Just Compensation as a Limit on Eminent Domain ［J］. Minnesota Law Review, 1985, 69 (6): 1278.

② 　在夏威夷房屋管理局诉米德基夫案中，联邦最高法院的判决指出，除非立法机构关于"公用"的裁决明显不合理或不可能，否则法院必须遵从立法机构的裁决。详见：Hawaii Housing Authority v. Mi dkiff, 467 U.S. 229, 104 S. Ct. 2321, 81 L.Ed.2d 186 (1984).

第一节 公平、效率与公共选择

"世界上没有任何东西能像财产权那样冲击着人类的想象力，激荡着人类的情感。[①]"这段话同样适用于补偿，一代又一代的财产法学者热衷于分析公正补偿的正当性理由，并提出不同的理论来解释公正补偿的目的和范围，这些理论大致可分为三类：基于公平的补偿正当性理论、基于效率的补偿正当性理论和基于公共选择的补偿正当性理论。

一、基于公平的理论

基本公平是要求政府补偿被征收人的最直观、最明显的理由。约翰·洛克关于个人价值和努力的思想，为论证补偿与公平之间的关系提供了基本的智识资源。洛克认为，个人对自己劳动成果享有自然权利，但这种权利并非无政府状态，当政府征收这种属于人们应得的个人价值和努力时，支付公正补偿将公平地弥补被征收人的损失。[②]早期，联邦最高法院在"阿姆斯特朗诉美国案"中以"公平"（fairness）为由，宣告补偿要求的正当性。[③]根据布莱克大法官的观点，征收语境中的"公平"要求政府不应将征收的成本交由一小部分财产权人承担，即禁止政府强迫某些人独自承担依公平正义原则本应

---

① BELL A, PARCHOMOVSKY G. The Hidden Function of Taking Compensation [J] . Virginia Law Review, 2010, 96 (7): 1674.

② MICHELMAN F I. Property, Utility, and Fairness: Comments on the Ethical Foundations of "Just Compensation" Law [J] . Harvard Law Review, 1967, 80 (6): 1204; LOCKE J. Two Treatises of Government [M] . Cambridge, Eng.: Cambridge University Press, 1967: 378.

③ Armstrong v. United States, 364 U.S. 40 (1960).

由全体公众承担的公共负担。① 政府必须为个别公民所承受的不成比例的负担支付补偿，使被征收人恢复到原来的境况，但联邦最高法院并未详细阐明实现此种公平的方法。

在依公平理论证成公正补偿的学者中，弗兰克·米歇尔曼尤为突出。基于洛克财产的"价值"和"人格"理论，米歇尔曼强调："历史上，自然权利、人格、公平风险防范的基本概念证明了政府基于公用征收财产时应强制其支付补偿的正当性。②"无论财产权人是否愿意，要求一个人或者一小部分人为了社会公众利益而牺牲自己的利益的做法，都是不公平的。除了借助洛克的劳动价值理论外，1967 年，弗兰克·米歇尔曼还深入研究了约翰·罗尔斯的公平即正义思想，提出宪法的公正补偿要求代表了公民在"无知之幕"下所选择的法律制度：理性的、利己主义的以及互相依赖的个体在"无知之幕"下将缔结虚拟的"社会契约"条款。无知之幕下的行动者掌握着有关社会基本结构的信息，但却对他们在现实世界的个人特质和地位缺乏了解。如果人们只是概括地知道政府的征收权，但不知道该权力如何行使以及这种权力的负担将如何在普通公众之间分配，人们就会达成某种有关公平的共识，即对所有人而言，都是相当公平的补偿。因为根据罗尔斯的假定，人类设计社会制度有两项原则：第一项原则是使每个人最大限度地享有与他人行使同等自由相兼容的自由；第二项原则，即所谓的"差异原则"，是指只要所有人均有受到差别对待的情况，那么不平等待遇则对该群体中境遇最差的人最有利，且第二个原则的约束力不如第一个原则。③ 将这两项原则适用到征收语境，

① Armstrong v. United States, 364 U.S. 40 (1960).

② CALANDRILLO S P, BYRNE R. Eminent Domain Economics: Should "Just Compensation" Be Abolished, and Would "Takings Insurance" Work Instead? [J]. Social Science Electronic Publishing, 2003, 64 (2): 451-530.

③ KLOSKO G. Rawls's Argument From Political Stability [J]. Columbia Law Review, 1994, 94 (6): 1882-1897.

第一个原则禁止"所有讲求效能的社会事业产生不公平地损害'自由'的初步效果。①"除非采取纠正措施（支付补偿）来抵消该影响；第二个原则证明了不给予完全补偿规则具有正当性。为此，米歇尔曼勾勒出一种准功利主义的微积分（quasi-utilitarian calculus），②用以说明公平的一般含义，即公平的补偿。米歇尔曼提出了两个参数：第一个参数是结算成本，即给被征收人计算和支付补偿的成本；第二个参数是消极成本（demoralization costs），即支付不完全补偿将给被征收人和未被征收人造成的心理伤害。在效益增益的背景中，过高或者严格的补偿必然会产生足以挫败可欲福利项目的高额结算成本，最终有可能使社会所有人的境况变得更加糟糕；过低或者宽松的补偿机制将高效地推进可欲福利项目，但社会中的某些成员很可能为此承担不成比例的社会成本，包括消极成本。因此，支付公正补偿维持了被征收人和社会公众（国家）间的平衡。

　　基于公平的补偿正当性理论还可以从玛格丽特·拉丁的公平框架推演出来。拉丁以其对黑格尔人格理论的理解为基础，黑格尔强调财产与自我之间的联系。对黑格尔而言，财产构成了人类自我实现的机制。他相信人类需要实物来体现自己，没有它们，个人自由也便不复存在。③当政府征收财产时，给予补偿是确保人类自由之基的一种重要手段。基于黑格尔的人格理论，拉丁介绍了不同财产之间的重要区别。④她将物体世界分为两类：不可替代的（或"个人的"）物体和可替代的物体。例如，结婚戒指或家庭住宅等不可替代物，

---

①　MICHELMAN F I. Property, Utility and Fairness: Comments on the Ethical Foundations of "Just Compensation" Law［J］. Harvard Law Review, 1967, 80 (6): 1221.

②　BELL A, PARCHOMOVSKY G. The Hidden Function of Taking Compensation［J］. Virginia Law Review, 2010, 96 (7): 1679.

③　FRIEDRICH G W. Philosophy of Right［M］. London: Oxford University Press, 1967: 39-45.

④　RADIN M J. Property and Personhood［J］. Stanford Law Review, 1982, 34 (5): 957-1015.

由所有人的个人特性构成，它对所有人具有高于市场价值的特殊价值。① 相较之下，可替代物缺乏独特性，且在自我人格形塑的过程中发挥较少或几乎不发挥作用。拉丁认为，财产法应该尊重可替代物和不可替代物之间的区别，并以不同方式区别对待二者。② 她提出，在涉及不可替代物的情况下，所有人有权要求禁令性救济或者财产规则保护，而损害赔偿或责任规则保护将适用于所有其他情况。从这个角度上，拉丁的升级版人格理论论证了补偿的公平性，但她同时也指出，对家庭住宅或其他具有人格价值的财产而言，以市场价值为衡量标尺的补偿不够充分，支持将现有的补偿标准替换为更高的补偿标准，或者是某些情况下的征收禁令。

质言之，公平理论主张根据具体的分配结果分配的成本和收益讨论补偿③，公正补偿是政府平等对待所有公民之义务的一部分。即便基于公共利益进行征收，公正补偿也是该行为的必然结果。换言之，在国家以征收方式取得被征收财产的管理功能后，必须以补偿的方法来满足被征收人的收益功能。④ 公正补偿是社会公平的多重维度之一，⑤ 禁止政府将行动成本不成比例地分配给某些公民，即那些财产碰巧成为政府征收目标的公民。"唯有如此，宪法所保障的基本人权才能得到真正的尊重和维护，法律维护下的利益关系才能促进社会的发展，社会公平正义原则才能真正得到彰显。⑥"虽然事实证明，

---

① RADIN M J. Property and Personhood [J]. Stanford Law Review, 1982, 34 (5): 960.

② 同上，p986-988.

③ HELLER M A, KRIER J E. Deterrence and Distribution in the Law of Takings [J]. Harvard Law Review, 1999, 112 (5): 997, 998-999.

④ 参见:彼得·斯坦，约翰·香德.西方社会的法律价值 [M].王献平，译.北京:中国法制出版社，2004：322.

⑤ THOMAS J M, HWANG H Y. Social Equity in Redevelopment and Housing: United States and Korea [J]. Journal of Planning Education & Resesrch, 2003, 23 (1): 8, 14.

⑥ 肖洪泳，蒋海松.岳麓法学评论 [C] // 张红.论征收补偿中的人权保障理念.北京：中国检察出版社，2016：126.

公平理论很难转化为教义，但"平等对待的正当性理论在今天仍是对公正补偿要求的最普遍的解释。[①]"

二、基于效率的理论

财产具有社会功能，财产权配置具有功利主义属性。前者通过最大化生产与消费之间的关系来证明个人财产的正当性。[②] 私有制和业余时间的可能性会刺激社会的生产和消费，将财产划归为私人所有，能够遏制有关资源管理和分配的分歧，[③] 只要每个人都有参与生产和消费的机会，财产的社会功能理论就允许财产再分配，比如征收，最终在多重用途的资源分配与再分配之间，发挥私有财产对于整个社会的积极作用。财产的社会功能属性揭示了私有财产的公共利益以及其获得公正补偿的正当性。财产的功利主义属性为公正补偿提供了另一种论证，根据大卫·休谟的经典功利主义理论，"人原本是原子的（不可入的）、非社会性的存在，他们基于纯粹的利己主义目的意识到财产联合、分享和积累的优势。[④]"在休谟看来，利己主义的人不会得罪其他

---

① DANA D A, MERRILL T W. Property: Takings［M］. New York: Foundation Press, 2002: 33-34. 基于"公平"证成补偿正当性的理论还有"财产的社会义务与特别牺牲理论"，该理论也是征收补偿领域最具解释力的理论之一。"财产权的社会义务"理念源起于现代工业的发展，彼时，财产权的绝对主义不在盛行，财产权由传统的"权利本位"进阶成"社会本位"，财产权承担了一定的社会义务，即为了增加社会公共福利，国家可以对私人财产设定无需补偿的限制，但是，这种限制有其限度，当这种限制超过一定限度时，使私有财产的私使用性受到重大侵害时，个人因公共利益承受了不可期待的"特别牺牲"，因而与其他公众相比处于不平等的地位时，国家必须给予补偿。"特别牺牲理论"扩张了古典征收概念，使私人财产在"被剥夺所有权"与"承担社会义务"之间有了"应予补偿的限制"这一中间地带。

② MICHELMAN F I. Property, Utility, and Fairness: Comments on the Ethical Foundations of "Just Compensation" Law［J］. Harvard Law Review, 1967, 80 (6): 1206-1207.

③ 同上。

④ HUME D. A Treatise of Human Nature［M］. London: Oxford University Press, 1978: 2-4.

人，因为联合和分享会使其获益。置于征收领域，政府有理由为了保护最大多数人的最大福祉而保障另一些人（被征收人）的私有权益。凭借这一金科玉律①，公正补偿能够有效地平衡公共利益和私人利益，以提高征收的效率。

基于效率正当化公正补偿的讨论往往难以回避财政幻觉问题。财政幻觉是指那些忽视不直接影响政府收支之成本的政府决策者的推测习惯。②在不受财政幻觉的影响时，政府启动征收通常会判定征收的成本和收益，以考量公共利益大于还是小于补偿支付的所有成本，在利益大于成本的情况下，政府才会启动征收；当利益小于成本，公共利益和公正补偿的成本收益分析就会阻止政府征收。当政府决策者基于财政幻觉做出政府决策时，除了那些在预算中出现的成本（比如，降低税收收益）外，他们通常会忽略那些因征收而给私有财产所有人施加的成本。有财政幻觉的政府决策者只会看到，未经补偿的征收将产生诸多利益且成本极低，未经补偿的征收能够增加政府的财政收入。实际上，这种未经补偿的征收并非如政府决策者所说的那样没有成本或者成本极低，只是这些成本大都转嫁给了私有财产所有人。因此，未经补偿就征收私有财产可能会使患有财政幻觉的政府决策者过度行使征收权，侵犯私人财产权。公正补偿的宪法要求通过强制政府将私人成本纳入政府预算来解决此问题。一旦预算充分反映征收的成本和收益，财政幻觉就不会再无限制地扭曲政府征收决策。为了避免财政幻觉，公正补偿要件迫使政府考虑公共项目所涉及的所有社会成本和收益，内化其征收的所有成本。这种补偿财产所有人的义务，在那些易患财政幻觉的政府或者政府决策者面前构成了一道屏障，增加了政府实施高效征收的可能性：政府征收必有其目的，基于理性政府的考量，政府不会启动一项毫无意义的征收行动。

---

① 金科玉律是指根据制定法的自然及一般的涵义解释法规的法定释义规则，但如果此等规则会导致法规与其他有关法律文件出现若干荒谬、抵触或不相符的情况，则属例外。

② BELL A, PARCHOMOVSKY G. Taking Compensation Private [J]. Stanford Law Review, 2007, 59 (4): 871-906.

公正补偿能够抑制政府或政府决策者的财政幻觉吗？如果可以，抑制的程度如何？有学者进行追问。首先，公正补偿的标准在很大程度上决定了其预防财政幻觉的程度，比如，在依据公平市场价值标准作出公正补偿的背景下，公正补偿很可能无法阻止政府过度征收，因为这种标准忽略了征收所导致的剩余主观价值和特殊价值损失；①其次，公正补偿还有可能引发财产权人的道德风险——由于财产权人知晓可以在征收中获得公正补偿，他们可能会过度开发其不动产或过度投资，从而获取政府可能的过度补偿。无论从哪一个层面来看，财产权人都存在获益的可能性：如果没有征收，财产权人仍然享有开发所带来的增值；如果政府征收财产，由于政府将不得不为其开发支付公正补偿，财产权人无需担心其付出的投资成本打水漂。为了减轻征收补偿造成的道德风险，一些学者提出要么不补偿，要么降低征收补偿。路易斯·卡洛普（Louis Kaplow）最为极端，提出最理想的征收补偿金额应为零。②劳伦斯·布鲁斯（Lawrence Blume）、丹尼尔·L.鲁宾菲尔德（Daniel L. Rubinfeld）和佩里·夏皮罗（Perry Shapiro）也认为，在征收决定确定的被征收财产拟用途与财产现有用途无关时，补偿额为零。③

上述学者的追问和担忧，如果不是基于充分的依据，那便难免显得有些多虑了。事实是，政府在决定征收何种财产以及何时启动征收程序方面拥有自由裁量权：当拟议被征收人过度投资财产时，政府完全能够选择其他财产来实现相同的征收目标；当拟议征收很可能降低被征收财产的价值或者给财产权人带来过多损失时，政府可以在补偿金额与市场价值非常接近的情况下启动征收。毕竟，财产被视作促进经济福利和社会效率的一个不可或缺的工

---

① BELL A, PARCHOMOVSKY G. Taking Compensation Private［J］. Stanford Law Review, 2007, 59 (4): 882.

② KAPLOW L. An Economic Analysis of Legal Transitions［J］. Harvard Law Review, 1986, 99 (3): 509-617.

③ BLUME L, RUBINFELD D L, SHAPIRO P. The Taking of Land: When Should Compensation Be Paid?［J］. Quarterly Journal of Economics, 1984, 99 (1): 71-92.

具，如果政府不对人们的财产加以保护，人们就会失去生产的原动力，[1] 未经补偿或者公正补偿的征收极有可能抑制财产权人对财产进行高效的投资，[2] 最终影响整体社会福利的提升或者增加政府决策者的政治成本。从效率的角度来看，公正补偿在理论和实践层面都能够得到连贯的解释。

三、基于公共选择的理论

公共选择理论发端于邓肯·布莱克（Duncan Black）提出的中位选民（median voter theory）概念，由著名经济学家詹姆斯·布坎南加以发展。[3] 顾名思义，公共选择理论的研究对象是公共选择问题，试图通过民主决策的政治过程，将市场中个体的选择转化为政治市场中的集体选择。作为政治理论，公共选择也可以证成公正补偿。迄今为止，公共选择理论学者提出了两种证成公正补偿要求的理论：利益集团理论和寻租理论。

（一）利益集团理论

利益集团理论是公共选择理论的重要分支之一。依据利益集团理论，在政治市场中存在不同的利益集团，每个利益集团都有本集团的目标，为实现集团目的，不同利益集团会对政府政策的制定和执行施加不同程度的影响，利益集团在政治市场的影响力大小在很大程度上取决于集团人数、成本、目

---

① 参见：路易斯·亨金，阿尔伯特·J.罗森塔尔.立宪主义与权利［M］.郑戈，译.北京：生活·读书·新知三联书店，1996：154-155.

② 托马斯·米塞利（Thomas Miceli）指出，所有人的过度投资行为将冒着挫败征收的风险，导致所有人浪费投资；吉迪恩·坎纳（Gideon Kanner）也曾指出，一项未决的政府征收公告往往会导致征收衰败，换言之，目标地附近的财产价值将急剧下降。详见：FREILICH R H. Planning Blight: The Anglo-American Experience［J］. The Urban Lawyer, 1997, 29 (2): 11-15.

③ 李伟.公共选择理论对我国改革和完善政府决策机制的意义［J］.求实，2016（4）：17-18.

的、地位等，影响力大的利益集团很有可能影响政府决策和执行过程。在征收领域，征收与补偿虽是一种政治上的公共选择，但政治过程与经济过程并无本质区别，都必须考虑政治选择的动机、行为和利益。当政府启动征收时，征收人和被征收人会组成两个不同的利益集团，被征收人是指拟被征收财产的财产权人，征收人则是政府。由于补偿金最终来源于纳税人，也可以说，纳税人和财产权人组成两个不同的利益集团。是否支付补偿以及支付多少补偿会引起两个利益集团不同的反应，补偿会减少财产权人对征收的反对意见，如果补偿足够高，财产权人甚至有可能支持政府的征收，当然，更高的补偿很可能引发纳税人的反对意见；相反，较低的补偿减少了纳税人的反对意见，但可能增加财产权人的反对意见。因此，最终的补偿取决于两个群体各自的预期政治影响力。理论上，如果纳税人与财产权人具有相同的影响力，那么无需补偿；如果财产权人比纳税人更具影响力，政府就必须通过支付补偿来平息反对意见。但实际情况并非如此简单。

在征收领域，只有少数财产权人的财产蕴含着极大的公共利益，拟被征收财产的财产权人将构成一个规模微小但干劲十足的少数利益集团，然而受益公众或者纳税人分散于社会各处且缺乏推动公益征收的足够动力。[1] 根据曼瑟尔·奥尔森（Mancur Olson）少数利益集团的政治权力理论，[2] 如果政府没有对少数被征收人支付公正补偿，这个微小但干劲十足的少数利益集团很可能系统性地挫败预期的政府征收项目，以减少个人损失。[3] 一旦拟被征收财产的财产权人因公正补偿而得到安抚，他们将减少，甚至消除对预期的政府征收项目的反对，允许征收项目继续推进，"对于对抗政府的一系列干预，补

---

① FARBER D A. Economic Analysis and Just Compensation ［J］. International Review of Law & Economics, 1992, 12 (2): 133-138.

② See OLSON M. The Logic of Collective Action: Public goods and the Theory of Groups ［M］. Cambridge, Mass.: Harvard University Press, 1965.

③ FARBER D A. Economic Analysis and Just Compensation ［J］. International Review of Law & Economics, 1992, 12 (2): 125.

偿可能是一个有力的武器①"。虽然少数利益集团的政治权力理论没有明确回答必须支付多少补偿的问题，但相对公正的补偿将"收买"具有政治影响力的财产权人，使其放弃用自己的影响力来阻止对社会有益但征收其财产的项目，②即在征收背景下，补偿也可能产生一种对社会有益的"道德风险"，降低财产权人"采取预防措施"的可能性。③但如果拟被征收财产的财产权人得到了系统性的不完全补偿，他们将强烈反对，并通过游说等政治活动反对预期的政府征收项目。只有当财产权人不在乎征收是否发生时，游说才会被中和，预期的政府征收项目才能持续进行。④

此外，在纳税人和财产权人之外，还有可能形成以政府及其决策者为主体的第三个利益集团。每个人都是理性人，政府及其决策者并非是公共利益的绝对代表，他们也追求自身利益的最大化，政府及其决策者的征收决定有时并非出于公共利益，而是为了满足自身或其利益集团的利益，比如权力、金钱、声誉等。此时，政府可能基于自身或其利益集团的利益来分配征收成本和收益，这种自利性很容易破坏征收中的公共利益，而公正补偿要求就是挫败这种自利动机的手段之一。

（二）寻租理论

不同利益集团在政治制度内部的利益争夺和不同程度的影响力，往往会导致政治市场失灵。政治市场失灵的主要表现之一，是"寻租"（rent-seeking）的频繁发生。在征收领域，征收私有财产的权力为政府及其决策者创

---

① 路易斯·亨金，阿尔伯特·J. 罗森塔尔. 立宪主义与权利［M］. 郑戈，译. 北京：生活·读书·新知三联书店，1996：157.

② DANA D A, MERRILL T W. Property: Takings［M］. New York: Foundation Press, 2002: 46-47.

③ COOTER R B, ULEN T. Law and Economics［M］. Upper Saddle River: Prentice Hall, 2012: 238.

④ GARNETT N S. The Neglected Political Economy of Eminent Domain［J］. Michigan Law Review, 2006, 105 (1): 101-150.

造了"租金"（rents），即政府及其决策者以行使其权力为交换而抽取的非竞争性（non-competitive）和非市场性（non-market）的金钱收益。[①]同时，这也促使政府及其决策者去夺取这些租金。本质上，寻租就是政府及其决策者利用其征收权，迫使利益集团割舍部分利益并与之分享。寻租活动既包括政府及其决策者的创租过程，也包括其抽租过程。

公共选择分析认为，抽租（rent-extracting）[②]活动是政府活动的固有特性。从公共选择学者的悲观主义视角来看，政府权力很可能被拍卖给出价最高的投标人（bidder），并被用于实现该投标人所希望的目的。政府及其决策者可以通过两种方式从征收权中获取租金：第一种方式是政府及其决策者可以威胁财产权人，要求那些试图避免财产被征收的财产权人给予"报酬"；第二种方式是政府及其决策者可以主动向房地产开发商"提供"服务，允许他们在不支付对价的情况下获得梦寐以求的财产。虽然公正补偿要求不会抑制第二种抽租方式，但至少可以减少第一种抽租方式的出现频率。因为财产权人所遭受的征收损失越小，政府及其决策者所宣称的征收对其构成的威胁就越小，从而政府及其决策者从其手中获取租金的机会也就越小。

如果政府抽取的租金不完全归自己所有，而是与人分享，就可能产生两组主动提出与政府及其决策者分享租金的人：一组是自愿行贿以避免其财产被征收的财产权人；另一组是自愿行贿以让贪腐的政府及其决策者为他们征收财产，或者让贪腐的政府及其决策者给他们安排新的公共财产的人。[③]同样，在这种情况下，公正补偿要求虽无法抑制第二组人自愿行贿的动机，但那些希望获得财产或者享有公共财产的人更关心他们需要为此承担多少成本，而

① MUELLER D C. Public Choice III [M]. Cambridge, Mass.: Cambridge University Press, 2003: 333-335.
② 抽租是指政府、政府官员故意提出某种不利于某些利益集团的政策相威胁，迫使这些利益集团割舍一部分既得利益与政府、政府官员分享。无论是政治创租，还在抽租，都是政府利用民众赋予的公共权力故意"设租"来达到寻租目的的活动。
③ SCHILL M H. Intergovernmental Takings and Just Compensation: A Question of Federalism [J]. University of Pennsylvania Law Review, 1989, 137 (3): 861.

不关心政府需要支付多少补偿。因此，他们很难被任何补偿方式或者补偿数额所影响。相反，公正补偿可以抑制第一组人的动机，因为公正补偿降低了财产被征收的痛苦，从而也降低了行贿的制度激励。

这是否意味着政府在征收中的寻租无法避免？当然不是。政府及其决策者利用征收权进行寻租的能力始终受到三种限制：选任可能性限制（electability restraint）、合法性限制（legality restraint）和交易限制（transactional restraint）。① 第一种选任可能性限制是指政府及其决策者利用征收权转移财产的能力受到选举的限制，因为过多未经公正补偿的征收很可能阻碍政府及其决策者再次当选，特别是在未经公正补偿的被征收人形成微小但干劲十足的利益集团时。第二种合法性限制是指某些明确的寻租行为将受到法律限制，比如对受贿行为的刑事惩罚。政府及其决策者必须谨慎行事，以避免受到法律制裁。第三种交易（成本）限制是指政府及其决策者筹划寻租和实施寻租的行为将受到时间成本、信息收集成本以及管理成本等的限制，② 政府及其决策者不会为了寻租成本高于租金的活动而"出卖"政府权力；房地产开发或公共征收项目的受益人也会避免政府及其决策者的寻租活动给自己带来过重的负担。

公正补偿塑造了一个适当政府的角色，减少了政府及其决策者为了在公共开支上中饱私囊而以寻租方式征收的可能性。如果宪法或制定法没有规定政府必须向被征收人支付补偿的宪法或法律义务，那么征收权很可能成为政府及其决策者大开寻租之门的工具。

---

① BELL A, PARCHOMOVSKY G. The Hidden Function of Taking Compensation [J]. Virginia Law Review, 2010, 96 (7): 1697-1699.

② 要求政府在其征收财产权人的财产时支付补偿，将这种类型的寻租成本分摊给所有公民，包括当权者，从而降低政府及其决策者的寻租动机。详见：SCHILL M H. Intergovernmental Takings and Just Compensation: A Question of Federalism [J]. University of Pennsylvania Law Review, 1989, 137 (3): 861.

第二节 "公用"标准的泛化与"公正补偿"的功能强化

"征收""公用""公正补偿"构成两两对应关系：征收与公用，公用与公正补偿，征收与公正补偿。征收与公用、征收与公正补偿的关系相对清晰，公用是征收权启动的目的要件，相当于一种事前限制，无公用则征收违宪；公正补偿是征收权行使的事后限制，无补偿则无征收。公用与公正补偿的关系更为隐晦，实际上，公用和公正补偿的限制作用几乎完全取决于立法和司法裁决，当某一要件受到限制时，另一要件的重要性就会凸显，二者此消彼长。当法院不断扩大"公用"的含义或者消极遵从政府对公用的解释时，公正补偿的重要性不言而喻。

一、征收权：限制与剥夺

征收源于征收权。在美国，征收权被视为主权的一项附属权力，具有绝对性和至上性。然而，这种权力并非无限制。宪法规定，政府只能以公用为由征收私有财产，并且必须支付补偿。征收权与私有财产权之间的冲突是宪法规定征收补偿条款的主要原因。只有在主权者的权力受到适当限制的情况下，公民的生命、自由和财产才能得到充分保障。[①]

---

① 参见：胡戎恩.走向财富：私有财产权的价值与立法［M］.北京：法律出版社，2006：70-72.

（一）征收权与主权

"征收权"（Eminent Domain）一词源自"Eminent Dominium"，该词由 17 世纪荷兰国际法学家格劳秀斯首创。其本意是指为了社会团体的利益，国家有权使用、限制、甚至剥夺臣民的财产。在阐述这一权力时，格劳秀斯强调，当国家为此类义务行事时，负有补偿臣民的义务。① 在英式英语中，"Eminent Domain"主要作为国际法上的术语使用；而在美式英语中，它则指联邦和州政府将私有财产转为公用的权力。②

美国联邦宪法中并未直接提及"Eminent Domain"一词，但第五修正案的征收条款用"taken"一词来描述私有财产权被强制剥夺和转移的过程。相较于制宪者的含蓄表述，美国联邦最高法院更为直接地将征收权与主权相联系，认为征收权是"主权的一项附属权力"③。法院指出，"第五修正案的征收条款是对基于公用目的而征收私有财产的先在权力的默认，而不是授予一项新的权力"④。主权的政治含义是指一个国家所拥有的最高权力。根据主权原则，国家可以对其领土及其领土范围内的一切人、事、物享有完全的、排他的和独立的管辖权。征收权从属于主权，意味着征收权具备主权所具有的特殊权力属性，即绝对性和至上性。然而，按照联邦最高法院的解释，宪法中的"公用"和"公正补偿"条款是为了限制征收权的绝对性，以缓和征收权与私有财产权之间的冲突。

关于征收权的性质，学者们早有论述，并大致分为两种观点。一种是将

---

① 参见：许迎春.中美土地征收制度比较研究［M］.杭州：浙江大学出版社，2015：22.

② 薛波.元照英美法词典［M］.北京：北京大学出版社，2013：468.

③ United States v. Jones, 109 U.S. 513, 518 (1883).

④ United States v. Carmack, 329 U.S. 230, 241-242 (1946).

国家视为初始权利所有人，认为个人权利来源于国家让渡的保留权利理论；另一种则是将人民视为权利所有人，认为国家权利来源于人民让渡的内在权利理论。① 保留权利理论曾在美国联邦最高法院的判决中短暂出现，但并未持续多久。因为根据该理论，联邦政府可以基于保留权利获得对新建州的征收权。然而，事实上，无论是最初的 13 个州还是在联邦政府成立之后组建的新州，都享有事实上的征收权。此外，在共和主义者看来，国家保留所有权利和公民的财产权来源于政府暂时租借的观点与美国精神相悖。与保留权利理论不同，内在权利理论认为征收权内在于主权国家。这与美国联邦最高法院关于征收权的固有权力属性观点相近，也与美国特有的联邦政体相契合。在美国，联邦和州享有两种不同的主权。州的主权来源于本州人民，是人民为了共同生活的需求而签订契约，将一部分权力让渡给州政府；而联邦主权则源于各州政府所让渡的部分权力。作为主权政府，州和联邦政府都享有征收权。这也解释了为什么联邦政府通常将征收权交由各州自行行使，以及联邦政府征收通常由州政府代为行使的事实。

简而言之，在美国，征收或征收权被视为一项与主权紧密相连的权力，是"政治需要之子"②。宪法对征收权的规定是对先在权力的策略性承认③。尽管"公用"和"公正补偿"是征收权行使的限制要件，但本质上征收权仍具有绝对性和至上性。④

---

① 许迎春.中美土地征收制度比较研究［M］.杭州：浙江大学出版社，2015：23.

② 金伟峰，姜裕富.行政征收征用补偿制度研究［M］.杭州：浙江大学出版社，2007：90.

③ 阿伦·艾德斯，克里斯托弗·N.宪法个人权利：案例与解析（第二版）［M］.项焱，译.北京：中信出版社，2003：137.

④ 郑贤君."公共利益"的界定是一个宪法分权问题——从 Eminent Domain 的主权属性谈起［J］.法学论坛 2015（5）：20-23.

（二）征收权与私有财产权

财产权是"自由、个人自治赖以根植和获取养料的土壤"①，尽管托马斯·杰斐逊在起草《独立宣言》时，修改了"自由、生命与财产"这一经典表述，用"追求幸福的权利"替代"财产权"②，但制宪者们在对待财产权的问题上，最终采纳了洛克和布莱克斯通的观点。③17世纪，洛克提出了自然财产权理论，强调私有财产权是人类自自然状态开始就享有的不可剥夺的权利，然而自然状态下的自由无法有效保护财产，于是人类通过签订契约，建立共同的管理机构即政府，以保护私有财产不受侵犯，恪守人类自由和自治的信条；布莱克斯通的财产权理论充分吸纳了洛克的自然财产权理论，将财产权具体化为一项个人拥有的绝对权利，解析出财产权所蕴含的独有和专断的支配概念。18世纪末，这种财产权理论传入美国，直接促成了美国宪法财产权条款的诞生。

虽然美国是一个多元化的社会，但私有财产权始终建立在共同社会的基础之上。洛克和布莱克斯通的自然权利财产观也承认财产权在一定程度上受到共同体的限制，因此，私有财产权具有社会属性，承担着增加社会整体福利和满足社会公共需求的义务，在现代社会尤其如此。

私有财产权的社会性，体现于国家对私有财产的征收和私有财产所负的社会义务。从国家行为的角度来看，前者催生了国家的征收行为，后者衍生

---

① 米塞斯.自由与繁荣的国度［M］.韩光明，潘琪昌，李百吉，译.北京：中国社会科学出版社，1994：104-105.

② KATZ S N. Thomas Jefferson and the Right to Property in Revolutionary America［J］. Journal of Law & Economics, 1976, 19 (3): 467-481.

③ 理查德·A.艾珀斯坦.征收——私人财产和征用权［M］.李昊，刘刚，翟小波，译.北京：中国人民大学出版社 2011：31.

出国家的管制行为，征收源于征收权，管制源于警察权（PolicePower）。征收涉及国家对财产权的强制性"剥夺"，若符合征收条款，则具有正当性；警察权是指为了保护公共安全、健康、伦理和一般福利而对财产权的内容和范围进行限制。征收权与警察权有所不同：在限制程度上，征收权是对财产权进行最严格的限制，通常产生永久剥夺的效果；警察权是对财产权进行一般限制或必要限制，不产生永久剥夺的效果；在后果方面，政府行使征收权必须给予被征收人公正补偿，但政府基于公共安全、健康、伦理和一般福利限制财产权，无需给予补偿，当然，公权力对财产权的限制一旦超出财产权社会义务的范围，就落入征收范畴，即管制性征收。管制性征收介于征收与管制之间，是指"政府并未通过正式的征收程序剥夺私人财产，但通过对财产的管制，事实上形成了征收效果。[①]"财产管制不一定构成财产的管制性征收，虽然二者都对财产权进行一定限制，但两者对财产权的限制程度不同，前者是对财产权的一般限制，具有隐蔽性，后者并非基于征收程序，而是由于行使公权力对财产权利造成过度限制。财产权必须受到社会公共利益的限制，国家可以基于公共利益限制或者剥夺财产权，最严格的限制即为征收，其次是管制性征收和管制。

　　征收权与私有财产权之间存在着天然的紧张关系。公民的私有财产权具有不可剥夺的属性，但征收权的本质是强制财产权人放弃财产所有权，财产权人的财产规则保护被责任规则保护所取代。[②]然而，征收权对于实现预期的社会发展又是必要的，经济学理论认为，如果国家没有征收权，由于信息不对称和钉子户的策略性抵抗，政府将无法获取实现公共利益所需的财产，许

---

① 刘连泰 . 宪法文本中的征收规范解释——以中国宪法第十三条第三款为中心［M］. 北京：中国政法大学出版社，2014：125.

② 卡拉布雷西等人提出财产权保护的三项规则：不可剥夺、财产规则与责任规则，财产规则要求财产的转让以获得财产权人的同意为前提，责任规则不要求财产权人的同意，但必须向财产权人支付补偿金。BELL A, PARCHOMOVSKY G. Pliability Rules［J］. Michigan Law Review, 2002, 101 (1): 59-64.

多预期的社会发展项目将被抵抗者破坏或者停滞不前。如何在保障私有财产权的同时确保征收权的正当行使，是宪法中的一个重要命题。美国宪法第五修正案既规定了"未经正当程序，不得剥夺生命、自由和财产"的正当程序条款，又规定了"未经正当补偿，不得将私有财产征为公用"的征收补偿条款①，"正当程序""公用""公正补偿"是征收补偿条款的三大基石。

二、公用教义：扩张与虚化

自公用条款出现以来，"公用"概念持续扩张。早期，"公用"被定义为公众有权对被征收财产进行物理访问。②随着社会的发展，为满足工业化需求，公用的定义渐趋灵活，"公共目的""公共利益"成为新的表述。正如联邦最高法院在凯洛诉新伦敦市案中所宣称的，宪法所允许的任何政府行为实际上均符合公用要求。③公用的扩张性解释削弱了公用对征收权的限制作用，"公正补偿"成为限制征收的重要制度屏障。

（一）19 世纪 30 年代前：狭义公用教义的独大

美国的征收实践最初始于公共道路建设。1636 年，州层面的制定法允许政府将私人土地征收用于修建道路。立法者通过修改普通法中有关"侵入"的定义，允许财产在私人之间进行非自愿的转移。其中最为典型的是"磨坊法案"，即为便于水利磨坊所有权人在河道上建造水坝，允许磨坊所有权人强制性地获取所需土地的法案。例如，下游的水利磨坊所有权人在建造水坝的

---

① U.S. CONST. amend. V.

② ROSS T. Transferring Land to Private Entities by the Power of Eminent Domain [J]. George Washington Law Review, 1983, 51 (3): 355, 360.

③ BELL A. Taking Compensation Private [J]. Stanford Law Review, 2017, 59 (4): 877.

过程中致使上游土地被淹没，事实上形成财产在私人之间的强制转移。[①]1667年，弗吉尼亚州诞生了首部磨坊法案，规定建成的磨坊必须向所有公众开放使用，将磨坊视作公共设施。因修建磨坊水坝导致的私人财产的强制转移被视为基于"公众使用"的征收。截至 1884 年，美国共有 29 个州制定了磨坊法案。[②]18 世纪末到 19 世纪初，法院普遍认为，这种允许私人征收土地并将其开放给公众私用的行为符合"公用"要求，狭义的公众"实际使用"教义应运而生，但上述教义仅在州层面适用，在宪法第五修正案通过之前，联邦法院法官普遍认为征收权归各州所有，几乎不受理征收案件，也不参与公用条款的解释。

直至 1795 年，在文霍利承租人诉多兰斯案中，[③]联邦最高法院才基于自然法上的财产权理论阐释了公用概念。该案发生于 18 世纪末的宾夕法尼亚州，当时，宾州通过了一部制定法，确定卢塞恩县的土地属于康涅狄格州的居民，与此同时，被剥夺土地的所有权人有权获得补偿。在判决中，佩特森大法官指出，"立法机构有权制定关于公民财产权的法律，但应当受到宪法原则和精神的约束。根据社会契约理论，私有财产应当得到保护，因为获得并占有财产，且使其财产受到保护是人类享有的一项自然的、固有的和不可剥夺的权利。人类具有财产意识：财产为人类生存之必需，并且回应人类的自然需求与欲望；财产安全是促使人类结成社会的初衷之一。没有人愿意成为一个其不可能享受其诚实劳动和工作成果的共同体的一员[④]"。最终，联邦最高法院认定，基于私人使用的私人征收违宪。

三年之后，联邦最高法院从财产权保护的视角再次强调基于私人目的的

---

① BERGER L. The Public Use Requirement in Eminent Domain [J]. Oregon Law Review, 1978, 57 (2): 203-246.

② Head v. Amoskeag Manufacturing Co., 113 U.S. 9 (1885).

③ Van Horne's Lessee v. Dorrance , 2 U.S. 304 (1795).

④ Van Horne's Lessee v. Dorrance , 2 U.S. 304, 310 (1795); 刘玉姿 . 美国征收法中的公用教义 [D]. 厦门：厦门大学，2016：45.

征收违宪。在考德尔诉布尔案中[①]，撰写多数意见的蔡斯大法官提出，"一部强制剥夺公民 A 的私有财产，并将其转移给公民 B 的制定法，与人们授予立法机构此种权力的全部理性和正义相悖[②]"。

从上述判例可以看出，这一时期的美国法院始终遵循"公用"的字面含义，采取狭义的自然语言解释方式，将公用定义为由社会公众或者由代表公众的政府实际持有或者使用，禁止基于私人目的的征收行为。[③]

（二）19 世纪 30 年代至 20 世纪：狭义公用教义与广义公用教义的混用

19 世纪 30 年代，由于社会经济活动日益复杂，国家开始改变其作为守夜人的传统角色，不断加强对经济和社会的干预及控制。在征收领域，具体表现为政府开始取代国会成为公用标准的界定者，并在实际活动中频繁运用征收权。与之相应，法院交错使用狭义公用教义与广义公用教义。一方面，一些州法院开始将更为宽泛的公用标准应用于征收案件，认为只要有关工业化建设的项目符合"公共利益"，就将其纳入公用概念的范畴。[④]1831 年，在比克曼诉萨拉托加和斯克内克塔迪县铁路公司案[⑤]中，纽约州衡平法院赋予立法机构宽泛的自由裁量权，并将判定政府征收是否符合"公用"的权力交由立法机构自行判断。受经济发展需求的影响，立法机构更关注征收背后所隐藏的利益，只要征收能够促进整体福利的增长，就认定符合"公用"，并不在意征收权最终由谁行使。1832 年，在斯卡德诉特伦顿特拉华瀑布公

---

① Calderv. Bull, 3U. S. 386 (1798), 388.

② 刘玉姿. 美国征收法中的公用教义［D］. 厦门：厦门大学，2016：44.

③ 参见：卜炜炜. 中美日财产征收制度比较研究［M］. 昆明：云南大学出版社，2011：57-75.

④ See Rogers v. Bradshaw, 20 Johns. 735, 742 (N.Y. Ct. of Err. 1823).

⑤ Beekman v. Saratoga & S.R.R., 3 Paige 45 (N.Y. Ch. 1831).

司案①中，新泽西州衡平法院指出："由于每个人都有权在支付规定费用的情况下使用道路，收费道路被认为符合公用。由于铁路便利了乘客和货物运输，因而具有公共性，……但难道这种观点不狭隘吗？"换言之，新泽西州衡平法院认为，传统上以"公众（实际）使用"为核心内容的公用标准过于狭隘②，公用标准应当适应不断变化的社会。另一方面，一些担忧征收权被过度使用的州法院坚持以狭义的解释方法阐释公用目的，提出"仅事实上真正被大众使用的征收才是基于公用目的的征收③"。1837年，在布拉德古德案诉莫霍克与哈德逊公司案中，纽约州法院指出，对"公用"一词的扩张性解释根本无法对征收权施加任何限制。④撰写协同意见的特雷西（Tracy）法官在判决中质疑："当我们背离'公用'一词的本来含义，以公共效益、公共利益、公共福利、一般利益或便利，以及更不确定的公共事业等含义替换公用的本意时，还能为针对私有财产的征收施加任何限制吗？⑤"1877年，密歇根州最高法院在瑞尔森诉布朗案中作出了更为激进的判决，直接宣布一项授权修建磨坊的制定法违宪，并认为制定法应该包含直接为公众实际使用的条款。⑥

19世纪末期，联邦最高法院开始以宪法解释者的身份着手处理州法院在公用解释上的分歧，但立场不明确。在1896年的密苏里州公共事务委员会诉内布拉斯加案中，⑦联邦最高法院对征收目的的限制采取了更为狭义的解释方法，但在随后的哈里森诉丹维尔西部铁路公司案中，联邦最高法院抛弃先

---

① Scudder v. Trenton Delaware Falls Co. 1 N.J. Eq. 694 (1832).

② 同上。

③ PRITCHETT W E. The "Public Menace" of Blight: Urban Renewal And The Private Uses of Eminent Domain［J］. Yale law & Policy Review, 2003, 21 (1): 1-52.

④ Bloodgood v. Mohawk & Hudson R.R., 18 Wend. 9 (N.Y. 1837).

⑤ Bloodgood v. Mohawk & Hudson R.R., 18 Wend. 9, 60-61 (N.Y. 1837); 还可参见：刘玉姿. 美国征收法中的公用教义［D］. 厦门：厦门大学，2016.

⑥ Ryerson v. Brown, 35 Mich. 333, 334, 342 (1877).

⑦ Missouri Pac. Ry v. Nebraska, 164 U.S. 403, 417 (1896).

前狭义的公用定义，转而强调征收目的的解释应当具体问题具体分析，尊重各州对征收是否符合"公众使用"的判断。① 总体而言，虽然联邦最高法院在选择狭义还是广义的公用标准的过程中有过犹豫和徘徊，但在大多数案件中，联邦最高法院更倾向于采用广义的公用解释，作出遵从行政决定的征收判决。②

（三）20 世纪以来：现代公用教义的崛起

"公用"标准的扩张与限制之争已持续近一个世纪。1916 年，在弗农山庄 - 伍德贝瑞棉帆布公司诉阿拉巴马州际电力公司案中，联邦最高法院更加坚定地采用了广义的"公用"解释。该案中，阿拉巴马州际电力公司意图征收棉帆布公司的财产以建设水电厂。联邦最高法院裁定，将土地征收用于建设水电厂符合宪法，因为水电能促进整体福利的增长。③ 同样，在1923 年的林奇公司诉洛杉矶县案中，联邦最高法院进一步阐明，"整个社区或者相当比例的居民直接享有或者参与公共项目，并不是判断公用的核心内容④"。

经济危机爆发后，联邦最高法院逐渐放宽了对征收权和警察权的司法审查标准，较少受理此类案件。加之罗斯福的法院重组计划，联邦最高法院更是放弃了对有关经济管制的征收进行实质性审查，更加遵从政府的决策。二战后，美国实施了长达 20 年的城市更新运动，联邦和州政府开始联合开发商对城市中心进行旧城改造，法院几乎很少认定征收的预期目的不是公

---

① Hariston v. Danville & Western Railway Co., 208 U.S. 598 (1908).

② 卜炜伟. 中美日财产征收制度比较研究［M］. 昆明：云南大学出版，2011：67.

③ Mt Vernon-Woodberry Cotton Duck Co. v. Ala. Interstate Power Co., 240 U. S.30, 32 (1916).

④ Rindge Co. v. Los Angeles Country, 262 U.S. 700, 707 (1923).

用。① "公共利益"逐渐成为了"公用"标准的代名词。②

1.伯曼诉帕克案

1954 年，在伯曼诉帕克案中，联邦最高法院对"公用"作了扩大解释，认为只要征收行为最终能惠及公众，它便合宪。该案涉及美国国会通过的《哥伦比亚特区再开发法》，该法授权政府基于"改造破败区，并防止、减少、消除造成破败因素"之目的进行财产征收。为了吸引改造资金，再开发法允许政府将征收的土地转交给私人开发商进行再开发。本案原告伯曼拥有一家百货公司，该公司恰好位于拟征收并计划由私人开发商再开发的地段。伯曼提起诉讼，质疑哥伦比亚特区将其百货公司征收用于华盛顿特区西南地区再开发项目的合宪性。

地区法院法官裁定征收行为合宪，理由是再开发区域包含"危害公共健康、安全、道德和福利"的贫民区。③ 然而，联邦最高法院一致拒绝了这一具体理由，却在更广泛的层面上确认了国会对"公用"的解释。联邦最高法院指出："在本案中，国会及其授权机构做出的决定已经充分地考虑到各种价值，我们无需重新评估它们。如果那些管理哥伦比亚特区的人认为国家的首都应该美丽整洁，那么第五修正案不存在任何可以阻止这种方式的规定……私人企业可能也会或者比政府部门更好地服务于公共目的——或者国会也可能会得出这样的结论。我们不能说国家所有才是促进社区再开发项目的唯一方法。一旦目标在国会的权力范围内，通过行使征收权来实现它的权力就很

---

① ROSS T. Transferring Land to Private Entities by the Power of Eminent Domain [J]. George Washington Law Review, 1983, 51 (3): 355, 359.

② Berman v. Parker, 348 U.S. 26 (1954); Hawaii Housing Authority v. Midkiff, 467 U.S. 229 (1984). 在伯曼案中，法院遵从立法机构和州法院对公用标准的判断，给予政府的征收决定最低限度的司法审查。在夏威夷房产管理局诉米凯夫案中，联邦最高法院通过扩大构成公用的政府行为范围，有效地消除了征收分析中的公用要求。

③ Berman v. Parker, 348 U.S. 26 (1954); Hawaii Housing Authority v. Midkiff, 467 U.S. 229 (1984); Schneider v. District of Columbia, 117 F.Supp. 705, 716-25 (D.D.C. 1953).

明确……此案所选择的方式之一是利用私人企业再开发该区域。上诉人辩称，这使得该项目是为了一个商人的利益而征收另一个商人的财产。但是，一旦确立了公共目的，实施这一项目的方法就由国会单独决定。①"

根据法院的解释，判定何者构成"公用"的权力属于立法机构，法院应给予充分尊重。② 尽管开发计划部分涉及将新私人企业引入该区域，且某些建筑并未建于破败区内，但只要财产转移"服务于"公共目的，根据第五修正案，将财产从一个私人实体转移给另一个私人实体仍可视为公用。

20世纪50年代至70年代，美国联邦和州政府以旧城改造、贫民区清理和经济振兴为名，开始了大规模的征收活动，广义的公用教义再次放宽了对"征收权"的限制。

2.波兰镇居民委员会诉底特律市案③

虽然波兰镇居民委员会诉底特律市案（以下简称"波兰镇案"）不是联邦最高法院审理的案件，但却因该案法院对非衰败区征收的支持以及对公用条款的"极致"解释，该案在"公用"条款的现代司法解读中占据了重要地位。

在此案中，底特律市计划征收该市一处并未衰败的社区，涉及的被征收财产包括一千多处住宅、一座教堂、一所医院和一百多家企业。随后，底特律市将这些被征收的社区土地转让给通用汽车公司，用于建设通用汽车工厂。④ 波兰镇居民委员会对此提起诉讼，质疑征收的合宪性。

与伯曼案不同，底特律市征收的财产并非位于危害公共健康、安全、道德和福利的贫民区、破败区或其他亟需提升和改造的区域。然而，政府主张，

---

① Berman v. Parker, 348 U.S. 26, 33 (1954).

② 同上。

③ 虽然波兰镇案于2004年被韦恩诉海斯科克案推翻，但该案在当时也具有里程碑式意义。密歇根州最高法院推翻波兰镇案的理由是，"波兰镇案中所述的公用概念与密歇根州宪法在批准之时对这个词的理解不符。"Wayne v. Hathcock, 471 Mich. 445, 482-83 (2004).

④ SOMIN L. Overcoming Poletown: County of Wayne v. Hathcock, Economic Development Takings, and the Future of Public Use [J]. Michigan State Law Review, 2004, 2004 (4): 1005.

通用汽车公司在此处建设汽车工厂将显著提升就业率、增加税收，并促进当地经济发展。最终，密歇根州最高法院判决支持了底特律市的征收行为。在判决中，法院交替使用了"使用"（use）和"目的"（purpose）两个词，[1]并指出，尽管"公用"中可能包含一定的私人利益，但公共利益是明确且显著的。政府的目的在于提高就业率、增加税收以及振兴底特律市低迷的经济。在本案中，私人利益仅是附带的，而非主要的。[2]因此，征收行为是合宪的。

密歇根州最高法院在此案中极大地扩展了"公用"条款的外延，[3]与这一时期联邦最高法院对公用条款的扩张性解释相呼应。

3.夏威夷房产管理局诉米德基夫案

1984 年，联邦最高法院在夏威夷房产管理局诉米德基夫案（以下简称"米德基夫案"）中再次确认，政府为促进公共福利，可将征收后的财产交由私人使用。鉴于夏威夷州历史上独特的土地制度[4]，20 世纪 60 年代，夏威夷的大部分土地集中于少数人手中。为了缓解土地过度集中的问题并有效实施土地改革计划，夏威夷州颁布了一项土地改革法案。该法案旨在征收那些集中在少数公司、基金会和富人手中的大片土地，并随后将这些土地出售给符合特定条件的私人。

被征收的土地所有者对法案的合宪性提出了质疑，他们认为州政府将征收的土地出售给私人的行为违反了宪法征收条款中的"公用"要求。第九巡回上诉法院指出，根据该法案，那些在征收过程中保留被征收财产占有权的承租人，将在征收结束后直接获得土地所有权。因此，就夏威夷州仅仅为了B 的私人用途和利益而征收 A 的私人财产，并将其转让给 B 的明显意图而

---

① 　Poletown Neighborhood Council v. City of Detroit, 304 N.W.2d 455, 458 (Mich. 1981).

② 　同上。

③ 　冯桂.美国财产法：经典判例与理论探讨［M］.北京：人民法院出版社，2010：285.

④ 　类似于封建土地制度，即土地归一个首领所有，继而分封给小首领。

言，该法案是违宪的。①

　　然而，联邦最高法院作出了与上诉法院相反的裁决。最高法院指出："'公用'要件与……主权国家的警察权范围有关，并且征收的目的只能是'公用'，而非其技术性细节，这必须通过以公用条款为基础的审查来确认。②"夏威夷土地改革法并非为了某一特定团体的利益，而是为了消除由于财产过度集中所导致的土地低效利用状况。仅仅以土地征收后是否转移给私人使用这一点来判断征收是否基于"公众使用"是不充分的。立法机构已经做出了关于公用的征收认定，法院必须遵从立法机构关于征收行为符合公用的决定，除非该决定"被证明为不可能"③。"因为在我们的政府体系中，立法机构可以更好地评估哪些公共目的应通过行使征收权来实现。④"米德基夫案完美地延续了伯曼案的观点，即"公用"的判断是由州立法机构来决定的事务。同时，该案强调在对"公用目的"进行司法审查时，法院应尊重立法机构的判断，不应进行过多的干预。⑤

　　在此后的几十年里，尽管联邦最高法院的大法官有所更迭，且最高法院对征收公用目的的解释也曾出现过从广义向狭义的短暂转变，⑥但总体上，联邦最高法院对"公用"的判断仍趋向广义，并一般尊重立法机构对"公用"的判断。

---

① Midkiff v. Tom, 702 F.2d 788, 798 (9th Cir. 1983).

② Hawaii Housing Authority v. Midkiff, 467 U.S. 229 (1984).

③ 同上。

④ Hawaii Housing Authority v. Midkiff, 467 U.S. 229 (1984); DURHAM J G. Efficient Just Compensation as a Limit on Eminent Domain［J］. Minnesota Law Review, 1985, 69 (6): 1281-1284.

⑤ Hawaii Housing Authority v. Midkiff, 467 U.S. 229 (1984).

⑥ 在诺兰诉加州海岸委员会案中，最高法院更加强调对私有财产的保护，认为海岸委员会的规定属于警察权的不当行使。在1992年的卢卡斯诉南卡罗来纳州海岸委员会案中，联邦最高法院认定南卡罗来纳州的行为构成征收。详见：Nallan v. California Coastal Commission, 483 U.S. 826 (1987); Lucas v. South Carolina Coastal Council, 112 S. Ct. 2886 (U.S. 1992).

4.凯洛诉新伦敦市案

2004 年，联邦最高法院在沉寂二十多年后，再次受理了关于"公用"判断标准争议的案件——凯洛诉新伦敦市案。此案发生在经济已衰退数十年的康涅狄格州新伦敦市。为了振兴当地经济，新伦敦市在尝试通过协商购买失败后，授权一家政府所有的非营利公司征收位于特伦布尔堡的 90 英亩土地，计划将其开发为供药业巨头辉瑞制药公司使用的商业住宅和研究中心等。包括苏泽特·凯洛在内的几位上诉人的房产恰好位于这项经济发展计划所需的土地范围内。

这些房产所有者认为，以经济发展为目的的征收违反了第五修正案的"公用"要求，因此提起了诉讼。该案经历了地方法院、康涅狄格州最高法院以及联邦最高法院的三级审理。地方法院作出了部分胜诉、部分败诉的判决，但双方当事人均不服，提出上诉；康涅狄格州最高法院则判决新伦敦市完全胜诉，财产权人随后向联邦最高法院提起上诉。2006 年，联邦最高法院以 5 比 4 的微弱多数驳回了凯洛等人的诉求，维持了对"公用"的宽泛解释，并赋予了立法机构关于"公用"判断以天然的正当性。联邦最高法院指出，虽然法院的多数意见无疑会引发对公用征收的质疑，但"促进经济增长是一项传统且长期以来被接受的政府职能"，只要政府的目的是促进当地经济，就构成第五修正案中的一种有效的公用。[①]

判决一出，舆论哗然。根据联邦最高法院的判决，只要征收当局基于一项有效的公共目的，政府将财产从私人实体 A 转移给私人实体 B 的行为将被视为合宪。奥康纳法官强烈地提出了反对意见，她指出，多数意见对公用标准的宽泛解释并非明智之举，这可能会使许多美国人开始相信，"财产权变得脆弱……任何财产都有可能因为私人利益而被征收"。托马斯法官也主张对"公用"进行字面解释，他认为"仅当其实际使用或者向公众提供使用该财产

---

① Kelo v. New London, 545 U.S. 469, 485-486 (2005).

的合法权利时，政府才可以征收财产 ①"。

作为美国近期最引人注目的不动产征收案件，凯洛案延续了美国联邦最高法院在伯曼案、米德基夫案等判决中的一贯法理，确认了政府为了经济发展征收土地符合公用标准的观点，② 这极大地扩展了"公用"条款的外延：只要征收利益最终能够惠及公众，征收目的就被视为合宪。

（四）现代公用教义与公正补偿

征收权是一项对财产权构成威胁的权力，对人格的形成和发展也会产生重大影响。第五修正案的征收条款对政府征收私有财产设定了两项限制。就征收的公用限制而言，联邦最高法院已经从狭义的公用解释，逐步走向遵守立法裁决的广义公用解释，这种解释方法在后续的案件中不断得到强化和确认。联邦最高法院在米德基夫案和随后的凯洛诉新伦敦市案中认定，即使被征收土地最终落入私人开发商手中，经济发展也符合公用目的。③ "公用"限制实际上已逐渐淡化。联邦最高法院以广义公用解释为基础的判决背后，潜藏着州和地方政府振兴低迷经济和恢复城市活力的需求。城市化和城市改造意味着，大多数土地征收不仅涉及未开发的土地，还涵盖已开发的城市土地。虽然公用标准随着概念的拓展不断适应现代社会的需求，但公正补偿的进展却未能与公用标准的发展同步。如今的美国拥有一个能够灵活解决现代化城市问题的公用标准，但公正补偿条款仍然被宽泛地解读为是沿袭自一个世纪之前，仅适用于未开发土地的条款。

美国人民仍处于一个彼此缺乏信任的社会中。从新政到 20 世纪 60 年代

---

① Kelo v. New London, 545 U.S. 469, 485-486 (2005).

② 冯桂. 美国财产法：经典判例与理论探究［M］. 北京：人民法院出版社，2006：286.

③ Kelo v. New London, 545 U.S. 469, 485-86 (2005).

期间，美国人民更愿意信任具有社会公德心的政府领导层和民选立法机构。^①从某些方面看，美国人民对待政府和彼此的态度已退化至工业化时代之前。这种情感的变化并非毫无缘由，中产阶级数量的减少和贫富分化差距的拉大，严重削弱了普通民众的安全感。自里根政府以来，共和党和民主党均以平衡预算的名义逐步削减社会事业，但预算依然不平衡。^②这使人们有充分的理由质疑政府宣称的"公共利益"是否真实存在，以及"公用"一词的真正含义是什么。

正如普特南所解释的，"以一般性互惠（generalized reciprocity）为特征的社会比一个充满不信任的社会更高效……如果我们无需时刻权衡每一次交易，我们可能取得更大的成就^③"。近半个多世纪以来对政府的不信任致使美国人民不太愿意相信政府的公用征收，那些财产被征收的人也不愿相信其可能会因政府所谓的公用征收获得非金钱或者金钱上的补偿。一连串的社会不满情绪的宣泄，加上飞涨的住房成本，加剧了人们对政府的不信任，人民开始拒绝为了他人的利益而放弃自己的"堡垒"。"诚信滋养社会生活"^④，丰润政治与法律生活，但诚信正在消逝。在"公用"标准已被极大放宽的征收领域，政府本可以采取更为公正的补偿方式重建信任。然而，公正补偿教义却在现代征收图景中显得颇为陈旧和不合时宜。较之对政府公用征收的不信任而限缩公用标准，给予财产权人真正意义上的"公正补偿"或许能更快地恢复社会信任？

① PUTNAM R D. Bowling Alone: The Collapse and Revival of American Community ［M］. New York: Touchstone Books by Simon & Schuster, 2000: 17.

② FEGAN M. Just Compensation Standards and Eminent Domain Injustices: An Underexamined Connection and Opportunity for Reform ［J］. Connecticut Public Interest Law Journal, 2007, 6 (2): 273.

③ PUTNAM R D. Bowling Alone: The Collapse and Revival of American Community ［M］. New York: Touchstone Books by Simon & Schuster, 2000: 21.

④ RYAN P. Democratizing the Nonprofit Sector ［J］. Journal of Political Philosophy, 2013, 21 (3): 260-282.

【本章小结】

　　征收权被视为主权的一项附属权力，具有绝对性和至上性特征。为了对征收进行限制，并缓解征收权与私有财产权之间的冲突，美国宪法第五修正案最后一条明确规定了"公用"与"公正补偿"两大要件。这意味着，任何合宪的征收行为都必须同时满足这两个要件：一是征收必须出于公用目的，这是征收启动的前提要件；二是必须提供公正补偿，这是征收行为完成的结果要件。公平、效率及公共选择等理论均支持公正补偿的原则，认为它在维护社会公平、提升政府决策效率以及防止政治市场失灵等方面发挥着极其重要的作用。在历史发展过程中，"公用"要件与"公正补偿"要件对征收的限制作用呈现出一种此消彼长的态势。19世纪之前，美国法院严格遵循"公用"的字面意义，将其解释为"公众（实际）使用"；然而，自19世纪30年代起，"公用"概念开始逐渐扩展，并与狭义的公用教义形成竞争；到了20世纪，以"公共目的"或"公共利益"为代表的广义"公用"概念占据了主导地位。在这一过程中，公用要件对征收权的限制性作用逐渐减弱，而公正补偿要件对征收权的限制功能则得到了强化。

第三章　公正补偿的主体、客体与程序

公正补偿作为征收权的限制要件之一，内容可以分解为实体和程序两个维度。公正补偿的实体内容围绕补偿主体、补偿客体、补偿标准等要件展开。公正补偿的标准篇幅太大，后文单独成章进行说明。公正补偿的程序内容围绕补偿主体在实现公正补偿过程中所应遵循的方式、方法和步骤展开。

第一节　公正补偿的主体

征收权的行使，主要涉及征收人与被征收人之间的法律关系。征收补偿法律关系的主体，通常包括征收人和被征收人，有时也涉及承租人等其他相关方。本节将重点论及征收人和被征收人，同时，由于征收补偿争议的解决方式多样，导致决定征收补偿的主体与征收补偿的主体有时并不重叠，因此，征收补偿的决定主体也将纳入本节的讨论范围。

一、征收人

征收权，作为一项附属于主权的权力，其行使依据并非主权者对财产的所有权，而是基于主权者的固有权力。根据 1776 年《独立宣言》所宣告的主权在民原则，征收权源于人民，并归于人民。制宪者制定第五修正案的目的，在于确认并限制这一具有主权性质的权力。在美国联邦制下，国会和各州议会作为联邦和州主权的代表，代表人民享有征收权。

作为征收权的享有者，国会和各州议会既可以自行行使征收权，也可以将征收权授予其他适格主体。在实际操作中，由于立法机构的制度设计，国会和各州议会通常会将征收权授予其他主体。这些被授权主体可以是公共机构，如政府及其行政部门；也可以是私人机构，如铁路、燃气、水电等公共事业法人，甚至某些私人个人。政府获得授权后，有时并不亲自实施具体的征收行为，而是委托其他组织或个人代为实施。[①] 综上所述，征收人主要分为两类：一类是征收权的享有者，即国会和各州议会；另一类是被授权的主体。无论被授权者是公共的还是私人的，都不影响被征收人获得补偿的权利和应得的补偿金额。

一般情况下，征收人即为承担补偿义务的主体。然而，由于美国某些州（如马萨诸塞州）允许通过制定法的形式对支付补偿金的主要责任作出另行规定，[②] 因此，征收人并不总是负有向财产权人支付征收程序所确定补偿金的绝对义务。负责补偿的主体有时也可能是征收人之外的其他主体。

二、被征收人

被征收人，指的是财产权被征收的主体。在补偿程序中，被征收人是应获得补偿的权利人。确定某一财产权人是否应当获得补偿，首先要确定他/她是否实际上占有（possession）一项可执行的财产权益：倘若财产利益不可执行，财产权人无法主张与之相关的任何法律权利；实际上占有意味着财产

---

① 卜炜炜.中美日财产征收制度比较研究［M］.昆明：云南大学出版社，2011：37.

② M.G.L.A. c. 79, § 6; 11A McQuillin Mun. Corp. § 32:83 (3d ed.)

权人必须与被征收财产有直接且具体的联系，^①仅占有（occupation）财产，但没有某种形式的永久法律身份（permanent status），即便被征收财产具有价值，财产权人也无权获得补偿。需要注意的是，在美国法中，"possession"和"occupation"代表了两种与"占有"有关的不同状态，"occupation"是最为简单的占有，相当于客观的物理占有，只是描述了一种客观的状态；"possession"具有对世效力，是一种不以实际物理占有为前提、受法律保护的权利，^②判断财产权人是否有权主张补偿以"possession"为准。

在美国，大多数财产为私人所有，政府所有的财产仅占一小部分。早期，被征收人主要限于私人。随着"公共利益"被纳入征收客体的范畴，政府等公共机构的财产，如公共公路、公共工程等，也可能成为征收对象，因此政府等公共机构同样可能成为被征收人。被征收人是公共机构还是私人，通常不影响其获得补偿的权利。但在某些特殊情况下，政府等公共机构作为被征收人时，可能会获得高于公平市场价值的补偿，例如替代性征收补偿。^③

有权获得补偿的被征收人包括普通共有人（tenant in common）、联名共有人（joint tenant）、承租人、逆占有（adverse possession）达到法定期限者、^④合同权利拥有者，或在某些情况下的衡平法权益（equitable interest）的所有者等，^⑤但不包括抵押权人。虽然征收人对抵押财产的征收会消灭抵押权人的权

---

① 29A C.J.S. Eminent Domain § 219.

② 30 A Ⅲ. Law and Prac. Propety § 12；赵萃萃.英美财产法之 Estate——以财产和财产权的分割为视角［M］.北京：法律出版社，2015：33-35.

③ 替代性征收补偿是指通过征收另一块财产来补偿基于公用而征收的财产。在这种情况下，存在两项征收，第一项征收是基于公用而实施的征收，第二项征收是为了补偿第一项征收的被征收人而实施的征收。Rogers v. Bradshaw, 20 Johns. 735 (N.Y. 1823).

④ 逆占有是指占有人本不享有合法占有权，却如同所有权人一样对地产实施事实上的、持续性的、公开的与明显的占有，并意图排除包括真正所有权人在内的其他一切人的权利。如果占有人保持这一占有状态达到一段法定时间（在美国各州法律中一般为5—20年不等），则推定该地产已被授予占有人。真正的所有权人将丧失要求收回土地的诉权，即使其对上述占有事实并不知晓。

⑤ 29A C.J.S. Eminent Domain § 219.

益，但根据法律规定，抵押权将转化为要求征收人向法院存放保证金的现有权利。一旦征收人宣布征收抵押财产，并将补偿保证金存入法院，抵押权人的权益便转化为要求分配补偿金的权利。[①]

关于被征收人补偿金的具体分配，若财产由多人共有，共有人或合租人有权根据各自利益按比例获得补偿。若被征收财产是夫妻共同财产（community property），在存在夫妻财产（marital property）立法的州，补偿金可由配偶一方作为夫妻共同财产的管理人；在没有夫妻财产立法的州，补偿金则按各自比例分配。[②] 若被征收财产为租赁权，合租人或转租承租人有权收回其应得的份额，法院应根据他们各自的利益和损失，在合租人之间，或承租人与转租承租人之间进行补偿分配。只有在裁决支付之日拥有租赁权益的承租人才有资格分享补偿金；租赁期满时，双方利益可根据租赁合同条款确定，或在征收之时以明示方式终止承租人权益，或依据其他规定或约定确定各自权益。[③] 若被征收财产在待决征收诉讼前被出售，且买卖合同中未就诉讼程序中应支付的补偿金作出说明，购买者有权根据尚待履行的买卖合同获得补偿。征收人应将补偿支付给购买者，但若购买者在法律上不拥有该财产，则无权请求补偿。

三、公正补偿的决定主体

自第五修正案诞生之初，联邦最高法院就宣称，确定被征收人是否有权获得公正补偿以及多少金额构成公正补偿的任务只归属于司法机构。在莫农加希拉航运公司案中，联邦最高法院曾解释道，"国会似乎认为他们自身有

---

① 　29A C.J.S. Eminent Domain § 219.

② 　Lucas v. Dallas County, 138 S.W.2d 179 (Tex. Civ. App. Dallas 1940).

③ 　State v. Central Expressway Sign Associates, 52 Tex. Sup. Ct. J. 978, 2009 WL 1817305 (Tex. 2009).

权决定应采取何种补偿措施"，但补偿是一个司法问题，而非立法问题；"立法机构可以确定哪些私有财产为公用所需，这才是一个政治和立法性质的问题。""当下令征收时，补偿问题就是司法的。它不依赖公众，不通过国会或者立法机构及其代表来说明应支付多少补偿，甚至确定补偿规则应该为何。[①]"宪法已明确，公正补偿是一项无需立法施惠的、自动适用的宪法保障。换言之，第五修正案的公正补偿并非"请求性"规定：一旦"征收"发生，就必须给予补偿。[②] 倘若立法机构能够通过制定法声明"公正补偿"的金额，无疑违背宪法第五修正案，"立法机构依法将公民的财产用于公共事业，然后做自己案件的法官，以确定它应支付的'公正补偿'的权利……这一刻也不为我们宪法所承认或者容忍[③]"。

现代法院显然尊重这一原则，在 2002 年的施奈德诉圣地亚哥县案、朗根尼格诉美国案、泰克公司诉美国案中，巡回法院强调，依据宪法第五修正案，考虑土地征收索赔诉求和确定"公正补偿"是一项司法职责。[④] 立法机构不具备制定任何与第五修正案"公正补偿"条款不符的制定法的宪法权力。同样，行政机构也未获得宪法赋予的决定应向财产权人支付多少补偿的权力。基于此原则，立法机构以制定法的方式或者行政机构以法令（edict）的形式所确定的补偿金只能被视作补偿的"下限"，而非"上限"。

---

① Monongahela Navigation Co. v. United States, 148 U.S. 312, 325-326 (1893).

② San Diego Gas & Elec. Co. v. City of San Diego, 450 U.S. 621, 654 (1981) (Brennan, J., dissenting); First English Evangelical Lutheran Church of Glendale v. County of Los Angeles, 482 U.S. 304 (1987).

③ Monongahela Nav. Co. v. United States, 148 U. S. 312, 327-328 (1893).

④ Schneider v. County of San Diego, 285 F.3d 784, 794 (9th Cir. 2002); Tektronix, Inc. v. United States, 552 F.2d 343, 354 (Ct. Cl. 1977).

第二节 公正补偿的客体

一、财产（权）：物与权利束

何为"财产（权）"①？美国财产法学者曾一度认为"这一问题本身难以回答"②，原因在于财产（权）的一般含义和法律含义存在差异。在普通人看来，财产（权）就是人们所拥有的有形"物"（things），而在法律人士眼中，财产（权）指的是权利，即与物相关的、人与人之间的权利③，包含两个核心要素：一是与"人之间的关系"相关；二是与"物"有关。④

与"人之间的关系"相关，指的是财产（权）的具体内容，即一项权利束（a bundle of rights）。由于仅针对物的权利毫无意义，财产（权）描述的是人与人，而非人与物的关系。⑤作为一个权利束，财产（权）由多支权利构成。依据每支权利的性质，可以对其进行分类和命名，其中最为重要的四支为排他权、使用权、处分权和免受侵夺权。⑥美国法并不强调不受限制的绝对所有权能，因此，每一支权利都能够从权利束中分割出来，并在不同人之间进行分配，这意味着财产（权）的非所有权人也能够拥有财产，成为财产权人，

---

① 英美法系在语言上不严格区分财产和财产权。

② CRIBBET J E. Concepts in Transition: The Search for a New Definition of Property［J］. University Of Illinois Law Review, 1986, 1986 (1): 1.

③ 约翰·G. 斯普兰克林. 美国财产法精解［M］. 钟书峰，译. 北京：北京大学出版社，2009：7.

④ GARNER B A. Blacks Law Dictionary（8）［M］. Paul: Thomson West, 2004；戴维·M. 沃克. 牛津法律大辞典［M］. 邓正来，译. 北京：光明日报出版社，1988：729.

⑤ 约翰·G. 斯普兰克林. 美国财产法精解［M］. 钟书峰，译. 北京：北京大学出版社，2009：7.

⑥ 边沁界定了构成财产概念的四种特殊权利：①占有权；②排他权；③处分权，或者整个权利转让给他人的权利；④转移权，整个权利在所有权人死亡后转移给其继承人的权利。

例如承租人。

与"物"有关，指的是财产（权）存在于某种"物"之中或者之上，用于表明财产（权）的外在形式或者固定形态。能够承载财产权利的"物"的范围极为广泛，涵盖不动产和动产。需要注意的是，美国法上的不动产和动产概念与大陆法系有所不同。不动产不仅包括土地及其附着物，还包括土地上的权利以及附着于土地附着物上的权利；动产不仅限于有形动产，还包括无形动产：书本、桌子、戒指、牲畜等属于有形动产；特许经营权、许可证、商业秘密、专利等属于无形动产。进入现代社会后，无形动产的范围进一步拓展：一切具有价值的无形事物都能够成为承载权利的物。

美国对财产（权）"利用"而非"所有"的关注，形成了财产权利的群态样，有形与无形并非区分财产的本质，权利才是构成财产（权）的本质，如果某一外在物未附加任何权利，就不是财产（权）。[①]

二、物还是权利：征收客体的变迁

美国联邦和大多数州的宪法都以"私有'财产'（property）被征为公用"的措辞来描述征收概念。在起草宪法时，制宪者简要地论述了财产的"征收"（taking）问题，但从未明确定义征收的客体——财产。征收客体包括什么，在美国征收史上一直是一项极具争议的问题。[②]

早在 18 世纪，美国学者就已经承认无形财产的存在。然而，在早期的征收实践中，州和联邦法院采取的是狭义的财产概念。密西西比州高等上诉和复审法院（high court of errors and appeals）在和姆奇托河专员诉威瑟斯案中就曾指出，财产必须"有具体的、固定的和有形的性质，能够被占有并转让给

---

① 赵萃萃.英美财产法之 Estate——以财产和财产权的分割为视角［M］.北京：法律出版社，2015：15.
② STOEBUCK B. A General Theory of Eminent Domain［J］. Washington Law Review, 1972, 47 (4): 599–600.

他人，比如，房屋、土地和其他①"。在狭义财产概念下，美国早期的绝大多数征收活动都是针对土地、房屋等有形财产展开的。

19世纪，随着经济关系的复杂化、城市土地的增多以及财产价值的提高，法院开始扩大其对被征收财产的定义范畴，以涵盖法律在其他领域早已认可的各种无形财产。法院承认，财产不仅仅是指纯粹物理上的实体物，还包含了与之相关的权利束。在老殖民地和福尔里弗铁路公司诉普利茅斯郡的居民案中，马萨诸塞州最高上诉法院（supreme judicial court）强调，财产"应具有宽松的结构，以便包括可以作为财产享有并被确认为财产的所有宝贵利益②"。类似的案例还有伊顿诉波士顿康科德和蒙特利尔铁路公司案。在该案中，新罕布什尔州最高法院明确指出："出于许多目的，不应将土地视为绝对的、不受限制的自治领域，而应将其视为有限特权（privilege）的集合，特权的限度由权利平等以及权利与义务之间的相互关系来规定……当财产的任何一项权益被征收时，财产就被征收了。③"这一时期，法院不再将征收客体限定于土地本身，而是扩展到构成土地所有权的所有权利、权力、特权和权利群态。④虽然有不少州法院已经承认无形财产作为征收客体的事实，但也有不少州法院还未转变认识。⑤

1945年，美国联邦最高法院在美国诉通用汽车公司案中承认被征收"财产"的双重含义，并解决了下级法院在被征收客体上的混乱状态。⑥在讨论联

---

① Callender v. Marsh, 18 Mass.(1 Pick.) 418, 434 (1823); Commissioners of Homochitto River v. Withers, 29 Miss. 21, 32 (1855).

② Old Colony & Fall River R.R. v. Inhabitants of the County of Plymouth, 80 Mass. 155 (1859).

③ Eaton v. Boston C. & M. R.R., 51 N.H. 504, 511 (1872).

④ "宪法使用的'财产'是全面的、无限的……它不必然是指遭受物理侵入的有形或者无形财产。"参见：Old Colony & Fall River R.R. v. Inhabitants of the County of Plymouth, 80 Mass. 161 (1859); State ex rel. Smith v. Superior Court, 26 Wash. 278, 286, 66 P. 385, 388 (1901).

⑤ HOHFELD W N. Some Fundamental Legal Conceptions as Applied in Judicial Reasoning [J]. Yale Law Journal, 1913, 23 (1):21-22.

⑥ United States v. General Motors Corp., 323 U.S. 373, 377-378 (1945).

邦宪法征收条款所使用的"财产"这一术语的范围和含义时，联邦最高法院驳回了该术语只应"以公民行使法律承认的权利时所用的普通的和非技术性的物理含义来描述"的观点。① 相反，联邦最高法院认为，"从更准确的意义上说"，该术语还指内在于公民对物的关系中的一组权利，例如，占有、使用和处分物的权利。权利束被用于理解构成某种物的权利。当政府行使征收权时，征收针对的是存在于"物"之中或者之上的个人权利：无论有形还是无形，"宪法条款涉及公民可能拥有的各种利益"。② 1970 年，美国联邦最高法院通过戈德堡诉凯利案的判决再度扩充了被征收财产的范围，视人民拥有的"公共利益"为私人财产。法院指出，"因福利国家的实现，许多公共利益不再是政府赋予人民的特权或者恩惠，而是人民拥有的个人财产，应与财产利益等同视之③"。

　　总体上，法院对被征收"财产"的定义更多地基于权利的利用，而较少地基于土地的物理性质。虽然早期征收将财产征收客体限于土地、土地附属物和房屋等有形物，但法院从财产所有权的权能出发，逐渐认识到国家除了征收被征收人对财产的占有和处分权能外，还有可能征收财产的使用和收益等权能，征收客体的范围进一步被扩充。④ 当然，同财产法上的财产权利一样，征收法上的财产也并非恒定不变的。正如联邦最高法院所言，"财产权益……不是由宪法创造的，相反，现有的规则或者理解创造并定义了它们的维度⑤"。

---

① United States v. General Motors Corp., 323 U.S. 373, 377 (1945).

② 同上。

③ Goldberg v. Kelly, 397 U.S. 254 (1970).

④ 任何把自己从最原始的唯物主义中解放出来的人都很容易认识到，财产作为一个法律术语，不是指有形的物，而是指某些权利。如今，征收客体不仅限于有形财产，还包括财产权人拥有的所有权利或者权益，例如合同权利、专利权等。详见：COHEN M R. Property and Sovereignty［J］. Cornell Law Quarterly, 1927, 13 (1): 11-12; PHILBRICK F S. Changing Conceptions of Property in Law［J］. University of Pennsylvania Law Review and American Law Register, 1938, 86 (7): 691.

⑤ Board of Regents v. Roth, 408 U.S. 564, 577 (1972).

三、补偿客体

"征收人征收了什么，就应该补偿给被征收人什么"是指导法院作出补偿判决的基本教义 ①，补偿客体的教义演变脉络与征收客体的教义演变脉络高度契合。

南北战争之前，为修建道路和桥梁等公共工程而对土地及其附属物进行物理性侵入是征收的基本样态。② 在物理侵害理论的影响下，财产权人只有在其土地或土地附属物遭受直接物理侵害或者被占有的情况下才有权利获得补偿，而无权就间接和附随性侵害主张补偿。③ 补偿客体仅限于有形财产，例如土地、土地附属物。虽然在繁杂众多的历史判例中，可以发现早期法院补偿无形财产权益的案例，比如加德纳诉纽堡市受托人案中的取水权和皮斯卡塔卡桥诉新罕布什尔桥业主案中的桥梁特许经营权 ④，但在这一时期，法院并未深入探讨补偿客体，甚至未触及财产概念的讨论，上述判例只是罕见的例外。

19 世纪中叶，州法院开始拓展被征收财产的概念，联邦最高法院开始以交换价值来理解被征收财产；19 世纪 70 年代，"权利群态""权利束"等术语出现在联邦最高法院的征收补偿判决中，虽然联邦最高法院仍坚持以物理侵害理论指导判决，但逐渐扩大了对实质征收的补偿范围。⑤ 进入 20 世纪，尽

---

① Boston Chamber of Commerce v. City of Boston, 217 U.S. 189, 195 (1910).

② STOEBUCK W B. A General Theory of Eminent Domain [J] . Washington Law Review, 1972, 47 (4): 600.

③ 卜炜炜. 中美日财产征收制度比较研究 [M] . 昆明：云南大学出版社，2001：59.

④ Gardner v. Trustees of Newburgh, 2 Johns. Ch. 162(N.Y. Ch. 1816); Piscataqua Bridge v. Proprietors of New-Hampshire Bridge, 7 N.H. 35, 69 (1834).

⑤ COKEN C E. Eminent Domain after Kelo v. City of New London [J] . Harvard Journal of Law & Public Policy, 2006, 29 (2): 419-568.

管联邦最高法院没有明确表述"财产"的全面定义①，但它已经承认，征收无形权益需要给予补偿。在 1934 年林奇诉美国案中，联邦最高法院认为，"无论债务人是个人、市政当局、州政府还是联邦政府，有效的合同（contracts）是'财产'，如果没有给予公正补偿，就不能被征收②"。此外，在美国诉科斯比案、阿姆斯特朗诉美国案和拉克尔肖斯诉孟山都公司案中，联邦最高法院分别要求对空中地役权、留置权和商业秘密的征收支付补偿。③ 补偿客体从有形财产扩展到无形财产，从物扩展到权利，且有逐渐扩大的趋势。

补偿客体在征收补偿研究中较为重要，但法院和学者实际上却很少单独探讨补偿客体问题，原因是法院在判决补偿时采用"整体规则"（unit rule）。整体规则又称为"不可分割的可继承地产（权）规则"（undivided fee rule）④，包含两个方面的内容：一是与可被分割的财产权⑤（ownership）的权利或者权益⑥（estate）有关，二是与财产的各个物理组成部分有关。整体规则的第一个方面是指无需将存在多支可被分割的权利或者权益的财产按各支可被分割的权利或权益独立估价，然后简单相加得出总价，而是在考虑每支权利或者权

---

① PETERSON A L. The Takings Clause: In Search of Underlying Principles Part I: A Critique of Current Takings Clause Doctrine［J］. California Law Review, 1989, 77 (6): 1308-1316, 1344-1351.

② Lynch v. United States, 292 U.S. 571, 579 (1934).

③ United States v. Causby, 328 U.S. 256, 266-68 (1946); Armstrong v. United States, 364 U.S. 40, 44, 46 (1960); Griggs v. Allegheny County, 369 U.S. 84, 89-90 (1962); Ruckelshaus v. Monsanto Co., 467 U.S. 986, 1003-04 (1984).

④ 根据元照英美法词典，"fee"是指"可继承地产（权）"，即除非保有人有权并且在其有生之年或者根据遗嘱处置该财产，该财产不受限制地由他的继承人继承下去。薛波，潘汉典. 元照英美法词典（缩印版）［M］. 北京：北京大学出版社，2013：541.

⑤ "Ownership"一词在英美法下无确切界定，内涵随语境和客体而变化，是个宽泛的日常用语。它可以在多个层次上被使用，泛指财产权，也可以指绝对所有权，还可以指权利的实质内容。详见：赵翠翠. 英美财产法之 Estate 研究——以财产和财产权的分割为视角［M］. 北京：法律出版社，2015：27，33.

⑥ "Estate"泛指所有权益。详见：赵翠翠. 英美财产法之 Estate 研究——以财产和财产权的分割为视角［M］. 北京：法律出版社，2015：27，33.

益对整个财产的影响的基础上，评估整个财产的最终价值；整体规则的第二个方面是指无需将财产上的不同要素或者组成部分（木材、建筑物和其他附属物）作为单独项目或者要素独立估价①，只需将这些要素或者组成部分视为使财产价值升高的要素，对整个财产的总价值进行评估。例如，木材作为一个独立的组成部分，其价值不能与同一财产中作为组成部分的矿物的价值完全独立开来，分别评估，然后简单加总。② 根据整体规则，征收人支付补偿的义务和被征收人获得补偿的权利不受财产性质或者财产的多元化权益的影响，法院应在考虑每支权利或者权益对整个财产影响的基础上，以财产为单位评估补偿金，而不是将财产本身存在的各支可被分割的权利或者权益作为相互独立的部分，分别评估各支权利或者权益的补偿金。③ 在支付时，法院也应以整个"财产，而不是财产本身存在的各支权利或者权益"为单位支付④，然后在各个权利主体之间再行分配。如果只有某一支权利被征收，而其他支权利被保留，就构成对权利束的部分征收，也应该按照此规则评估补偿。法院在征收实践中采用这一规则的深层原因在于，确保一宗财产中的各支权益或者物理组成部分的总价值不会超过整个财产的价值，也就是，被征收人得到的补偿不能超过其损失，也不能低于其损失。

---

① 许迎春. 中美土地征收制度比较研究 [D]. 西安：西北农林科技大学，2011.

② Uniform Appraisal Standards for Federal Land Acquisitions [M]. 5th ed. Washington: The Appraisal Foundation, 2000: 53-54.

③ Meadows v. United States, 144 F.2d 751, 752-53 (4th Cir. 1944); Cade v. United States, 213 F.2d 138, 142 (4th Cir. 1954); United States v. 6.24 Acres of Land, 99 F.3d 1140, (6th Cir. 1996).

④ Uniform Appraisal Standards for Federal Land Acquisitions [M]. 5th ed. Washington: The Appraisal Foundation, 2000: 53-54.

第三节　公正补偿的程序

美国第五修正案强调了征收补偿与正当程序之间的关联："未经正当程序，不得剥夺生命、自由或财产；未经公正补偿，不得将私有财产征为公用。[①]"作为对被征收人因财产权益受损而提供的事后救济，公正补偿不仅关乎实体权益，更体现了程序上的严格要求。可以说，公正补偿程序是达求公正补偿结果的途径，也是维护公正补偿道德属性的方式。

尽管联邦与各州的征收补偿程序存在差异，但大致可归纳为两种类型：普通征收（normal condemnation / taking）程序和快速征收（quick / expedited condemnation/taking）程序。[②] 普通征收程序亦称司法征收程序，而快速征收程序则称为行政征收程序。两者的核心区别在于征收人实际取得财产控制权的时间点不同：在普通征收程序中，征收人必须等待法院作出最终裁决后，方可占有财产；而在快速征收程序中，征收人在向法院提出申请并预存经法院认可的预估补偿金后，即可先行占有财产。本节将分别探讨普通征收程序和快速征收程序中补偿金的确定程序以及补偿争议的解决程序。

---

① 　U.S. CONST. amend. V; 刘玉姿 . 美国征收法中的公用教义［D］. 厦门：厦门大学，2016：190.

② 　许迎春 . 中美土地征收制度比较研究［M］. 杭州：浙江大学出版社，2015：93.

一、普通征收程序中的补偿程序

美国统一州法律委员会全国会议于 1974 年制定，并于 1984 年获得批准的《模范征收法典》（Uniform Law Commissioners' Model Eminent Domain Code）为各州制定征收法律提供了框架。各州在不同程度上吸收并采纳了该法典的内容。[①]《模范征收法典》主要是一部程序性法规（procedural statute），它既不授予征收权，也不规定或限制征收权行使的目的或行使征收权的主体，而是仅规定了征收人取得财产、进行征收活动以及确定公正补偿的基本程序标准。[②]

根据《模范征收法典》的规定，普通征收程序主要包括征收决定或决议、适当性研究（suitability studies）、协商购买、征收审批、征收诉讼、支付补偿、财产占有等环节。以征收诉讼为观察点，这些环节可以分别归入征收诉讼前、征收诉讼中和征收诉讼后三个阶段。其中，征收决定或决议、适当性研究和协商购买属于征收诉讼前的阶段；而支付补偿、财产占有等则发生在征收诉讼后。

征收决定或决议要求对征收的法律依据、必要性、合理性、方式以及拟征收财产的状况等作出决定，这相当于征收人的内部决策。适当性研究则是对拟征收的财产进行调查、检查、拍照、测试、探测、钻孔、取样以及其他形式的调查，以评估财产价值，并确定该财产是否适合征收以及是否在公用征收的范围内。征收人在进行适当性研究时，必须获得财产权人的书面许可。如果进入受到阻碍或拒绝，征收人可以向法院申请发布准许进入令（order

---

① 刘连泰.政府对拟征收不动产的管制［J］.法律科学（西北政法大学学报），2014，32（2）：97-105.

② Uniform Law Commissioners' Model Eminent Domain Code 1974 Act, § 102.

permitting entry）。除非有特殊规定，法院通常会准许征收人进入，并在进入令中明确说明进入的目的、性质、范围，以及进入财产的时间、地点等。同时，法院还会要求征收人将法院认可的预估保证金存入法院账户或法院指定的账户，用于补偿进入可能对财产造成的物理性损失，或对财产占有或使用造成的实质性干扰（适当性研究的具体程序见图 3-1）。调查完成后，如果财产适合征收，则应进入下一个环节——协商购买。

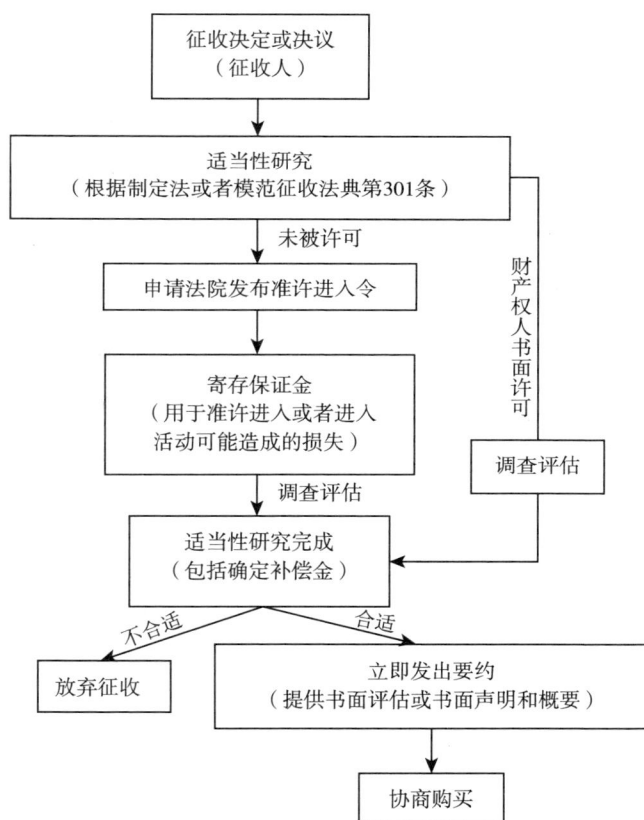

图 3-1　适当性研究流程

协商购买是申请征收审批前的法定程序。在进入征收诉讼之前，征收人应当竭尽一切合理、勤勉的努力，通过协商方式取得相关财产。在谈判开始之前，征收人应该对财产进行估价，确定一个公正的补偿金额。财产价值评估期间，财产权人或其代表有权参与评估，补偿数额一旦确定，征收人应立即（promptly）向财产权人发出以充分评估价（full appraised value）购买财产的要约，同时向财产权人提供书面评估或者书面声明和概要，以说明其确定财产公正补偿金的依据。在协商购买期间，征收人应就下列事宜同财产权人进行协商并签订财产买卖合同：①法院认定的与财产的公正补偿金额有关的评估价或者损害赔偿因素；②购买财产的范围或者性质；③财产的数量、地点等；④搬迁或者财产上改善的处置；⑤拟进入或者物理占有财产的日期；⑥约定的补偿金或者法律规定的其他款项的支付时间、方式；⑦其他有利于协商购买的条款、条件。① 如果协商购买成功，征收人在支付约定的补偿金后，可以取得财产权人对财产的占有权。如果协商购买失败，征收人可以向有征收权的立法机构申请征收许可。在作出征收许可之前，征收人应举行听证会，听证会必须通知相关权利人，尤其是拟征收财产的财产权人。征收许可被通过仅意味着立法机构认可征收目的的正当性，并不意味着征收人可以直接展开征收活动。征收人要想实施征收必须获得法院的授权，即进入征收诉讼程序。

首先，征收人必须在法律规定的时间内向法院提起授权征收之诉，《模范征收法典》规定的时间为征收许可或者修改后的征收许可通过之日起六个月，但不得迟于协商购买的谈判终止后的三个月。② 如果征收人在此期间内既未提起征收授权之诉，也未放弃此前的征收许可，被征收人也可以向法院提起诉讼，要求征收人启动征收授权之诉。③ 征收授权之诉是征收程序的必要环节，主要用于确定征收目的的合法性和补偿金额的公正性。

其次，法院受理授权征收之诉后应书面通知和公告每位被征收人所享有的权利、听证会的时间和地点、征收项目的公用目的、位置、依据、影

---

① Uniform Law Commissioners' Model Eminent Domain Code 1974 Act, § 307.

② 同上。

③ 参见：卜炜炜. 中国财产征收制度研究［D］. 北京：清华大学，2008.

响等相关因素，而后举行初步反对意见的听证会（hearing on preliminary objections）。听证会主持人从文官委员会确认的合格人选中任命的行政法官担任，听证决定可根据法院的动议或者当事人的动议作出，其中征收人应当就初步反对意见所涉及的所有事实提供证据。在听证会举行后的一定期限内，征收人必须就听证会所讨论的问题提出拟征收项目裁定和事实认定。法院应将征收人所作的裁定和认定通知被征收人，被征收人可以向法院申请对裁定进行司法审查，[①] 如果法院审查之后否定征收人的裁定和认定，征收人可以选择继续或者放弃征收诉讼：选择继续征收的，将重新回到征收诉讼的起点，即从初步反对意见的听证会重新开始；选择放弃征收的，则征收宣告失败，征收程序终止，征收人应承担相应的损失赔偿责任。如果法院审查之后认可征收人的裁定和事实，法院将继续审理授权征收之诉。

　　审理分为两个阶段，在第一个阶段，法院将判断征收目的的合法性，被征收人可以从实质和程序两个层面就征收目的的合法性提出辩护，当法院认为征收目的不合法时，征收宣告失败，[②] 征收人应赔偿被征收人因征收所遭受的各项损失；当法院认为征收目的合法时，就进入第二个阶段，即裁定征收人应向被征收人支付的补偿金额。征收人和被征收人可以各自聘请独立资产评估人员评估财产价值并在法庭上交换。[③] 在顺序上，被征收人先做开场陈述（opening statement），并就补偿金问题提出证据，随后是征收人陈述和举证。但是，要求被征收人先提出补偿证据，并不意味着被征收人负有证明补偿数额的举证责任。相反，无论征收人，还是被征收人，均不承担补偿金问题的

---

① 对拟征收项目裁定的司法审查范围包括：1. 征收是否符合联邦或州宪法的规定；2. 征收是否在征收人的法定权限范围内；3. 征收人作出拟征收项目裁定是否符合制定法规定的程序和环境保护法等相关规定；4. 征收目的是否符合公用。

② 卜炜炜. 中国财产征收制度研究［D］. 北京：清华大学，2008；卜炜炜. 中美日财产征收制度比较研究［M］. 昆明：云南大学出版社，2011：231.

③ 金伟峰，姜裕富. 行政征收征用补偿制度研究［M］. 杭州：浙江大学出版社，2007：155.

举证责任。制定法仅要求裁判者根据当事人提出的所有相关证据作出裁判，裁判者无需考虑证据出自哪一当事人之手，也无需假定某一方提供的证据比另一方更具证明力。

由于联邦制定法未强制规定补偿金裁定主体，目前美国裁定补偿金的主体有三类：①委员会，委员会成员由法院任命，通常为 3 人，主席一般由律师担任，成员一般由具有相应评估资质的人员如房地产评估师担任，美国共有 11 个州采用委员会裁定征收补偿金[①]；②陪审团，大致有 18 个州规定补偿金应由陪审团裁定。陪审团的数量、选择以及所有与陪审团有关的程序，均采用民事诉讼规定。另外，由于联邦宪法在征收诉讼中未设置陪审团的要求，有权参与财产补偿金审判的当事人可以自行要求由陪审团审理补偿金，但当事人必须"明确"提出该要求。在委员会或陪审团裁定补偿金后，初审法院的法官会作出维持或者撤销补偿金裁定的决定，由于委员会和陪审团的裁定具有优先效力，除非裁定明显错误，法院通常会尊重委员会或陪审团的裁定；③法院[②]，在没有委员会和陪审团的州，补偿金问题由法院处理。[③] 正如《模范征收法典》第 902 条规定的，法院应在没有陪审团的情况下裁定所有问题，包括补偿金。[④]

补偿总额确定之后，法院或者陪审团还需对补偿金的分配问题作出裁决。审理完征收合法性和补偿金问题后，法院可以授权征收，授权的内容包括被征收财产之公用目的的一般说明、授权的依据、一份有关公用目的必要性和

---

① 许迎春. 中美土地征收制度比较研究［M］. 杭州：浙江大学出版社，2015：104.

② 根据联邦民事诉讼程序规则第 71A 条和许多州的制定法的规定，在某些情况下，可使用精通估价问题的专员（commissioners）来确定补偿金。专员的判断一般被视为主事法官的报告（master's report）并且可以提交至法院，但这些专员的报告通常要经过重新审理（commissioners' determination being subject to a de novo trial）。

③ CLARK C E. The Proposed Condemnation Rule［J］. Ohio State Law Journal, 1949, 10（1）：9.

④ Uniform Law Commissioners' Model Eminent Domain Code 1974 Act, § 902.

适当性的说明书等。[①]

　　最后，征收人和被征收人如果对初审法院的任何一项判决（征收目的合法性和补偿公正性）存在异议，均可向上级法院提出上诉。但是，根据附带裁决教义（collateral order doctrine）[②]，上诉法院只处理有关征收、补偿的法律问题，不处理事实问题。其中，对于征收目的合法性的异议，征收人或者被征收人可一直上诉至联邦最高法院，但有关补偿金的异议，只能上诉至州最高法院，仅在特殊情况下，联邦最高法院才会以调卷令的方式解决补偿争议。在补偿问题上，上诉法院审理并认定补偿不公正的，有两种选择：一是直接更改下级法院的补偿裁决，二是选择将补偿裁决问题发回重审。在补偿公正的情况下，法院将作出维持下级法院补偿裁决的认定；当然，如果征收人和被征收人均认可初审法院的判决，征收人在向被征收人支付全部补偿金后可向法院申请占有令（order of possession）。法院批准后，征收人需要提前通知被征收人搬离[③]，随后才能取得被征收财产的占有权。换言之，支付补偿金与占有财产有着严格的先后顺序，征收人必须先支付补偿金，才能占有财产（普通征收的具体程序见图 3-2）。

---

① Uniform Law Commissioners' Model Eminent Domain Code 1974 Act, § 300, 310.

② 附带裁决教义又称为"科恩教义"，是联邦最高法院在科恩诉盈利工业担保公司案中确立的教义，意指初审法院应就构成诉讼基础权利的并行事实，以及那些十分重要而不能拒绝给予复审的事实作出判决。换言之，上诉法院不再审理事实问题。详见：Cohen v. Beneficial Industrial Loan Corp., 337 U.S. 541, 546-47 (1949); HUDSON D Z. Eminent Domain Due Process［J］. Yale Law Journal, 2010, 119 (6): 1299.

③ 如果被征收人不愿意搬迁，征收人可请求法院协助或者执行。

协商购买

失败

征收申请（授权征收之诉）

立案后

通知和公告（书面）

初步反对意见的听证会

征收人作出拟征收项目裁定和事实认定

将裁定通知被征收人

30日内

未申请司法审查

法院认可

被征收人申请对裁定进行司法审查

法院认可

授权征收之诉

征收人继续征收

放弃

征收程序终止（征收失败）

不合法

征收人上诉

第一阶段：法官判断征收目的的合法性

合法

第二阶段：法官、委员会或陪审团裁定补偿金

被征收人或征收人上诉

上级法院

征收合法性之诉

征收补偿之诉

法院授权征收

征收不合法

被征收人先作开场陈述、提供补偿金证据和最后辩论；其他参与人（征收人）作开场陈述、提供证据和最后辩论

被征收人认可

合法

上诉

终审：联邦最高法院

补偿不公正

上诉法院审理法律问题

补偿公正

维持判决

征收人支付补偿金

选择一：改变补偿裁决
选择二：发回重审

不服

终审：州最高法院

征收人申请、法院发布占有令

征收人取得占有

从提起征收之诉到支付补偿之前，征收人可撤回征收之诉

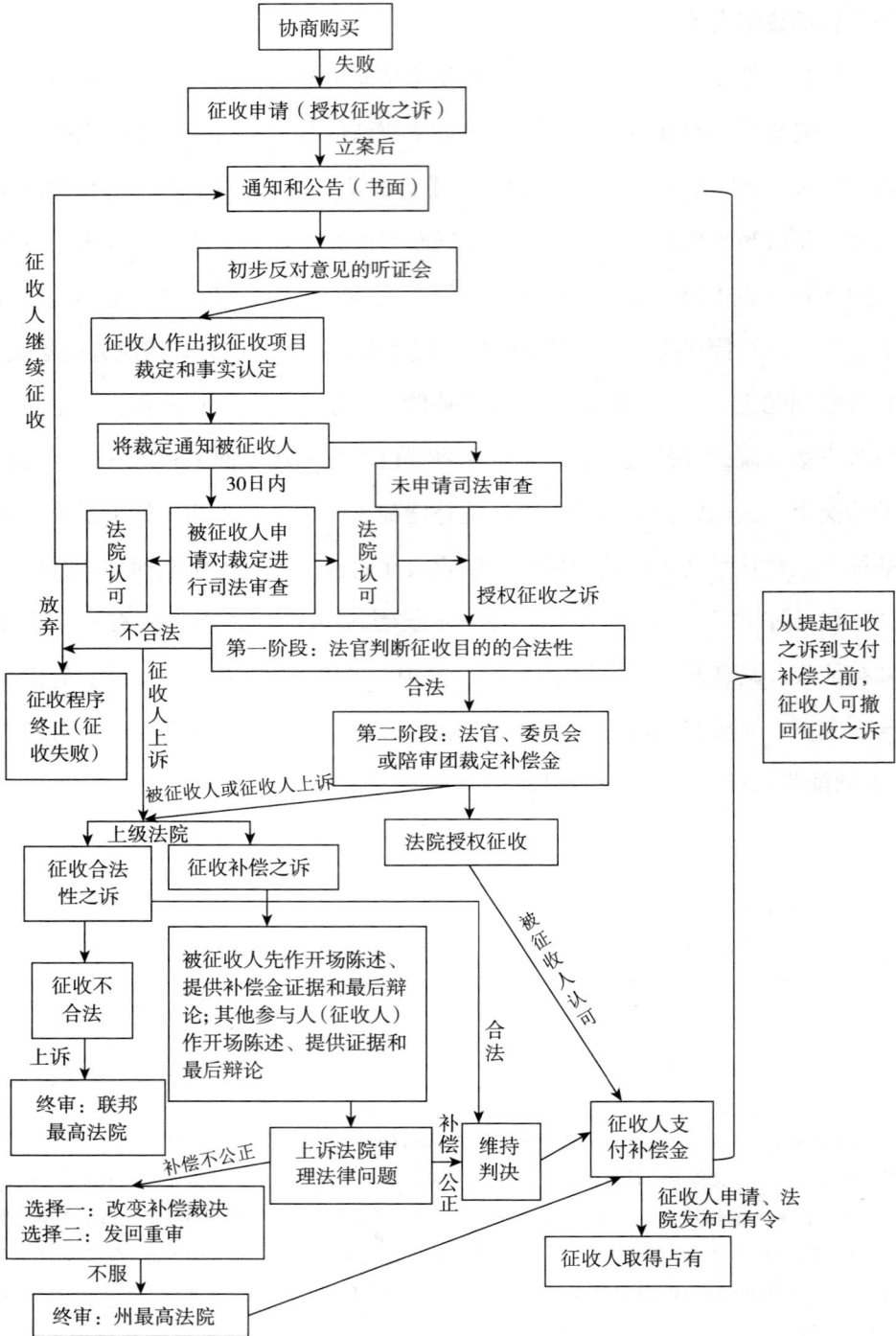

图 3-2 普通征收程序

二、快速征收程序中的补偿程序

在紧急情况下，普通征收程序的漫长过程可能会阻碍政府的公共目的达成。为满足政府基于公用目的立即占有财产的需求，避免司法程序造成的有害延误[①]，19 世纪 90 年代，法院在司法裁决过程中创立了快速征收程序。在彻罗基族人诉南堪萨斯铁路公司案（以下简称"彻罗基族人案"）中，联邦最高法院裁定，"财产权人有权获得合理、确定和充分的保障，以便在其占有（occupancy）受到干扰之前获得补偿，但在转让（transfer）之前无需支付实际补偿[②]"。仅 5 年之后，联邦最高法院在斯威特诉雷歇尔案中再次重申了彻罗基族人案的判决，最高法院指出，征收人"只要准备了足够的保障"，无需要求其在征收完成之前向被征收人支付补偿[③]，这意味着征收人在提供充足保障的情况下可以占有财产权人的财产。

法院的判决促使了立法的产生。在 20 世纪 30 年代之前，美国只有法院的个案判决承认州和联邦政府可在未事先取得法院授权的情况下通过行使征收权来占有私人财产，立法对此并无规定。直到 1931 年，国会通过《征收宣告法》（the Declaration of Taking Act）肯定了快速征收程序。根据《征收宣告法》[④]的规定，征收人在向法院提交了法院认可的预估补偿金后，可以获得法院发布的财产占有令，依据此占有令，征收人能够先行取得对被征收财产的占有。目前，除了一小部分州，比如爱荷华州、阿拉巴马州、爱达荷州、印

---

① 　23 U.S.C.A. § 107 (a) (Supp. 1958).

② 　Cherokee Nation v. Southern Kansas Railway Co., 135 U.S. 641 (1890).

③ 　Sweet v. Rechel, 159 U.S. 380, 400 (1895).

④ 　40 U.S.C.A § 3114.

第安纳州、堪萨斯州等仍要求遵循严格的普通征收程序外 [1]，美国大多数州均设立了快速征收程序，例如乔治亚州、内华达州、科罗拉多州、亚利桑那州、马里兰州、密西西比州和哥伦比亚特区等。[2]

与普通征收程序相比，大多数快速征收程序不存在事前的通知和公告、初步反对意见听证会、拟征收项目裁定和事实认定以及公用目的的司法审查等环节。根据快速征收程序实施征收的征收人通常只需要：向法院提出申请；寄存预估补偿金；申请占有令；在法院发布占有令并且自己发布占有令的通知后，取得被征收财产的占有权（快速征收的具体程序见图 3-3：快速征收程序）。

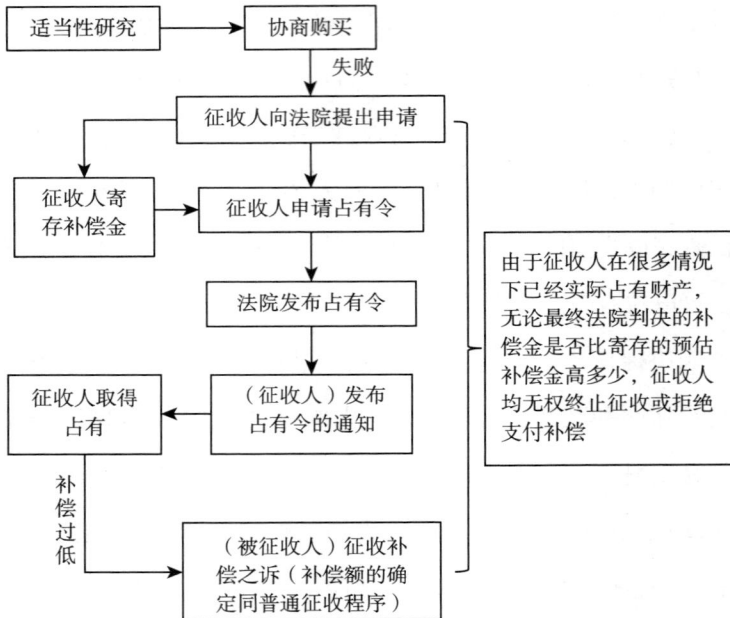

图 3-3　快速征收程序

① Iowa Code Ann. § § 6B.1 to .3 (West 2008); Ala. Code § § 18-1A-22, -24, -74 (2007); Idaho Code Ann. § § 7-706 to -710 (2004); Ind. Code Ann. § § 32-24-1-3 to -16 (2002); Kan. Stat. Ann. § § 26-501 to -517 (2000).

② Ga. Code Ann. § 32-3-6 (2009); Nev. Rev. Stat. Ann. § 340.160 (2008); Colo. Rev. Stat. § 38-1-105 (2007); Ariz. Rev. Stat. Ann. § 12-1155 (2003); Md. Code Ann., Real Prop. § 12-102 (2003); Miss. Code Ann. § 11-27-85 (1972); D. C. Code Ann. § 16-1314 (2001).

鉴于快速征收程序对财产权人的权利侵害程度较大，州法院对征收人寄存的预估补偿金都作了较为严格的规定，即寄存的预估补偿金至少不低于被征收财产的市场价值。有些州要求征收人寄存财产市场价值一倍以上的补偿金，有些州要求寄存相当于财产市场价值两倍以上的补偿金。a 征收人寄存的预估补偿金储存在法院账户或者法院指定的账户。此时，被征收人可以向法院提出支付补偿金的请求，依据被征收人的请求，法院应将全部补偿或者部分补偿支付给被征收人。如果被征收人提出请求，法律推定被征收人认可征收人的征收目的，换言之，被征收人无法就征收目的的合法性提起诉讼，只能在对征收人寄存的预估补偿金有异议的情况下提起补偿之诉，但被征收人必须提供十分充分的证据证明征收人寄存的预估补偿金过低。最终，法院将根据裁定结果，实行多退少补。

普通征收程序和快速征收程序都属于直接征收程序。在直接征收程序之外，美国还存在反向征收（inversecondemnation）程序，又称为管制性征收程序。反向征收是指政府不通过任何成文法确定的征收程序，而是通过立法或者行政行为侵犯私有财产或者限制财产权人的权利，实质性地掏空财产权人的权利内容，形成事实上的征收效果。[②] 判断某项立法或者某个政府行为是否构成反向征收，通常需要判断三个要件：第一，目的要件——政府行为的性质，判断政府行使公权力是否基于公共利益的需要；第二，客观要件——公权力的行使是否对财产进行了限制或者管制；第三，结果要件——管制造成"特别牺牲"或者全部经济损失或者合理经济预期损失的程度。[③] 具体采用何

① 许迎春.中美土地征收制度比较研究 ［M］.杭州：浙江大学出版社，2015：96-97.

② "通常情况下是政府主动启动征收程序。但在政府没有启动征收程序而政府行为已事实上构成征收时，财产权人有权要求政府按照征收程序予以补偿。此时，征收程序事实上是由财产权人启动的，所以称为反向征收。"详见：刘连泰.宪法上征收规范效力的前移——美国法的情形及其启示 ［J］.法学家，2012（5）：167.

③ 王思锋.不动产准征收研究 ［M］.北京：中国社会科学出版社，2015：138-163.

种标准，应依据个案判断。反向征收的判断实际上是一个程度问题。[①] 各个因素并非相互孤立，而是相互交织。在判断某一管制是否构成需经补偿的征收时，往往是基于公平正义原则，综合考虑政府的行为是否逾越宪法和法律的规定，是否侵犯权利人的合法权益，是否对财产权人造成不公平的负担。但无论法院采用何种标准审查政府管制行为，其目的不在于拒绝反向征收，而在于判断政府的管制是否需要给予公正补偿。因此，从严格意义上讲，反向征收程序实际上是一种解决补偿问题的程序，也就是说，在存在反向征收的情况下，财产权人可以提起反向征收之诉，要求政府给予公正补偿。

【本章小结】

从公正补偿的主体来看，征收人、被征收人和补偿争议的裁决主体构成了闭合的补偿法律关系。征收人是征收权的享有者或者被授权者，除非制定法另有规定，谁是征收人，谁就承担补偿义务；被征收人是财产被征收的财产权人，但并非所有与征收人发生法律关系的主体都是被征收人，都有权获得补偿，必须判断财产权人是否实际上占有（possession）一项可执行的财产权益，如果是，则可以获得补偿，如果不是，则无权以被征收人的身份获得补偿。补偿争议的裁决主体是判断征收人给予被征收人的补偿是否公正的主体，确定公正补偿金额的任务只属于司法机构。

从公正补偿的客体来看，"未经公正补偿，不得将私有财产征为公用"中的"财产"从最初的有形物，扩展到无形权利，并以权利束概念贯穿其中。"征收人征收了什么，就应该补偿给被征收人什么"，征收针对的是财产及其上或其中的权利，包括有形和无形的，因此，补偿客体是被征收的财产及其

---

① 张鹏.从土地征收到土地准征收：原理与政策［M］.北京：科学出版社，2018：167.

上或其中的权利。但依据整体规则，法院在评估补偿和支付补偿时，并非以征收所涉的每个征收客体或者补偿客体为单位，而是以整个财产或者权利束为单位，从而确保被征收人得到的补偿不超过其损失，也不低于其损失。

从公正补偿的程序来看，联邦和各州都制定了完整的征收补偿确定程序和纠纷解决程序，大致有两种：普通征收程序和快速征收程序，相应地，补偿程序也分为普通征收程序中的补偿程序和快速征收程序中的补偿程序。

第四章　公正补偿的标准：公平市场价值

补偿多少才是公正的？这一问题的答案唯有通过具体化，方能适用于实际的征收活动中。法院始终致力于探寻符合实质正义的规则，逐步将公正补偿的原则简化为一个相对简洁、客观且易于阐述的标准——"公平市场价值"。① 尽管法院一直不愿将"公平市场价值"称为衡量公正补偿的唯一标准，但在判决中反复强调，仅在"特殊情况下，才会改变（公平市场价值）这一最为谨慎的保护规则"。②

公平市场价值是指在公平市场上"自愿的买家支付给自愿的卖家的现金价值③"。这一标准看似简单明了，实则复杂繁琐。政府通过征收权迫使被征收人以"公平市场价值"转让财产，"强迫"与"自愿"形成对比，"市场"是虚拟出来的公平市场，唯一买家是政府，唯一卖家是被征收人，不存在真正自愿的市场交易。④ "公平市场价值"是在虚拟的公平市场中形成的价值，需要考虑影响公平市场价值形成的所有相关因素，并借助多种估价方法来确定。

---

① BURRNEY L H. Just Compensation and the Condemnation of Future Interests: Empirical Evidence of the Failure of Fair Market Value［J］. American Journal of Surgery, 1989, 208 (3): 382-390.

② 仅在市场价值难以确定或者适用公平市场标准将造成明显不公的结果时，法院才会以其他标准代替公平市场价值标准。United States v. 564.54 Acres of Land, 441 U.S. 506 (1979).

③ United States v. Miller, 317 U.S. 369, 374 (1943).

④ 宋志红. 美国征收补偿的公平市场价值标准及对我国的启示［J］. 法学家，2014（6）：161-175，180.

第一节　公平市场价值的概念史

公平市场价值本身是一个经济学概念，如何转化为征收法上的概念？作为公平市场价值的基本要素，"公平""市场""价值"之间是怎样的关系？公平市场价值标准又为何能成为公正补偿的衡量标准？

在首个上诉至联邦最高法院的布姆公司诉帕特森案（以下简称"布姆案"）中，联邦最高法院并未就公正补偿展开过多论述，也未明确公平市场价值概念，但提出了一个类似的说法，将征收土地类比为购买私人财产，"在这种案件中，必须探究财产在市场中的价值[①]"。这与美国约翰·路易斯的说法相一致，在评估被征为公用的财产的价值时，应当考虑财产在自由市场中的价值。[②] 在莫农加希拉航运公司案中，联邦最高法院首次界定了公正补偿的含义，提出公正补偿的"等价"概念。[③] 虽然联邦最高法院在司法实践中一直尝试解释公正补偿的含义，寻找确定公正补偿的可行性标准，但直到 1934 年奥尔森案，联邦最高法院才正式提出"公平市场价值"概念，并在后续判决中逐渐明晰这一概念的含义和标准。

---

① Boom Co. v. Patterson, 98 U.S. 403, 407 (1878).

② LEWIS J. A Treatise on the Law of Eminent Domain in the United States ［J］. Harvard Law Review, 1909, 3 (2): 1227.

③ Monongahela Navigation Company v. United States 148 U.S. 312 (1893).

一、"公平"修饰"市场"而非"价值"：美国诉米勒案

1932 年，加州政府投票并批准了加州的中央山谷填海工程（Central Valley Reclamation Project）。随后，该工程被联邦政府采纳为联邦项目。1934 年 4 月 6 日，陆军总工程师建议联邦政府为该项目投资 1200 万美元，国会于次年批准拨款。1935 年 12 月 22 日，总统批准了全部改扩建工程的建设。1936 年和 1937 年，国会分别拨款 69 万和 1250 万美元。由于加州的沙斯塔地区被选为萨克拉门托河大坝的所在地，这将导致原有铁路被淹没，因此政府决定征收新土地，用于重新修建大约 30 英里的铁路线路。1936 年 3 月，政府对拟征收的土地进行了调查。1937 年 8 月 26 日，该项目获得了批准。在项目获批之前，拟征收的土地大部分是未被开垦的灌木丛。然而，项目获批之后，一些人购买了这些土地并将其细分，不久便在此处建立起了一个名为"新兴城镇"（Boomtown）的定居点。截至 1938 年 12 月，该镇已建成了用于商业和住宅用途的建筑物，米勒等被征收人的土地价值因此飞涨。

1938 年 12 月 14 日，美国政府向加州地区法院提起了土地征收诉讼，并要求米勒和其他土地所有权人搬迁。当天，美国政府提交了一份关于补偿的声明，并向法院寄存了补偿保证金。法院要求被征收人陈述其对 1938 年 12 月 14 日征收诉讼提起之日被征收土地市场价值的意见。联邦政府律师对此表示反对，他们的理由是美国政府严格遵守的是 1937 年 8 月 26 日批准的复垦项目，因此被征收人在估价时无权将因政府批准和承诺该项目而产生的任何增值计入土地价值。初审法院支持了政府的主张，要求重新评估征收之日（at the date of the taking）财产的市场价值，但此价值不包括 1937 年 8 月 26 日项目获批之后的任何增值。被征收人随后提出上诉，认为初审法院的法官判决

有误，不应剥夺他们因征收项目所带来的任何增值。第九巡回上诉法院认为初审判决有误，因此推翻了地方法院的判决。上诉法院的法官一致认为，地方政府无权就联邦政府的补偿款项作出判决。由于本案涉及被征收财产的估价标准，联邦最高法院颁发了调卷令。

在调卷令中，联邦最高法院认为被征收人的主张过于宽泛，"在缺乏市场交易数据的情况下，财产价值必须依赖其他数据来确定。即使在一般情况下，对市场价值的评估也涉及假设（assumptions），因此评估结果不太可能非常准确地反映财产的真实价值。人们常说，市场价值是自愿的买家以现金支付给自愿的卖家的价值。如果被征收的财产及其附近的财产实际上并未在近期大量出售，那么在最好的情况下，该价值也只能由相关知情人进行推测[1]"。同时，法院还强调，"虽然对被征收人的补偿应根据每个案件的具体情况使用不同的方法计算，而不应该为此目的使用一般公式，但是为了寻找一些实用标准，法院较早地采纳并保留了市场价值概念。财产权人有权获得被征收财产的'价值''市场价值''公平市场价值'。在这里，'公平'一词与'市场价值'几乎没有任何关系，'市场价值'指的是'在公平市场条件下，买家会给出的价值'，或者更准确地说，市场价值是公平地确定的[2]"。

简而言之，美国诉米勒案（以下简称"米勒案"）表明，"公平"一词与"市场价值"无关，它强调的是"市场"而非"价值"。在公平市场下，价值是"自愿的买家以现金支付给自愿的卖家的价值"，即使在传统市场上，公平市场价值有时也不一定准确地反映财产的真实价值。

---

[1]　United States v. Miller, 317 U.S. 369, 280 (1943).

[2]　同上。

二、综合考虑被征收财产之上的权益：阿尔莫农业仓储公司诉美国案

自 1919 年以来，阿尔莫农业仓储公司一直在华盛顿州的铁路及航运公司附近的土地上修建谷物升降设施。这一权利源自其与铁路及航运公司签订的租赁合同。根据合同约定，铁路公司有权在租赁到期后拆除相应设施。1967年，政府启动了征收程序，旨在获取阿尔莫农业仓储公司的财产权益。尽管租赁合同中并未包含续约选择，但经过多次连续续约，阿尔莫农业仓储公司对土地进行了实质性和永久性的改善。截至征收之时，阿尔莫农业仓储公司的租期还剩 7 年半。承租人认为，对财产权益的公正补偿不应仅以技术性的"法律权利理论"（legal rights theory）为依据[①]，而应以一位自愿的买家为租赁物上的改善（包括设施）和土地租约将延期的明确预期所愿意支付的价格来衡量。政府则辩称，对租赁权益（包括建筑物）的公正补偿应该是"承租人在租赁之时所拥有的合法权益的公平市场价值"。[②]

美国联邦地区法院认定，支付给阿尔莫农业仓储公司的公正补偿应该反映财产恢复的可能性；然而，第九巡回上诉法院推翻了该判决。最终，联邦最高法院以 5 比 4 的判决维持了地区法院的判决。撰写多数判决意见的斯图

---

① 从经济学角度看，法律权利的设计部分是为了克服市场失灵。在纠正市场失灵方面，法经济分析支持两种法律权利分配规则：第一项是在理性合作、信息充分和零交易成本的条件下分配权利。在这种情况下，法律权利并不是为了直接建立最佳的资源配置水平而进行分配，相反，它们确定了明确的权利或者谈判点，从而创造了一个互利协商并得出最佳结果的框架。法律权利在确保最佳结果方面的作用是由科斯定理提出的；第二项是在信息不充分、合作不理性和非零交易成本的条件下应遵循的程序。COLEMAN J L, KRAUS J. Rethinking the Theory of Legal Rights [J]. The Yale Law Journal, 1986, 95 (7): 1335.

② Almota Farmers Elevator & Warehouse Co. v. United States, 409 U.S. 470, 471 (1973).

尔特大法官指出，"公正补偿要求在经济上将财产被征收人置于如同征收未曾发生时一样好的境况。这个境况由财产的公平市场价值来确定，即'自愿的买家愿意给自愿的卖家支付的现金'[①]"。一个自愿的买家在考虑是否续租的可能性时，会综合计算财产权益，也就是说，财产权益改善的价值是自愿的买家会考虑并愿意支付的价值，因此应给予补偿。

伦奎斯特大法官提出了反对意见。他认为，根据美国诉佩蒂汽车公司案（以下简称"佩蒂汽车案"）[②]，纯粹的租约存续预期在法律上并不是可强制执行的财产权益，不属于第五修正案含义范围内的财产，因此不应给予补偿。此外，政府通过征收权已经取代了作为出租人的铁路公司。由于阿尔莫农业仓储公司总会受到出租人不续租风险的影响，当这种可能性已经成为现实时，它不能要求补偿。[③]

联邦最高法院的多数判决意见对阿尔莫农业仓储公司诉美国案（以下简称"阿尔莫案"）所涉的改善的物理性质与佩蒂汽车案中所涉及的"纯粹的无形期待"进行了比较。通过关注每个案件中买家在被征收财产中支付的对价，可以作出区分：在佩蒂汽车公司案中，被征收人的主张主要基于其将从续约中所获的个人权益，而不是基于租赁权益的市场价值因素。相比之下，在阿尔莫案中，无论租赁期限或当事人的续约决定如何，修建于租赁财产之上的粮仓在其使用期内都具有市场价值。无论出租人和承租人之间如何分配，政府都应该对被征收土地以及租赁期间和存续期间的改善支付全部价值。

阿尔莫案的争议焦点在于租约存续可能性的价值和租赁期间所作改善的价值补偿。然而，由于很难列出影响出租人和承租人相对议价能力的因素以及租赁期满后出租人和承租人各自在保持建筑物原状方面所持权益的份额，

①　Almota Farmers Elevator & Warehouse Co. v. United States, 409 U.S. 470, 470 (1973).

②　United States v. Petty Motor Co., 327 U.S. 372 (1946).

③　Almota Farmers Elevator & Warehouse Co. v. United States, 409 U.S. 470, 471 (1973).

联邦最高法院将问题简化，认为承租人享有的公平市场价值是自愿的买家愿意为改善支付的价款。[1]

三、客观的和可转让的价值：美国诉564.54英亩土地案

美国宾夕法尼亚州东南部路德教会在特拉华河畔经营着三个非营利性夏令营。1970年6月，美国政府启动了一项征收程序，拟征收路德教会的土地，用于修建一项公共娱乐项目。在庭审之前，政府提出向被征收人支付48.54万美元的公平市场价值补偿，但被征收人拒绝接受，并提出政府应支付大约580万美元，即重新在一个新场址上开发具有相当功能之替代设施的费用的补偿。在审前裁决中，地方法院裁定，"替代设施"或者替代成本的补偿衡量方法只能适用于以政府为被征收人的主体，路德教会仅有权获得其财产的公平市场价值。然而，上诉法院推翻并发回重审，认为如果没有关于被征收财产的"现成市场"（ready market）或者被征收财产"对公共利益具有合理的必要性"，非营利性的私营组织可以获得替代设施补偿。在审判中，陪审团裁定被告无权获得重置价值补偿，并判予该财产的公平市场价值。不过，上诉法院的另一合议庭指出，由于陪审团在"合理必要性"要求上的错误判断，本案需要再次发回重审。最后，联邦最高法院以调卷令的方式处理了补偿问题。

联邦最高法院指出，"公正补偿必须以客观的标准来衡量，一般是以财产的公平市场价值为基础，但不包含无法合理影响市场价值的因素……不考虑只对个别财产权人具有重大意义的主观价值"[2]。同时，法院还阐明了其为何仍然援用公平市场价值作为公正补偿衡量标准的理由："由于在某一特定时间内

---

[1]　Harvard Law Review Association. Use of Fair Market Value as a Measure of Compensation in Condemnation Proceedings［J］. Harvard Law Review, 1973, 87 (1): 191.

[2]　United States v. 564.54 Acres of Land, 441 U.S. 506 (1979).

评估特定地点的特定财产存在着严重的实际困难，我们已经意识到，需要一个相对客观的操作规则……[1]”“法院采用了公平市场价值概念，即自愿的买家在交易时自愿以现金支付给自愿的卖家的价格，尽管这一标准并不包括财产权人可能从其财产中获得的所有价值。[2]”“本案中，不存在不使用公平市场价值标准的任何情况。被征收人的财产具有明显的市场价值……本法院曾裁定，因财产权人对财产的特殊需求而产生的不可转让的价值，是不可补偿的。被征收人是一个非营利组织，不需要做不同处理。被征收人的营地是否对公共福利有合理的必要性也无关紧要，因为无论营地的社会价值如何，被征收人都没有更换营地的法律或者事实义务。这些营地给社区带来的利益，并不会使被征收人获得不同于其他财产权人的补偿，因为补偿原则只关注财产权人的损失。当拒绝补偿被征收人财产的使用价值（use value）而背离补偿原则时，才有必要采取其他可行的估价方法。[3]”

根据联邦最高法院上述判决，公正补偿包含财产所固有的所有价值因素，但它不能超过已确定的公平市场价值。虽然财产的价值源于主观需求和态度，产生了不同于征收人所预估的价值，例如特殊的主观价值，但是，“大多数东西都有一种普遍需求，这种需求赋予它们一个可以从一个人转移到另一个人的价值。相对于确定财产对特定被征收人之价值的个人和可变标准，这种可转让的价值具有外部有效性，使其成为补偿被征收人因征收所致损失的公平衡量标准。鉴于所有财产都负有为公共利益而被征收的义务，那些因财产权人对财产的特殊需求或者特殊依恋而产生的不可转让价值的损失，如因行使警察权所致的损失，是普通公民理应承受的一部分负担[4]”。换言之，虽然财产为私人持有，但公平市场价值并不取决于被征收人对财产的当前用途或者

---

① United States v. 564.54 Acres of Land, 441 U.S. 506, 507 (1979).

② United States v. 564.54 Acres of Land, 441 U.S. 506 (1979).

③ 同上。

④ United States v. 564.54 Acres of Land, 441 U.S. 506, 512 (1979).

主观价值评估，而是要考虑财产本身所适合的所有用途的公正对价，它仅次于使被征收人主观上毫不在乎征收的理想标准。联邦最高法院明确表明，最好的选择是在金钱上将被征收人置于如同其财产未被征收时一样好的境况，恢复这种境况就是根据客观的公平市场价值进行补偿。

除联邦最高法院之外，其他法院也对"公平市场价值"作出过相应解释。1943 年，在田纳西河管理局诉鲍威尔森案中，第四巡回上诉法院指出，"市场价值不过是自愿的买家必须向自愿的卖家支付购买财产之费用的假设概念[①]"。1980 年，在一宗涉及高速公路通行权的征收案件中，阿肯色州最高法院将公平市场价值定义为，"在自愿但不是被迫出售的卖家和自愿但不是被迫购买的买家进行一段合理时间的谈判后，知情的卖家和知情的买家会引入的财产的最高交易价格[②]"。随后，在 1990 年的拉夫拉迪斯港公司诉美国案中，美国联邦索赔法院（United States Claims Court）首席大法官史密斯认为，市场价值是指"特定财产在公平交易所需的所有条件下，于竞争市场中合理曝光后，在特定日期出售的最可能的价格、现金或者现金等价物，或者以其他方式明确揭示的价钱，买卖双方均谨慎、明智且为自己利益行事，并且假定双方都没有受到不适当的胁迫[③]"。

综上所述，征收法上的"公平市场价值"本质上由"公平市场"和"市场价值"两大概念组成。公平市场是为了实现宪法上的公正补偿而虚拟的一个可自由交易的市场；市场价值既不是财产对买家（征收人）的价值，也不是财产对卖家（被征收人）的价值，而是财产在公开竞争的市场上经过一段时间的合理曝光后，在有效的估价时间点，一个自愿且有合理

[①] 该案涉及联邦政府根据田纳西河管理局法案（Tennessee Valley Authority Act）征收财产权人鲍威尔森等人的荒山地（wild mountain land），用于开发水力设施。United States ex rel. Tenn. Valley Auth. v. Powelson, 138 F.2d 343, 345 (4th Cir. 1943).

[②] Ark. State Highway Comm'n v. First Pyramid Life Ins. Co., 602 S.W.2d 609, 617 (Ark. 1980).

[③] Loveladies Harbor, Inc. v. United States, 21 Cl. Ct. 153, 156 (1990).

知识的买家和一个自愿且有合理知识的卖家，在未被强迫买和卖，且充分考虑该财产的所有经济可行用途后，达成的现金金额或合理的现金等价物的共识。[①]

第二节　为什么采用公平市场价值标准

公正补偿要求在经济上或者金钱上将被征收人置于如同财产未被征收时一样好的境况，该境况依赖某些衡量标准，而判断某一衡量标准能否实现公正补偿的基准有三：是否确保被征收人的损失被公平合理地补偿，是否促进征收条款的高效使用，[②] 是否阻止机会主义倾向的被征收人截取过多利益。[③] 在众多补偿标准中，公平市场价值以其相对客观、全面和易于操作的功能成为最能妥当实现公正补偿要求的标准。具体而言，公平市场价值有三个特点：客观、全面和易操作。

一、客观

公平市场价值是在公平市场上形成的，确定公平市场价值实际上要虚拟一次公平市场的透明交易，参与交易的买家和卖家是整个市场中的非特定的

---

① YELLOW BOOK § 4.2.1, p.93; United States v. Miller, 317 U.S. 369, 374 (1943); Almota Farmers Elevator & Warehouse Co. v. United States 409 U.S. 470, 471-72 (1973); Kirby Forest Indus., Inc. v. United States, 467 U.S. 1, 10 (1984); California Code of Civil Procedure, Section 1263. 320 (a).

② DURHAM J G. Efficient Just Compensation as a Limit on Eminent Domain［J］. Minnesota Law Review, 1986, 69 (6): 1277.

③ BELL A, PARCHOMOVSKY G. Takings Reassessed［J］. Virginia Law Review, 2011, 87 (2): 309; EPSTEIN R A. A Last Word on Eminent Domain［J］. University of Miami Law Review, 1986, 41 (1): 253, 260, 273.

自愿买家和自愿卖家，有可能是市场上的任何一个人。交易是以金钱为媒介的标的物之间的交换，交换价格就是货币化的市场价值，即非特定的、能代表市场行为特征的市场交易主体形成的可转让价值。"大多数东西都有一种普遍需求，这种需求赋予它们一个可以从一个人转移到另一个人的价值。这种转让的价值具有外部有效性"。① 不可转让的那些价值无法进入公平市场价值，"市场价值不是每一位财产权人对其财产所附加的价值，仅仅是边际所有权人赋予财产的价值，许多所有权人是'边际内的'"。②

较之财产被征收人的个人和可变的主观标准，公平市场价值标准是一个非人格化的、相对客观的标准，它仅补偿具有外部有效性的转让价值：该价值既不是征收人确定的，也不是被征收人自我评估的，而是由公平市场上同质的理性买家和理性卖家自由协商形成的价格。买卖双方的非特定性，买卖市场的自愿性、公平性，价值的对等性和外部有效性③，成就了公平市场价值的相对客观性，也成就了以公平市场价值为基本标准的补偿的相对客观性。它不考虑财产权人附加到被征收财产上的个人主观价值，也不包括因征收而导致的其他间接损失。

公平市场价值补偿不包含内部有效性的价值，多被诟病。但即使对补偿标准进行制度上的改造，接纳一些主观价值或者无法市场化的其他价值进入补偿，公平市场价值至少也可以用作公正补偿的实际最小额。④

---

① United States v. 564.54 Acres of Land, 441 U.S. 506, 512 (1979).

② Coniston Corp. v. Village of Hoffman Estates, 844 F. 2d 461,464 (7th Cir. 1988).

③ Kimball Laundry Co. v. United States, 338 U.S. 1, 5 (1949).

④ DURHAM J G. Efficient just Compensation as a Limit on Eminent Domain [J]. Minnesota Law Review, 1985, 69 (6): 1277.

二、全面

忽略个人主观价值，公平市场价值是一个全面权衡多重价值因素的标准。从公平市场价值的概念出发，它代表了自愿的买家和卖家在充分了解财产所有合理、适合及可行用途和目的的基础上，通过协商所达成的价值。这意味着公平市场价值并不仅限于财产的原用途价值，也不会因财产权人未使用财产而失去价值。在市场中，买卖双方会考量财产所有合理、可能或未来的用途，并运用各种评估手段，以确定符合各自主观期望的财产价格。[①]

公平市场价值标准要求考虑影响理性买家出价的所有因素，这些因素包括但不限于：①财产的最高且最佳用途；②财产的特殊用途；③对财产的改善；④财产因征收而产生的增值或贬值；⑤利息；⑥商业信誉等。[②] 以财产的最高且最佳用途为例，公平市场价值标准不仅需考虑法律上的可行性，还需考虑物理、经济及利润上的可行性，可能涉及的子因素包括财产的结构、高度、区位、交通、配套设施、与市中心的距离、权益特征、社会治安状况、开发程度、形状、地势、地形等，以及与财产用途相关的法律和管制。

与其他标准相比，公平市场价值是买卖双方在公平市场上，综合考虑了财产上的各项具体权利、附着物及其他要素和组成部分后，博弈达成的均衡结果。交易价格的有效形成反映了买卖双方追求交易利益最大化的目标，[③] 在多重价值衡量因素的共同作用下，以公平市场价值为标准的公正补偿能更贴近被征收财产的真实价值。

---

① Olson v. United States, 292 U.S. 246, 255 (1934).

② 详细内容见本章第二节。

③ Almota Farmers Elevator& Warehouse Co. v. United States. 409 U.S. 470 (1973).

三、易操作

公平市场价值是客观价值，将其作为公正补偿的标准，具有易操作性。由于边际外的人几乎无法准确判断边界内财产权人对其财产的情感价值，非人格化的公平市场价值标准仅考虑与被征收财产相关的客观因素，而非与被征收人相关的主观因素，因此易于观察。

计算被征收财产的主观价值极为困难，但公正补偿又势在必行，公平市场价值标准成为了制度选择的"中道"。其非人格化意味着它并非一个能让被征收人完全满意的完全补偿标准，但却是一个相对简单且易操作的标准。

被征收财产通常是特定个人的土地、房屋等市场交易较少的财产，市场的稀薄性增加了价值确定的难度。由于评估某一特定时间、特定地点的特定财产存在严重实际困难，1984 年美国联邦最高法院在解释宪法上的"公正补偿"时承认，法院需要"一个相对客观、可操作的规则……"[1] 从实用性的角度出发，将公平市场价值作为实现公正补偿的一般衡量标准，是因为在公平的交易市场中，财产总会形成一个相对确定的价格，[2] 这样的价格将合理反映所有影响财产市场价值的因素，是财产本身适合的所有用途的公正对价。在可比销售法、收益资本法、重置成本法和开发成本法等较为成熟的计算方法的辅助下，[3] 公平市场价值标准意味着征收人、被征收人或法院等主体可以通过市场机制将被征收财产的价值转化为货币，技术上易于操作。

---

[1] United States v. 50 Acres of Land, 469 U.S. 24 (1984).

[2] 许迎春. 中美土地征收制度比较研究 [M]. 杭州：浙江大学出版社，2015：74.

[3] LUNNEY G S. Compensation for Takings: How Much is Just? [J]. Catholic University Law Review, 1993, 42 (4): 721-770.

第三节 计算公平市场价值要考量的因素

检视法院的判例，可以发现，美国法院在确定公平市场价值时，最经常考量的因素大致可以分为两类：纳入因素和排除因素。纳入因素是确定公平市场价值时应予以考虑的因素，而排除因素则是在确定公平市场价值时应予以排除的因素。

一、纳入因素

（一）最高且最佳用途

公平市场价值是在虚拟市场中形成的交易价值。然而，在实际市场中，买卖双方必然会考虑财产的所有合理可能的用途，以确定符合自己预期的价格。[1] 如果买家提出的价格过低，卖家会提出证据来证明自己的财产具有很高的用途，并同时提出与其用途相应的交易价格。在征收案件中，如果系争财产确实存在最高且最佳用途，那么政府在补偿时必须考虑到此用途对市场价值产生的影响。[2]

1.最高且最佳用途的提出

作为司法上确定公平市场价值的因素之一，"最高且最佳用途"的类似概念最早出现在布姆案中。在该案中，政府为了建造一座横跨密西西比河、长

---

① Almota Farmers Elevator& Warehouse Co. v. United States. 409 U.S. 470 (1973).

② CHANG Y C. Economic Value or Fair Market Value: What Form of Takings Compensation Is Efficient? [J] . Supreme Court Economic Review, 2012, 20 (1): 35-88.

2000万英尺的横河索桥，征收了原告的土地。原告要求联邦最高法院在确定对其财产的公正补偿额时，考虑系争财产用作建造横河索桥的适用性。法院准予了原告的请求，并指出："在这种情况下，调查财产在市场上的价值，不仅要参照它当时的适用用途，还要参照它明显适用的用途；换言之，财产的价值在于其对用途的适用性。财产不能因为财产权人允许其被糟蹋而被视为毫无价值，或者因为财产权人无法对其进行任何使用而被视为毫无价值。其他人也许能够使用它，并使其成为改善生活的必需品和便利物。因此，它的可用性（available）使其具有较为容易估算出来的市场价值。[①]"一旦征收人征收了此财产，被征收人有权根据评估人员所确定的财产的可适用用途，而不是财产的当前用途的市场价值，来获得补偿。

在奥尔森案中，这种"明显适用性"首次被表述为财产的"最高且最佳用途"，它是指"财产适合的、被需要的或者很可能在不久的将来被需要的最高且最有利益的用途[②]"。与布姆案中宽泛的适用条件相比，联邦最高法院为最高且最佳用途设定了一个合理的界限。在奥尔森案中，原告要求法院根据布姆案的判决，考虑其财产对水库的适用性。虽然原告的财产确实适合该用途，但联邦最高法院认为："在征收之前，将岸滩作为水库的用途仅仅是控制湖泊水位的物理可能性（physical possibility）。但是，单凭物理适用性（physical adaptability），不能被认为影响市场价值。[③]"财产权人基于储水目的使用该土地必须有合理的可能性（reasonable probability）[④]，即"财产权人可以将其土地连同其他沿岸土地共同用作水库，或者另一个人可以取得该用途所

---

① Boom Co. v. Patterson, 98 U.S. 403, 408 (1878).

② Olson v. United States, 292 U.S. 246, 255 (1934).

③ 同上。

④ 虽然不必证明最高且最佳使用是绝对肯定的，但也不是推测的，必须具有合理可行性。Olson v. United States, 292 U.S. 246, 257 (1934); United States v. 320 Acres of Land, 605 F.2d 762, 814-20 (5th Cir. 1979).

需的所有土地或者地役权"①。虽然政府可以较为轻易地将原告的土地变成蓄水设施，但单凭原告自己不可能实现此种用途，因此公平市场价值不应该考虑这种只有政府才可以实现的最高且最佳用途。

2.最高且最佳用途必须满足的条件

在评估某一财产的潜在最高且最佳用途时，必须满足以下四个条件：法律允许（legal permissibility）、物理可能（physical possibility）、经济可行（financial feasibility）和利润最大化（maximum profitability）。② 由于财产可适用于多种用途，最高且最佳用途指的是在法律允许、物理可能、经济可行的基础上，能产生最大化价值的用途。这四个条件有严格的先后顺序：法律允许是考虑财产用途的首要条件，如果法律不允许拟议的用途，那么该用途就不是最高且最佳用途，也就不在公平市场价值的考量范围之内；其次是物理可能；最后依次是经济可行和利润最大化。

（1）法律允许

法律允许指的是法律上认可的财产用途。某一地块要满足法律允许的条件，必须符合该地区的现行用途分区管制、城乡规划、建筑规划或私主体之间的合同限制等。③ 例如，一块被政府细分为单户型住宅用途的土地，只能通过分区变化和分区豁免（zoning variance）④ 来变更用途，否则其在法律上的用途永远都是单户型住宅。只有当法律已经许可或即将许可财产权人 A 以最高且最佳用途 B 使用财产时，财产权人 A 才有可能以 B 用途来衡量财产的价值。

---

① Olson v. United States, 292 U.S. 246, 257 (1934).

② YELLOW BOOK § 4.3.2, pp.102–103.

③ APPRAISAL INSTITUTE. The Appraisal of Real Estate［R］. San Diego: Appraisal Institute, 2013: 334.

④ 分区豁免（zoning variance）是指经有关当局授权，当事人被豁免严格适用关于城市规划分区的法律，以免使其在利用自己的财产时，遭遇不正当的艰难情势。

（2）物理可能

物理可能指的是财产不会因某些限制性物理特性而难以用于某种用途。[①]物理可能主要关注系争财产的三个指标：一是财产自身因素，包括财产的面积、建筑规模、结构、地形、地基、土地开发程度等；二是财产区位，涉及财产的位置、距离、楼层、朝向、公共基础设施等；三是其他特征，如人口数量、结构等。这些指标都可能在物理上限制财产的用途。例如，一块土地可能因其面积不适当、形状怪异或不规则、地势陡峭而无法用于商业开发或其他开发类型。

（3）经济可行

只有当某一用途为法律允许且在物理上可能时，才需要考虑经济上是否可行。经济可行考虑的是潜在用途的经济特性，以进一步缩小财产的可选用途范围。[②]经济可行一般考虑两个方面：一是关注财产的目标用途占有和使用经济资源的量，以初步确定目标用途的现实可能性；二是从资源配置的视角衡量目标用途可能产生的经济回报。在征收语境中，财产市场价值的衡量更关注后者。如果要评估拟议用途的可能经济回报，评估人员必须对投入产出比、效率、效力和利润率等进行具体的成本收益分析或损益分析。只有当拟议用途的收益高于成本时，该用途才具有经济上的可行性。

（4）利润最大化

利润最大化分析需要以经济可行为前提。它既关注目标用途的边际成本和边际收益，也关注实现边际成本等于边际收益的最佳方法或路径，目的是实现拟议用途的最大经济效益。在分析拟议用途的最大效益时，应该注意区分未作任何使用的财产的最高且最佳用途和已经改善后的财产的最高且最佳

[①] APPRAISAL INSTITUTE. The Appraisal of Real Estate［R］. San Diego: Appraisal Institute, 2013: 334.

[②] GRAY K M, WALSH K M. Measuring Just Compensation: Top Five Issues in Eminent Domain Valuation Trials［R］. Philadelphia: The American Law Institute Continuing Legal Education, 2019: 59.

用途，从经济上可行的所有用途中选择能最大化经济效益的用途。

在衡量系争财产价值时，公平市场价值标准要求考虑所有可能影响财产价值的因素。因此，财产的最高且最佳用途既有可能是当前用途，也有可能是将来可能的用途。在衡量财产的最高且最佳用途时，最重要的是不能混淆财产的"当前用途"和"将来用途"。当前用途有时并不是财产的最高且最佳用途。法院曾强调，不论财产当前的实际用途为何，都要评估财产的最高且最佳用途。[①] 确定财产的当前用途较为简单，而确定财产的将来用途则存在实际困难。财产的将来用途指的是财产最有价值、合理且在不久的将来可能实现的用途。将来用途的确定不能依赖当前用途，改善当前用途的（投机性）投资通常也不会提高财产最高且最佳用途的价值。将来的最高且最佳用途可能是重新分区或获得特殊使用许可之后的用途。

（二）延迟利息

宪法第五修正案明确规定了政府支付公正补偿的义务，这包括足额支付和及时支付的双重责任。公平市场价值的补偿是否及时，直接影响到政府公正补偿义务的履行程度。当政府未能及时支付补偿时，从征收发生到实际支付补偿的这段时间里，政府不仅占用了被征收人的财产，还占用了本应在征收之日即支付给被征收人的补偿金；而对于财产权人来说，他们既失去了自己的财产，也失去了对这部分补偿金的支配权。滨海航空铁路公司诉美国案（以下简称"滨海公司案"）正是涉及此类情形的典型案例。在该案中，联邦

---

① 至少在纽约州，"最高且最佳用途"一词意味着，被征收财产必须按其最有价值的、合理可能的将来用途估价，而不管其实际用途为何。然而，最高且最佳用途并非不受限制，例如，最高且最佳用途可能源自重新分区、特殊使用许可等。被征收人必须确定在所有权转移之日存在一种合理的可能性，即财产在不久的将来可以用于最高且最佳用途，且这种用途在经济上是可行的。FLOWER E. Highest and Best Use Defined and Applied［A］. SANTEMMA J, ed. Condemnation Law and Procedures in New York［C］. New York: NYS Bar, 2005: 173, 176-177.

政府征收了滨海航空铁路公司位于南卡罗来纳州的 2.6 英亩土地，用于修建军事仓库，但并未在征收之日履行向财产权人补偿的义务，而是延迟了一段时间后才进行支付。滨海航空铁路公司认为，这种补偿方式未能达到宪法所要求的公正补偿标准，因为公平市场价值的支付应当与"征收同时发生"，[①] 并据此提起了诉讼。

本案的争议核心在于，将征收后的支付视为征收时的支付是否足以构成公正补偿，以及在相关法律未明确规定利息的情况下，政府是否应当支付利息（interest）。[②]

上诉法院以制定法未规定利息为由，驳回了原告关于利息补偿的诉求。然而，制定法未规定延迟利息，是否就意味着补偿金支配权的损失无法得到赔偿呢？联邦最高法院在判决时引用了莫农加希拉航运公司案，阐释道：财产权人"有权获得与被征收财产完全且完美的等价物"，"公正补偿必须确保财产权人在金钱上能够恢复到其财产未被征收时的同等境况"[③]。"'公正补偿'是全面的，包括所有因素，当利息或其等价物是补偿的一部分时，包含利息不需要专门的命令。财产权人不以征收之时财产的价值为限；他有权获得将产生与征收同时支付的价值完全相等的额外补偿。"[④]

同样地，在雅各布斯诉美国案中，联邦最高法院从另一个角度解释了政府支付延迟补偿利息的必要性。[⑤] 该案中，联邦政府修建的大坝淹没了雅各布斯的财产，法院认定这构成了征收，并就是否应支付延迟利息展开了讨论。初审法院判决政府应支付延迟利息，但第五巡回法院驳回了初审法院的判决，

---

① Seaboard Air Line Railway Co. v. United States, 261 U.S. 299 (1923).

② Seaboard Air Line Railway Co. v. United States, 261 U.S. 299, 305 (1923).

③ Monongahela Navigation Company v. United States 148 U.S. 312, 325-3326 (1893).

④ Seaboard Air Line Railway Co. v. United States, 261 U.S. 299 (1923); Jacobs v. United States, 290 U.S. 13, 16 (1933); Baltimore & O.R. Co. v. United States, 298 U.S. 349, 367 (1936).

⑤ Jacobs v. United States, 290 U.S. 13, 13-15 (1933).

理由是第五修正案的征收条款是基于一项与合众国签订的默示合同提出的，而在联邦政府没有明确放弃主权豁免的情况下，财产权人无权收取利息。然而，联邦最高法院最终推翻了第五巡回法院的判决，维持了初审法院的判决：第五修正案赋予财产权人获得"公正补偿，而非不充分补偿"的权利。这项权利并非基于默示合同，而是基于宪法本身，特别是基于第五修正案。与滨海公司案相似，公正补偿是"全面的"，它包含了补偿的"所有要素"，其中自然也包括利息。

适当且充分的延迟利息并非"公正补偿"的附加部分，而是"公正补偿"本身的实质性组成部分。不支付延迟利息即构成不充分的补偿。公正补偿应当完全且完美地等价于征收时财产的价值。利息相当于补偿金支配权的价格。如果允许政府延迟支付补偿，且无需支付迟延期间的利息，那么财产权人在此期间不仅失去了他们的财产，还失去了对其财产现金价值进行支配的权利。因此，政府应当补偿征收法规定的从财产征收到实际支付补偿期间的补偿金利息，以弥补财产征收到补偿支付之间的时间损耗和权利损失。[①]

在确定了政府有支付延迟利息的义务后，法院面临的后续问题便是如何计算从征收到实际支付补偿期间产生的利息。这需要确定一个公平的利率。一些法院支持采用"统一利率"来计算利息，但实际操作起来却并不容易。在实践中，法院在不同案件中使用了不同的"统一利率"，包括制定法预先判定的利率（statutory pre-judgment interest rates）、《美国法典》规定的联邦短期利率（Federal short-term rate）、《合同争议法》的利率（the Contracts Disputes Act rate）、《征收宣告法》的利率（the Declaration of Taking Act rate）以及谨慎投资者规则（prudent investor rule）确定的利率等。

---

① "公正补偿包括土地的权益"。United States v. Thayer-West Point Hotel Co., 329 U.S. 585, 589(1947); Albrecht v. United States, 329 U.S. 599, 602 (1947).

1.制定法预先判定的利率

制定法预先判定的利率，指的是立法机构通过立法手段提前明确设定的用于计算延迟利息的利率。在前述滨海公司案中，联邦最高法院采纳了南卡罗来纳州制定法所规定的利率来计算延迟利息，[①] 将之称为"一种明显公平且合理的方法"。除了南卡罗来纳州，亚利桑那州、伊利诺伊州、堪萨斯州、特拉华州等也采用制定法预先判定的利率来计算利息，[②] 但前提条件是法定利率"不得低至不合理地剥夺财产权人应得的公正补偿"。[③]

2.联邦短期利率

联邦短期利率，依据美国法典第 26 目第 6621（b）款的规定而确定。该条款要求相关工作人员在每个季度的第一个月确定联邦短期利率；此利率通常适用于当前季度，且所确定的利率必须是整数百分比。例如，若工作人员计算出的实际利率为 1.5%，则联邦短期利率应四舍五入为 2%。[④] 法院仅在少数案件中采用该利率来计算延迟利息。[⑤] 虽然联邦短期利率相对确定，但由于其利息较低，在投资环境良好时，采用短期利率计算利息可能会减少财产权人应得的利息收益。

3.《合同争议法》的利率

20 世纪 80 年代，随着反向征收诉讼的频发，《合同争议法》中的利率被引入征收补偿领域，用于计算延迟利息。当时，联邦索赔法院在许多案件中，

---

① Seaboard Air Line Railway Co. v. United States, 261 U.S. 299, 306 (1923).

② 以下案件提出了一个"可反驳的推定"，即除非所有权人能够证明制定法预先判定的利率"低的不合理"，否则使用该利率计算利息。See Herman v. City of Wichita, 612 P.2d 588, 593 (Kan. 1980); Tucson Airport Auth. v. Freilich, 665 P.2d 1002, 1006 (Ariz. 1983); Waukegan Port Dist. v. Kyritsis, 471 N.E.2d 217, 219 (Ill. App. 1984); State ex rel. Dept. of Transp. v. Penn Cent. Corp., 511 A.2d 382, 384 (Del. Super. 1986).

③ Struble v. Elkhart Cnty. Park and Recreation Bd., 373 N.E.2d 906, 909 (Ind. App. 1978).

④ U.S. Code › Title 26 › Subtitle F › Chapter 67 › Subchapter C › § 6621 (b).

⑤ See The Boeing Co. v. United States, 86 Fed. Cl. 303, 323–24 (2009).

如惠特尼福利公司诉美国案、波士顿经济开发和工业公司诉美国案以及黑兹特罗姆木材公司诉美国案等，都采用了《合同争议法》的利率。[①] 这是因为采用该利率可以提高司法效率，并有助于形成统一的利率标准。然而，到了20世纪90年代，法院对该利率的关注度似乎有所降低。直到2010年，联邦索赔法院才再次启用《合同争议法》中规定的利率。在一起政府侵占财产权人土地用于设置边境巡逻感测器的案件中，原告提起了反向征收之诉，认为政府的行为构成了征收。联邦索赔法院支持了原告的主张，并判定给予补偿，同时支付延迟利息。在选择计算利率时，索赔法院将政府占用财产权人土地的行为类比为政府与财产权人之间的签约行为，"如果边境巡逻队最初与财产权人签订了一份在其地块上安装感测器的租赁合同，那么这样一份租赁合同是具有约束力的[②]"。因此，采用《合同争议法》规定的利率来计算延迟利息，能够最大程度地补偿财产权人。

4.《征收宣告法》的利率

《征收宣告法》是由国会制定的一部专门适用于直接征收程序的立法。在《征收宣告法》修改之前，该法规定以每年6%的固定利率来计算利息；修改之后，利率被调整为52周短期国债利率（又称"年固定国债利率"）。以52周短期国债利率来计算利息，相当于被征收人将公平市场价值的全部金额投资于52周短期国库债券，并在每年的征收周年日以旧债券换取新债券。虽然《征收宣告法》中的52周短期国债利率为法院计算利息提供了便利，但这一利率给予被征收人的利息极低。自2008年以来，52周短期国债利率基本降至

---

① 在惠特尼福利公司诉美国案中，法院根据《合同争议法》规定的利率维持复利判决，Whitney Benefits, Inc. v. United States, 30 Fed. Cl. 411, 411 (1994); 在波士顿经济开发和工业公司诉美国案中，法院判决《合同争议法》规定的利率得到国会的批准，Econ. Development and Indus. Corp. of Boston v. United States, 13 Cl. Ct. 590, 605 (1987); 在黑兹特罗姆木材公司诉美国案中，法院判决《合同争议法》规定的利率可以在征收案件中提供"统一的补偿、告知公众和司法的高效性"。Hedstrom Lumber Co., Inc. v. United States, 7 CL Ct. 16, 34 (1984); Foster v. United States, 3 Cl. Ct. 738 (1983).

② Otay Mesa Property, L.P. v. United States, 93 Fed. Cl. 476, 491 (2015).

为零,① 相当于"负收益率"。在一起集装箱所有权人对美国陆军提起的反向征收之诉中(以下简称"德科斯泰内尔案")②,法院认为以 52 周短期国债利率来计算利息既违背了谨慎投资者规则和现代资产组合理论,也违背了宪法上关于公正补偿的要求,从而堵死了在反向征收之诉中使用《征收宣告法》的利率来计算利息的途径。

5.谨慎投资者规则确定的利率

利息是对被征收人自财产被征收到实际获得补偿期间,因无法使用补偿金而产生的损失进行的补偿,而非对被征收财产本身损失的补偿。每一位理性的财产权人都会作为谨慎的投资者,追求资金使用的最大效益。一些法院对法定利率表示不满(详见表 4-1),转而采用谨慎投资者规则所确定的利率。③

在图莱里湖流域蓄水区诉美国案④ 中,图莱里湖流域蓄水区对政府提出的用水权问题提出质疑,认为政府的行为构成了征收。反向征收之诉由此成立,而延迟补偿利息的计算问题成为了争议焦点之一。政府提议按照《征收宣告法》规定的 52 周短期国债利率来计算延迟补偿利息。然而,与德科斯泰内尔案相似,法院拒绝了这一提议,认为以任何(无论是短期还是长期)政府债券利率来计算利息,都是"从政府借款成本的角度,而不是从财产权人的回

---

① HEARNE M F, HASKINS S, LARGENT M S. The Fifth Amendment Requires the Government to Pay an Owner Interest Equal to What the Owner Could Have Earned Had the Government Paid the Owner the Fair-Market Value of Their Property on the Date the Government Took the Owner's Property [J]. Brigham-Kanner Property Rights Conference Journal, 2011, 1: 3-40.

② Textainer Equip. Mgmt. Ltd. v. United States, 99 Fed. Cl. 211, 213 (2011).

③ 法院指出,适当的利率必须"反映通常利息市场中的状况",确定利率的最高规则是谨慎投资者规则。Redevelopment Agency of the City of Burbank v. Gilmore, 700 P.2d 794, 806 (Cal. 1985); Pitcairn v. United States, 547 F.2d 1106, 1122; Tektronix v. United States, 552 F.2d 343, 352-53 (Cl. Ct. 1977); Miller v. United States, 620 F.2d 812, 839 (Ct. Cl. 1980); Hughes Aircraft Co. v. United States, 86 F.3d 1566, 1572 (Fed. Cir. 1996); Tulare Lake Basin Water Storage Dist. v. United States, 61 Fed. Cl. 624, 627 (2004).

④ Tulare Lake Basin Water Storage Dist. v. United States, 61 Fed. Cl. 624, 627-628 (2004).

报率角度考虑公正补偿金 ①"。法院认为，应付利息的最佳衡量规则是"谨慎投资者"规则。该规则要求谨慎的投资者在保护投资本金的同时，考虑当前收入的可能性以及超出通货膨胀的增长需求。这一规则所确定的利率能更准确地反映多元化投资的特点，并保障财产权人的合理回报和本金安全。

公正补偿应基于被征收人的损失，而非征收人的收益。由"谨慎投资者规则"确定的利率是从财产权人的角度出发，反映的是正常利息市场的状况。因此，采用该利率计算的利息符合宪法上关于公正补偿的要求。

表 4-1　计算延迟利息的利率

利率种类	内　容	可能存在的争议点
制定法预先判定的利率	通过制定法规定的延迟补偿的利率	违背了联邦最高法院指导：公正补偿是由法院，而不是立法机构来确定
美国法典联邦短期利率	美国法典第 26 目第 6621（b）款规定的联邦短期利率	在投资环境良好的年份，联邦短期利率可能在一定程度上低估了应支付的利息
《合同争议法》的利率	《合同争议法》规定的利率	合同争议法案的利率对法院没有约束力。第五修正案赋予财产权人获得"公正补偿"的权利，这项权利并非建立在默示合同的基础上，而是建立在宪法，尤其是第五修正案的基础
《征收宣告法》的利率	《征收宣告法》（国会）规定的利率，即 52 周的短期国债利率	只适用于直接征收；从政府借款成本的角度，而不是从财产权人的投资收益的角度考虑公正补偿金；152 周的短期国库券不能补偿财产权人的流动性损失；违背了谨慎投资者规则和现代资产组合理论

资料来源：American Law Institute Continuing Legal Education. Eminent Domain and Land Valuation Litigation, January 24-26, 2013.

①　Tulare Lake Basin Water Storage Dist. v. United States, 61 Fed. Cl. 624, 630 (2004).

（三）整合

在财产估价过程中，区分被征收财产是否具备作为整合（assemblage）财产使用的潜力至关重要。若征收人征收了某一需与其他财产整合使用的单独财产，则必须将该被征收的单独财产视为整合财产的一部分进行估价。换言之，当财产是与其他单独财产整合使用，而非独立使用时，被征收财产可能拥有更高的市场价值。[①] 因此，征收人应将用于整合的两个或两个以上的单独财产视为一个整体财产来进行估价。例如，某酒店老板可能分别拥有一块用作酒店经营的土地和一块用作酒店停车场的土地。若征收人征收了用作停车场的土地，那么酒店用地的市场价值将会大幅下降。公正补偿应基于被征收人的实际损失。征收所造成的损失必须根据其对整个财产的综合影响来计算，而不仅仅是被征收财产本身的价值。

被征收财产是否适合整合，并非由征收人、被征收人或整合事实本身来决定，而是由法院或评估人员在综合考虑其他财产权人的参与成本、时间和意愿后，判断被征收财产与其他单独财产整合是否具有"合理可行性"。[②] 通常，判断整合具有合理可行性的三个关键要素是：①共同共有；②毗邻（或物理上的整合）；③用途的整合。物理上的整合是最直观的判断依据，但物理上的不相邻并不影响财产在用途上的整合和共同共有的可能性。这三个要素不是以"全有"或者"全无"的方式出现，只要被征收财产具备其中一个要素，基本上就可以判定该财产适合整合使用。其中，用途的整合是确定财产

---

① SACKMAN, N. Nichols' The Law of Eminent Domain §§ 4–7［2］（Matthew Bender, 3rd ed, 1995）.

② SACKMAN, N. Nichols' The Law of Eminent Domain §§ 8–13（Matthew Bender, 3rd ed, 1995）.

整合的最主要判断依据。[①]

在上述判断要素不明显的情况下，比如没有实质上的共同共有、物理上的相邻性或关于用途整合的明显迹象时，财产整合的可行性就取决于每个案件的具体情况。例如，土地所有权人拥有 A 和 C 两块土地，A 土地用于种植牧草，C 土地用于经营跑马场，而 A 土地与 C 土地之间隔着一块属于另一财产权人的 B 土地。A 土地与 C 土地在物理位置上不相邻，但在功能上，A 土地上的牧草为 C 土地上的跑马场提供服务。当政府决定征收 C 土地时，仅作为草场的 A 土地的价值就会下降。在这种情况下，被征收人可以要求法院适用整合原则。新泽西州最高法院在纽瓦克房屋管理局诉诺福克房地产公司案的判决中声称，"被征收土地与剩余财产没有共同边界的事实，不应阻止土地所有权人提出关于分割损失的证据。如果征收前这两块土地在功能上是统一的，那么土地被征收时，剩余土地的效用和价值极有可能持续下降。因此，应考虑的是功能的统一，而非空间的统一"。[②] 也就是说，即使被征收财产在物理上与其他财产不相邻，但只要财产之间具有"功能统一性"，即两个或多个财产在用途上如此不可分割，以至于对其中一块财产的征收将永久性地损害另一块财产时，法院通常会采用整合原则，将这种征收视为"部分或不完全征收"（partial or incomplete takings，即政府仅征收其所需财产的特

---

① 在确定被征收财产是否是整合财产的一部分时，北卡罗来纳州的判断要素为：共同共有，物理上的整合和用途的整合。See State Dep't of Transp. v. Tire Centers, LLC, 895 So. 2d 1110, 1112 (Fla. Dist. Ct. App. 2005).

② Housing Authority of Newark v. Norfolk Realty Co.(1976) 71 NJ 314, 364 A2d 1052.

定部分，而财产权人保留剩余部分）。[①] 在计算部分征收的补偿金时，法院不仅会确定实际被征收财产的价值，还会考虑"部分征收"所导致的分割损失（severance damages）。[②] 法院必须全面查明征收前后被征收财产和剩余财产所有影响市场价值的因素，对部分征收的财产的市场价值的调查通常比对全部征收的财产的调查更为广泛。[③]

（四）生产能力

早期，财产的生产能力（productiveness）是衡量其价值的主要标准。在莫农加希拉航运公司案中，法院提出，被征收财产的价值应由其生产能力决定，即使用被征收财产能为财产权人带来的利润。[④] 作为衡量财产价值的关键因素，法院在莫农加希拉航运公司案中提出了三项确定生产能力的具体指标：①土壤的肥沃程度；②附近的商业中心和人口分布；③使用需求。[⑤]

就第一个指标而言，由于早期征收主要针对农用地，土壤的肥沃程度在早期征收补偿实践中占据了重要地位。它不仅决定了土地供养植被的实际能力，也间接决定了财产权人从土地中获得的利润大小。然而，在现代社会，

---

① BELL A, PARACHOMOVSKY G. Partial Takings [J]. Columbia Law Review, 2017, 117 (8): 2043. 有证据表明，部分征收普遍存在。在一份关于征收的研究中，全部征收只占 42%，剩下的全部是部分征收。SCHNUR R, PARACHOMOVSKY G. Is the Government Fiscally Blind? An Empirical Examination of the Effect of the Compensation Requirement on Eminent-Domain Exercises [J]. Journal of Legal Studies, 2016, 45 (2): 450. 得克萨斯州交通运输部门发起的征收中，有 90% 都是部分征收。XIONG X, KOCKELMAN K. Cost of Right-of-Way Acquisition: Recognizing the Impact of Condemnation via a Switching Regression Model [J]. Journal of Infrastructure Systems, 2013, 20 (4): 0414021-2.

② 分割损失在本节第二部分"因征收引起的增值和贬值"有详细的讨论。

③ 在部分征收中，所有权人有权获得的补偿是作为整体财产的损失，换言之，政府不仅要给被征收人支付被征收土地的价值，还要支付因征收所致的剩余财产的价值减损，即分割损失。

④ Monongahela Navigation Co. v. United States, 148 U.S. 312, 328 (1893).

⑤ 同上。

"土壤的肥沃程度"已逐渐被土地的"易用性"（easy use）或适用性所取代。①例如，原莫农加希拉航运公司案中被征收用于修建横贯公路的土地，如今可能有了更优的用途，如修建大型交通枢纽站。

就"附近的商业中心和人口"指标而言，在莫农加希拉航运公司案中，法院至少将距离商业中心的远近和人口密度大小作为衡量生产能力的重要因素。法院指出，临近大城市中心的财产可能获得更高的租金。尽管城市和郊区土地的价值在某些时候可能会发生逆转，但很少有人愿意在偏离商业中心的地区拥有相同的财产，这一观点在现代城市的发展规律中得到了证实。

就"使用需求"指标而言，将市场价值或生产能力建立在使用需求之上似乎是合乎逻辑的。对产品或服务的需求是决定财产价值的关键因素。虽然"使用需求"不一定被视为衡量公平市场价值的必备因素，但它在很大程度上会影响市场价值。②需求较低的财产，其公平市场价值也相对较低，因此政府给予较低的补偿也符合宪法意义上的公正补偿要求。在商业流通中，如果近乎相同的财产使用需求较低，其价值自然也会较低。③

在莫农加希拉航运公司案中，尽管财产的生产能力被明确纳入公平市场价值的认定因素之中，但法院在支付被征收人补偿时，还综合考虑了系争财产的质量、区位以及财产的需求。从这一方面来看，财产的生产能力指标与最高且最佳用途中的"物理可能"条件具有异曲同工之妙。

---

① GERGEN A E. Why Fair Market Value Fails as Just Compensation［J］. Hamline Journal of Public Law and Policy, 1993, 14 (2): 187.

② Monongahela Navigation Co. v. United States, 148 U.S. 312, 312 (1893).

③ 同上。

（五）固定附着物和改善

在确定财产的公平市场价值时，必须考虑被征收财产上的固定附着物（fixtures）和改善（improvements）。固定附着物是指原为动产的物品实际上已固定在不动产中并永久地成为不动产的一个组成部分，如果拆除或者移动该物品，将减损不动产的价值。不动产上的附着物是否属于固定附着物，通常依据如下三个准则判断：并入程度、对用途或者目的的适应性和意图。并入程度是指动产并入不动产的实际或者推定程度；对用途或者目的的适应性是指动产与被征收财产的用途或者目的的适应性，即附加的目的是否为了永久和实质性地改善不动产；意图是指动产所有权人将该动产作为永久附着物的意图。不论动产的可移动性如何，并入程度、用途或目的适应性基本上能够推定出并入意图，而并入程度、对用途或者目的的适应性和意图共同用于判断某一动产是否为固定附着物。假设某个财产权人在一栋工厂内安装了特别适于该工厂作业的器械，并将器械投入到工厂的实际作业中，那么可以合理推定该器械的所有权人有将该动产作为工厂的永久附着物的意图，该动产实际上就是不动产上的固定附着物。由于固定附着物在拆除或者移动后会贬值，如果固定附着物的损失衡量标准低于其适当使用即作为不动产固定附着物时的公平市场价值，将构成对固定附着物的未经补偿的实质征收。因此，在计算财产的公平市场价值时应当考虑固定附着物在适当使用时的价值，而非拆除或移动后的残余价值。

改善是指永久性或者临时性增加财产（包括动产和不动产）在效用、功能、美观等方面的价值，包括结构上的改动、扩建、增建以及固定附着物和装置的增设。固定附着物和改善二者在范围上存在重叠，但互不包含，不动产增设积极的固定附着物属于改善，但改善不一定增加不动产的固定附着物，改善有可能是临时性的。当且仅当固定附着物或者改善增加被征收财产的价值时，才将其作为评估公平市场价值的纳入因素之一，^①因而改善必须与财产具有"合理的适用性"（reasonable adaptability），即如果改善被摧毁，谨慎的财产权人可能希望用一个实质上相同的替代物来取代改善。^②在纽约市诉布莱克威尔岛大桥案中，纽约市上诉法院很好地阐明了这一概念，"在某些情况下，昂贵建筑物的价格可能完全不会提高土地的价值。一块极有价值的土地上很可能有有害的廉价建筑物，而非改善。一个人可以在贫民窟上建造一座昂贵的大厦，在这种情况下，这座昂贵的建筑物可能只会增加一点，甚至不会增加贫民窟的总价值。然而，在大多数情况下，当建筑物的性质很好地适应其所处的土地时，建筑的价值确实会提高土地的价值"^③。征收是指征收被征收财产和征收财产上所附的一切东西，包括增加了财产价值的改善，如果征收人只补偿被征收财产，而不补偿被征收财产上的改善，无疑是剥夺了被征收人在财产上的改善成果，那么法律不会认可这种明显不公的行为。

（六）矿物

当被征收的土地中包含矿石、石头、煤、砂、砾石、泥炭、亚黏土、石油、天然气或其他有用矿物矿床，且这些矿物构成不动产的组成部分并影响土地的市场价值时，在确定公平市场价值时应当考虑这些因素。土地的市场

① 在阿尔莫案中，法院明确指出，在确定租赁设施的公平市场价值时，应该将原告曾对土地（包括建筑物）做出各种提升和改善纳入考虑。Almota Farmers Elevator and Warehouse Co. v. United States, 409 U.S. 470 (1973); Rite Media, Inc. v. Secretary of Massachusetts Highway Dep't, 712 N.E.2d 60, 61 (Mass. 1999).

② COEN C J. Eminent Domain: Damages［R］. Annual survey of Massachusetts Law, 1966: 323.

③ City of New York v. Blackwell's Island Bridge, 198 N.Y. 84, 86-87, 91 N.E. 278, 279 (1910).

价值是对土地整体价值的评估，包括土地所包含的所有因素。[①] 根据乔治亚州法院的观点，含有有用矿物矿床的土地可能比不含矿物矿床的土地具有更高的市场价值。[②] 然而，含有矿物矿床的土地价值不能简单地通过预计的矿物单位数量乘以每单位固定的预计特许权（royalty）来确定。这主要有两个原因：首先，土地和矿物矿床构成一个整体，矿物在单独作为可销售物品之前，无法与土地的其余部分分开估价[③]；其次，从地上开采矿物并加工上市所需的成本也无法确定。因此，土地上矿物的数量和价值的证据，以及其他相关证据，只能用于证明土地作为一个整体的价值。换言之，虽然"价格乘以单位"本身不是衡量损失的适当标准，但矿物的单位价格和数量是判断公平市场价值的因素之一。

在确定被征收土地上的矿物价值时，法院或评估人员应遵循整体规则，将土地作为一个整体进行估价，而不是简单地将土地上的不同物体（如木材、矿物等）的价值相加得出总价值。

（七）最高限价

公平市场价值并非无限。政府作为资源配置中的"看得见的手"，在特殊情况下可以实施价格管制，为财产的市场价值设定最高限价（ceiling prices）。所有合法的交易都必须以最高限价或低于最高限价的价格进行。待售商品的最高价格不仅代表市场价值，实际上也代表了大多数人能够实现和接受的价值。因此，在衡量财产价值时，不能忽略政府的最高限价。美国诉商品贸易公司案就是一个典型的例子。1944 年，美国国会颁布了《紧急价格控制法》（Emergency Price Control Act），其中第 1（a）款规定了制定该法的目的，即

---

① Ark. State Highway Comm'n v. Delaughter, 468 S.W.2d 242, 247 (Ark. 1971).

② Dep't of Transp. v. Bacon Farms, L.P., 608 S.E.2d 305, 308 (Ga. Ct. App. 2004).

③ Dorsey v. Donohoo, 615 N.E.2d 239, 243 (Ohio Ct. App. 1992).

确保国防拨款不会被过高的价格消耗掉，同时防止联邦、州和地方政府因物价上涨而陷入困境，使他们能以与其他购买者相同的价格购买满足国防所需的商品。法案颁布后不久，美国陆军部征收了原告商品贸易公司的 76 万磅黑胡椒，并按照物价管理局确定的每磅 6.63 美分的价格上限支付补偿。商品贸易公司拒绝接受补偿，声称在没有最高限价的情况下，每磅黑胡椒的价格将是 22 美分，任何低于这个价格的补偿都是不公正的。然而，国会过去没有、现在也不能将最高限价作为确定公正补偿的考量因素。[1] 案件最终被提交到联邦最高法院。在调卷令中，联邦最高法院布莱克法官驳回了商品贸易公司的请求，判定公正补偿应以征收之时黑胡椒的最高限价为基础。

联邦最高法院认为，《紧急价格控制法》在国会限制通货膨胀和防止谋取暴利以稳定战时经济的计划中具有至关重要的意义。如果公正补偿金高于最高限价，那么从征收中截取经济利益的预期可能会促使许多商品和服务的所有权人在政府征收之前扣留必要的财产，"基于此情况，在判断公正补偿时，不能完全忽视最高限价[2]"。《紧急价格控制法》规定的最高限价是在第五修正案公正补偿条款的"公平"和"公正"标准下确定的。为了确保行政机构在其职权范围内制定的价格"总体上是公平的"，国会不仅规定价格管制可以接受司法审查，还表明最高限价也会随着公平和公正标准的改变而发生变化。[3]最高限价不是为了限制补偿而设定的价格，而是限制特殊时期财产的销售价格。可以说，最高限价是公平教义下财产权人可以向购买者索要的价格，也是财产权人在公开市场上能够获得的最高价格。因此，在征收政府已设定最高限价的财产时，最高限价应作为确定公平市场价值补偿的考虑因素之一。

---

[1]　United States v. Commodities Trading Corp., 339 U.S. 121,122-125 (1950).

[2]　同上。

[3]　同上。

二、排除因素

公平市场价值是由边际第三人确定的价格，因其处于边际外，公平市场价值补偿并不涵盖被征收人所遭受的全部损失[①]，因此在衡量公平市场价值时，必须思考哪些因素被排除在公平市场价值之外。

（一）因征收项目引起的增值或贬值

当政府征收部分财产时，由于被征收财产的拟议政府用途可能会提升或减损周边或者剩余财产的价值，且可能形成只包含这些被征收财产的市场。此时，衡量给予被征收人的公正补偿往往涉及两个部分：被征收财产的补偿；剩余财产的增值或贬值。被征收财产的补偿与剩余财产的增值或贬值是两个不同的概念。被征收财产的补偿是指按照征收之时被征收财产的公平市场价值支付的补偿，不考虑被征收财产的公共项目可能给剩余财产带来的任何价值影响；剩余财产的增值或贬值是指剩余财产因征收项目引起的价值增减。在部分征收补偿程序中，如果允许因征收项目本身所导致的市场价值变化而降低或增加补偿，将违背宪法上双向公正的公正补偿要求。[②]1970 年，美国国会通过《统一搬迁援助和不动产征收政策法案》（Uniform Relocation

---

① 在合同诉讼中，是指无过错的受允诺人（promisee）预计可从违约的合同中获得的利润，或者如果按约履行，无过错一方可从附带交易中获得的利润。在侵权诉讼中，是指在没有侵权行为的情况下，受害人预计从正常交易中可得的预期收益。

② 第五修正案的公正补偿是双向公正的补偿，无论征收人还是被征收人，都不能从征收项目的增值中牟取暴利，也不能被迫承担超出义务范围内的负担。在美国诉弗吉尼亚电力公司案中，联邦最高法院明确指出公平市场价值"既不包括政府特殊用途增加的，也包括贬损的价值"。See United States v. Virginia Electric and Power Co., 365 U.S. 624, 633 (1961).

Assistance and Real Property Acquisition Policies Act of 1970），规定政府应当如
何处理因征收项目引起的增值或者贬值，该法第 42 条第 14651（3）款规定：
"估价日期之前因被征收财产的公共改善或者财产被征收用于此种改善的可能
性而引起不动产公平市场价值的任一增值或者贬值，除了在所有权人合理控
制范围内的物理原因导致的外，应在确定财产的补偿时予以忽略。①" 这种排
除因征收项目的预期改善而引起的增值或贬值的规则被称为"项目影响规则"
（project influence rule）②，包括以下两部分。

1.因征收项目引起的增值：抵销教义

　　在法律正式规定该规则之前，法院就已明确判决，征收项目引起的增值
不应包含在公平市场价值之内。在前述的鲍曼案中，原告的财产被征收，政
府的拟议征收用途直接且显著地增加了剩余土地的价值。尽管原告主张其有
权获得剩余土地的增值，但联邦最高法院认定，根据宪法上的公正补偿条款，
被征收人有权获得的是被征收部分在征收之前具有的公平市场价值，而非征
收之后的价值。③ 在纽约市诉威廉·塞奇案中，政府将被征收人威廉·塞奇的
土地征收用于修建水库，被征收人认为，他有权基于水库用途获得更高的补

---

① 《统一搬迁援助和不动产征收政策法案》第 42 条第 14651（3）款的原文为："Any Decrease or
Increase in the Fair Market Value of Real Property Prior to the Date of Valuation Caused by the Public
Improvement for which Such Property is Acquired, or by the Likelihood that the Property Would be Acquired
for Such Improvement, other than due to Physical within the Reasonable Control of the Owner, will be
Disregarded in Determining the Compensation for the Property."

② 有学者认为该规则源自英国的普安·古尔德规则（Pointe Gourde Rule），即要求政府在计算被征
收财产的补偿时忽略因征收项目或者拟议征收项目引起的财产增值或者贬值，该规则源自普安·古尔
德案，发生于澳大利亚作为英国殖民地时期，由当时的英国枢密院作出判决，在澳大利亚结束同英国
的殖民关系后，澳大利亚在新南威尔士诉圣塞巴斯蒂安公司一案中，将之重新确认为圣塞巴斯蒂安原
则（San Sebastian Principle）。GRAY K M, WALSH K M. Measuring Just Compensation: Top Five Issues in
Eminent Domain Valuation Trials［R］. Philadelphia: The American Law Institute Continuing Legal Education,
2019: 59; The High Court in Housing Commission of NSW v. San Sebastian Pty Ltd,140 CLR 196 (1978).

③ Bauman v. Ross, 167 U.S. 548 (1897).

偿。虽然联邦最高法院认同在衡量财产的公平市场价值时应当考虑财产的最高且最佳用途，但公平市场价值补偿不能让被征收人从征收补偿中获取过多的利益。"如果土地在政府没有行使征收权的情况下被标价出售，市场会考虑一般公众将会考虑的用途[①]"，但不会考虑因政府征收需求而增加的价值。同样的，在米勒案中，联邦最高法院讨论并确切地处理了因政府征收项目而产生的增值。如前所述，1937年8月26日美国联邦政府批准实施一项包括铁路轨道迁址的复垦项目，米勒等人的灌木林地处在复垦区域。1938年12月，灌木林地被开发为商业用途和住宅用途，大大提升了土地的市场价值。1938年12月14日，政府提起征收之诉并发布征收声明，米勒等被征收人请求以1938年12月14日征收声明发布之日的市场价值即增值后的价值支付补偿。联邦最高法院拒绝了被征收人的请求，并解释道因政府征收项目引起的增值应排除在公平市场价值之外："如果土地被全部或者部分征收，其他相邻土地的市场价值因被征收土地的公共改善而增加。在一段时间之后，政府再次作出征收其他相邻土地的决定时，政府必须支付其他相邻土地因征收决定作出之前的公共改善而增加的市场价值。但是，如果公共改善（项目）从一开始就包括征收该土地（其他相邻土地）……所有权人不应获得最终被征收土地（其他相邻土地）所增加的价值。[②]"

要求政府支付因其自身需求而增加的价值是不公平的，公平市场价值是"自愿的买家将支付给自愿的卖家的现金价值"，不是从政府的特殊需求所创造的市场中获得的价值。换言之，这是一种套牢价值，并非公平市场价值。如果政府对这种投机行为所增加的价值进行补偿，既超出了公平市场价值的范围，也与公正补偿背后的公共政策相悖。正如联邦最高法院在美国诉科斯案（以下简称"科斯案"）中阐明的，政府对已过时的蒸汽拖轮的特殊需

---

① City of New York v. William Sage, 239 U.S. 57 (1915).

② United States v. Miller, 317 U.S. 369 (1943).

求不能提升原本就已没什么价值的蒸汽拖轮的市场价值，"蒸汽拖轮增加的价值……是政府自己创造的价值，公正补偿不要求政府支付自己增加的价值[①]"。因此，因征收项目引起的增值应当排除在公平市场价值补偿之外。需要注意的是，因征收项目引起的增值包括一般增值和特殊增值。一般增值是指因正当化征收之公共目的的实现而获得的利益，具有普遍性；特殊增值是指因系争财产与公共改善之间的特殊关系而获得的、不为周边所有财产所共享的利益。[②] 项目影响规则涉及的增值是指特殊增值或者特殊利益，而非惠及一般公众的一般增值。[③]

在扣除特殊增值时，政府和法院通常遵循抵销教义（offset doctrine）。抵销教义发生于财产被部分征收时，是指当某一财产被部分征收时，被征收人因征收项目所获得的特殊增值应用来抵销其所获得的补偿。举例说明，假设财产权人在征收之前拥有两英亩价值 10 万美元的土地，政府征收了其中一亩价值 5 万美元的土地。因此，被征收财产的价值为 5 万美元。随后，政府征收项目优化了剩余土地的使用条件，使剩余土地的价值在征收之后升高至 10 万美元。由于征收前财产权人对整个财产的估价为 10 万美元，其剩余财产在征收后获得了惠及公众一般利益之外的特殊利益即 5 万美元，剩余财产的增值恰好抵销被征收财产应获得的补偿，此时，政府就无需再给被征收人支付 5 万美元的补偿。也就是说，当征收产生的特别增值等于或者超过应予补偿的

---

① 在美国诉科斯案中，政府征收了科斯的蒸汽拖轮，在政府征收之前，蒸汽拖轮几近报废且市场价值已低于平均水平，被上诉人科斯要求政府按照征收之后的价值支付补偿，但被联邦最高法院驳回。United States v. Cors, 337 U.S. 325, 332 (1949).

② Dep't of Transp. v. Rowe, 549 S.E.2d 203, 206 (N.C. 2001).

③ 虽然联邦最高法院维持了特殊利益抵销教义（offset doctrine of special benefits），但州法院发现，在部分征收案件中区分特殊利益和一般利益较为困难，少数州法院开始拒绝使用确立已久的一般利益与特殊利益之分的抵销教义，赞成使用即时的和非投机性利益之分的抵销教义。Bauman v, Ross, 167 U.S. 548 (1897); Prudential Insurance Co. v. Central Nebraska Public Power & Irrigation District, 296 N.W. 752 (Neb. 1941); Los Angeles County Metropolitan Transportation Authority v. Continental Development Corporation, 941 P.2d 809 (Cal.1997); Borough of Harvey Cedars v. Karan, 70 A.3d 524 (N.J. 2013).

损失时，政府无需给被征收人支付被征收财产的损失。但是，剩余财产所获得的任何增值应到此为止，政府不得用被征收部分的补偿价值抵销剩余财产的任何超额特殊利益（excess special benefits）[①]，即抵销仅以被征收财产的损失为限。以上述例子为例，如果政府征收项目使剩余土地的价值升高至 15 万美元，剩余财产的特殊增值为 10 万美元，由于被征收财产的损失补偿为 5 万美元，政府只能以被征收财产的损失补偿（5 万美元）抵销特殊增值（10 万美元）。抵销之后，剩余财产的另外 5 万美元增值归被征收人，政府无权抵销。

2.因征收项目引起的贬值：分割损失教义

政府拟征收财产的特殊用途，除了可能增加财产价值外，有时也会降低财产的价值。例如，当政府将被征收人的部分土地征收用于修建垃圾填埋场，或者政府的部分征收破坏了财产的统一功能时，剩余财产的市场价值通常会降低。与排除因政府征收项目引起的增值的抵销教义相对应，排除因政府征收项目引起的特殊贬值，通常需援用分割损失教义[②]（severance damage doctrine）。根据分割损失教义，在发生部分征收时，用于计算被征收财产损失的公平市场价值，不包括因部分征收而导致的剩余地块的分割损失。举例说明，如果政府只征收了一块 100 英亩土地中的 30 英亩土地，剩余的 70 英亩土地因政府征收项目导致市场价值降低，那么政府在计算 30 英亩土地的公平市场价值补偿时，不受 70 英亩土地减损价值的影响。虽然政府应当对剩余70 英亩土地的分割损失支付补偿，但 70 英亩土地的分割损失补偿与政府对30 英亩土地的公平市场价值补偿无关。[③]

被征收人有权获得的总补偿包括被征收财产的补偿和剩余财产的分割

[①] Capital Properties, Inc. v. State, 636 A.2d 319, 323 (R.I. 1994).

[②] 与抵销教义的特殊增值相同，分割损失教义补偿的损失指的是剩余财产所遭受的、不为普通公众所共享的特殊损失，如果剩余财产的损失是一般损失，即普通公众均负担的损失，被征收人无权获得该损失的补偿。

[③] State v. Weisswasser, 693 A. 2d 864 (N.J. 1977).

损失补偿，计算方法有两种。第一种方法即"事前和事后规则"（before and after rule），[①] 通常用于指导联邦征收。政府先计算征收前整个财产的价值，然后计算征收后剩余土地的价值，两者之差即为被征收人有权获得的总补偿，用公式可表示为："公正补偿 = 征收前整个土地的市场价值 - 征收后剩余土地的市场价值"。举例说明，某一财产权人拥有 10 英亩的土地，政府征收其中 2 英亩。被征收的 2 英亩土地于征收之时的市场价值为 20 万美元，其余 8 英亩土地在征收前的市场价值为 80 万美元。假设当地的分区管制规定，在该土地上建造住宅至少需要 2.5 英亩土地。征收之前，假定其他条件能够满足，财产权人可以将土地细分为四个可建地块，但征收发生之后，财产权人只能将土地分割为三个可建地块。由于财产权人对剩余土地的使用受到 2 英亩被征收土地的限制，其余 8 英亩土地在征收后的价值降为 66 万美元。根据上述公式，对部分征收的财产权人的公正补偿为：100 万美元 -66 万美元 = 34 万美元。在联邦规则之外，加利福尼亚州、康涅狄格州、特拉华州、伊利诺伊州、爱荷华州、堪萨斯州、密西西比州、新墨西哥州、得克萨斯州和怀俄明州等还提出了第二种方法，即先计算被征收财产的市场价值，然后计算征收前后剩余财产价值的差额（分割损失），最终的公正补偿等于被征收财产的市场价值加上征收前后剩余财产价值的差额，[②] 用公式可以表示为："公正补偿 = 被征收土地的市场价值 +（征收前剩余土地的市场价值 - 征收后剩余土地的市场价值）。"使用上述例子，对部分征收的财产权人的公正补偿为：20 万美元 +（80 万美元 -66 万美元）= 34 万美元。用这种方法通常得出与联邦规则相同的结果。

　　分割损失必须与征收项目有足够的关联性，且必须是特殊损失，而不是

---

① YELLOW BOOK § 4.6, p.151.

② 4A Nichols on Eminent Domain § 14.02［2］n.3 (3d ed. 2018).

周围公众都承担的一般损失；财产权人还必须提供证据证明存在分割损失。[①] 只有这样，政府才会补偿分割损失。但是，如果征收后剩余土地的价值几乎为零，或者说如果政府对剩余土地的分割损失补偿接近或者等于整个财产的公平市场价值，政府可以实施"超范围征收"，即直接征收整个财产并支付征收整个财产的补偿。超范围征收是指超出必要征收范围的征收。在部分征收造成财政残余[②]时，超范围征收可以得到公共利益要件的支持，因为征收整个财产可以避免高昂的诉讼成本、分割损失计算成本和高额的分割损失补偿，从整体上实现对政府所代表的整体公众的公平。

分割损失教义不会与抵销教义同时使用，二者属于两种不同的征收补偿情形。当征收补偿涉及被征收财产的补偿与征收之后剩余财产的增值时，就使用抵销教义。在这种情况下，被征收财产的补偿和增值并不是最终的补偿额，剩余财产因征收项目增加的价值必须用来抵销被征收财产的补偿。当补偿计算涉及被征收财产的补偿与征收之后剩余财产的损失时，就使用分割损失教义。如果以征收前后财产价值的差额加上"分割"后的额外损失补偿，可能会产生双重补偿，所以不能同时使用。

在征收补偿中提出项目影响规则主要有两个政策性目的。首先是确保政府不会为自己创造的财产价值支付补偿，保护整体公众的利益，对公众公正；其次是保护拥有私有财产的公民免受因征收项目引起的贬值而承担不公平的负担，同时也防止政府凭借自己的征收权或自己的行为降低被征收财产的价

[①] 有些州明确列举了可以获得分割损失补偿的损失类型，包括财产的分叉（Bifurcation of the property）、导致该财产违反分区或者土地用途条例的损失、改变财产的最高且最佳用途、影响内部可操作性、影响装载区和提货设施、影响景观和建筑线、建设期间对经营活动的干扰、进入权的损失、停车或者驾车通道的损失、标识或者能见距离的损失、无法再使用的小块状或者剩余财产等。See YELLOW BOOK § 4.6.2, pp.154-155, § 4.6.2.3, pp.159-60.

[②] 财政残余（financial remnant）指的是对剩余财产的分割损失补偿接近或者等于征收整个财产的成本。People ex rel. Department of Public Works v. Superior Court, 68 Cal. 2d 206 (1968); 刘玉姿. 超范围征收的合法性控制［J］. 行政法学研究，2020（1）：30-41.

值，并声称按贬值后的价值进行补偿是符合宪法要求的公正补偿，对被征收人公正。[①] 但项目影响规则的适用并非毫无限制。在米勒案的判决中，联邦最高法院指出，项目影响规则适用范围可以根据政府致力于征收项目的时间做出判断。[②] 如果财产权人的财产从政府致力于该项目时起就"可能"在征收项目范围内，那么政府在计算被征收财产的补偿时，就应该忽略因财产被征收或者可能被征收这一事实而引起的增值或者贬值；如果财产不在该范围内，仅仅是毗邻征收项目或者可能的征收项目，那么随后扩大或者重新调整征收项目的边界并将该财产纳入征收项目时，政府不应该剥夺财产权人因邻近征收项目引起的增值。"'可能'在项目范围内"并不是一个绝对、严格的概念。在美国诉雷诺兹案中，联邦最高法院指出，"与任何处理概率的标准一样，它对特定事实的适用需要区别对待。该规则不需要表明最终被征收的财产实际上是在项目的最初计划之中，只需要表明，在规划或者最初建设过程中，位于此处的财产显然为公用所需。[③]"这意味着只要政府能够证明在规划或者最初建设阶段，该财产为公用所需，就可以适用项目影响规则，排除因征收项目引起的增值或者贬值。

（二）主观价值：特殊主观价值和自治价值

价值共识以人们对财产的需求为基础，这种需求可以是主观的，也可以是客观的，对应相应的主观价值和客观价值。公平市场价值是自愿的买家支付给自愿的卖家的价值，自愿交易过程实际上就是价值共识的形成过程。这意味着只要非特定的市场交易主体都认同某些共同的主观价值，这种共同的或者平均的主观价值就能够包含在公平市场价值之中，比如历史文化价值。

① City of Boulder v. Fowler Irrevocable Trust 1992-1, 53 P.3d 725, 728 (Colo. App. 2002).

② United States v. Miller, 317 U.S. 369, 377 (1943).

③ United States v. Reynolds, 397 U.S. 14, 21 (1970).

但是，公平市场价值并非包括所有主观价值，比如特殊主观价值和自治价值。

首先，特殊主观价值是指仅对财产权人有意义的主观价值，它可能源于财产权人对财产及其附属设施所依附的情感，也可能源于其财产对财产权人的特殊适用性，还可能源于财产权人的某些不正当需求或者动机。第一种来源产生了情感价值，情感价值在征收补偿争议中最为常见，是指财产权人对其拥有和改善的财产附加了特殊情感，从而产生了个人化的情感价值。在波兰镇案中，底特律市为了修建汽车工厂征收了被征收人的社区，涉及的财产包括一千多处住宅、一座教堂、一所医院以及一百多家企业，波兰镇居民不仅失去了他们以个体为单位的住宅性财产，还失去了社员对社区的情感依恋，以及由此而来的社区溢价（community premiums）。这种对住宅的情感价值和对社区的情感价值可能大到无法用货币衡量，也可能小到只需几分钱就能找到替代品，但由于这种价值过于私人化，公平市场价值通常将其排除在外。早在564.54英亩土地案中，联邦最高法院就指出，公正补偿必须依据一种排除仅对单个财产权人有意义的主观价值的客观标准来衡量。[1] 与联邦最高法院的理念一致，许多州法院也在判决中明确排除情感价值补偿。在密苏里州高速公路通行公司诉亨普希尔案中，密西西比州最高法院认定，情感价值无法影响公平市场价值的确定；[2] 在波普韦尔诉谢尔比先案中，阿拉巴马州最高法院也明确表示，个人对宅地附加的情感价值不能用于确定补偿。[3] 第二种来源产生了特殊适用性价值，因财产的特殊适用性产生的价值是指财产权人根据个人的特殊需求或者嗜好改造自己的财产，并为其附加上高于同类财产的价值。比如，某个光敏感病人将自己的房屋打造成无任何自然光源的黑暗住房，并认为自己房屋的价格高于周边同类住房。由于这种房屋不为普罗大众

---

[1]　United States v. 564.54 Acres of Land, 441 U.S. 506 (1979); also see United States v. 50 Acres of Land, 469 U.S. 24, 35 (1984).

[2]　Miss. State Highway Comm'n v. Hemphill, 176 So. 2d 282, 285 (Miss. 1965).

[3]　Popwell v. Shelby County, 130 So. 2d 170, 173 (Ala. 1960).

所接受，这种特殊适用性价值自然被排除在公平市场价值之外。在康尼斯顿公司诉霍夫曼庄园案中，波斯纳法官解释了特殊适用性价值不计入公平市场价值的理由，他指出："市场价值……仅仅是边际所有权人对其财产所附加的价值……，基于财产的特殊适用性……他们对其财产的估价会超过财产的市场价值……当政府征收其财产而仅仅给予其市场价值补偿时，他们就遭受了损失。征收实际上剥夺了所有权人对财产附加的（称为'私人的'）价值，但只要征收是基于公用目的，这种有限的剥夺就会被允许。[1]"第三种来源产生了不正当的主观价值，是指某些为宪法或者法律所不允许的主观需求而产生的价值。比如，因自己的民族优越感而拔高自己所居住社区的价值，或者因自己对黑人的歧视而认为自己所在的白人社区具有高于黑人社区的价值。总而言之，情感价值、特殊适用性价值和某些不正当的价值只对单个财产权人有价值，而对非特定的普通市场参与者无价值，因此公平市场价值不可能包含此类价值。

自治价值是指财产权人对自己自由处分财产的权利所赋予的价值，与特殊价值不同，这种价值并非单个财产权人所特有，而是每个财产权人都具有的价值。"自愿"和"非自愿"是市场交易和征收之间最显著的区别，如果政府和财产权人能够自愿达成财产转让协议，就无需启动征收程序。征收权具有强制性和至上性，一旦征收程序启动，财产权人就丧失了自由决定何时出售财产以及将财产出售给谁的自主权，成为了非自愿的被征收人。[2]根据定义，公平市场价值取决于自愿的买家支付给自愿的卖家的价值，"自愿性"决定了公平市场价值不包括非自愿交易的特别成本。因此，被征收人的自治价值完全被排除在公平市场价值之外。

---

[1] Coniston Corp. v. Village of Hoffman Estates, 844 F. 2d 461, 464 (7th Cir. 1988); 林建兵 . 美国法上作为不动产征收公平补偿标准的公平市场价值（硕士学位论文）[D]．厦门：厦门大学，2014.

[2] LEE B A. Just Undercompensation: The Idiosyncratic Premium in Eminent Domain [J]．Columbia Law Review, 2013, 113 (3): 615.

总的来说，美国法院拒绝将特殊主观价值和自治价值计入补偿的理由通常有二：一是不承认主观价值应当作为公正补偿的对象，例如在莫农加希拉航运公司案中，联邦最高法院认定，公正补偿针对的是被征收财产，而非财产权人[①]；二是虽然承认主观价值的存在，但因计算主观价值存在技术性难题而放弃主观价值补偿[②]，采用更为客观和具有可操作性的公平市场价值补偿标准。[③]

（三）商誉

政府征收的财产利益并不总是属于非盈利的财产权人，有时也属于企业等营利性的法人或者组织。在企业财产中，企业财产权人有长远的商业规划和持续经营理念，这种规划和理念就是所谓的"商誉"（goodwill）。概念上，企业的整体价值与企业构成资产之间的差额即为商誉，它代表了一个持续经营的企业所独有的价值。[④] 在企业财产权人看来，企业持续经营的价值往往高于企业各项资产的总和。当征收发生时，持续经营规划被打断，已积累的和将要获得的商誉被损毁，而财产的公平市场价值补偿可能使企业财产权人独自承担商誉损失，因为政府通常不补偿商誉损失。联邦最高法院曾在米歇尔诉美国案（以下简称"米歇尔案"）中否决了在一个新地点重设企业的商誉成本补偿。在该案中，原告米歇尔拥有的 440 英亩农田特别适合种植某种特种、优质玉米。1917 年，总统宣布将马里兰州的部分土地征收用于修建阿伯

---

① Monongahela Navigation Co. v. United States, 148 U.S. 312, 325-326 (1893).

② 对第三方而言，主观价值既无法证实，又毫无意义。MICHELMAN F I. Property, Utility, and Fairness: Comments on the Ethical Foundations of "Just Compensation" Law [J]. Harvard Law Review, 1967, 80 (6): 1214.

③ COHEN C E. Eminent Domain after Kelo v. City of New London: an Argument for Banning Economic Development Takings [J]. Harvard Journal of Law & Public Policy, 2006, 29 (2): 481-568.

④ BELL A, PATCHOMOVSKY G. Taking Compensation Private [J]. Stanford Law Review, 2007, 59 (4): 886.

丁试验场，原告的土地正好位于征收范围内。政府征收将迫使原告停业，因为原告无法在其他地方重新种植此种玉米。原告主张，特种、优质玉米的经济价值应该被视为土地公平市场价值的一部分并给予补偿。然而，联邦最高法院拒绝了这种补偿请求，称原告的商业损毁是"土地征收伴随而来的意外事件"[①]，除非政府特别授权针对商业的征收，否则这种意外商誉损失无法获得补偿。

不补偿商誉损失已成为法院的共识，除非制定法明确规定公平市场价值包含某种商誉价值。例如，在金博尔洗衣有限公司诉美国案（以下简称"金博尔洗衣公司案"）中，法院认同了持续经营（商誉）价值的存在。在该案中，原告金博尔洗衣公司所属的洗衣店被政府临时征收供军队使用，下级法院判决政府应向原告支付征收期间的租赁价值（rental value）和洗衣设备的使用损耗费。然而，原告认为，政府的征收破坏了公司的商业发展规划，他有权获得判决补偿金额之外的商誉损失补偿。原告希望，公平市场价值补偿能够为他的自助洗衣店创造同样好的商誉并建立良好的客户基础。对此，联邦最高法院支持了原告的主张，认为自助洗衣店的持续经营构成了一种特殊使用。联邦最高法院指出，"关于原告持续经营（特殊用途）价值的存在，本院应该考虑任何有可能说服潜在买家的证据"[②]，并在此基础上，判决政府对"可能无法转移的价值"进行补偿。联邦最高法院在金博尔洗衣公司案中的判决无疑背离了先例，为下级法院在补偿商誉损失方面提供了讨论的空间。

---

① Mitchell v. United States, 267 U.S. 341 (1925) the destruction was an unintended incident of the taking of land. There can be no recovery under the Tucker Act (21 Stat. 505), if the intention to take is lacking.

② Kimball Laundry Co. v. United States, 338 U.S. 1, 16 (1949).

（四）搬迁或迁移成本

搬迁或迁移成本指的是由征收活动引起的财产转移或搬迁所需费用，这部分费用被视为财产权人的损失，而非财产本身的直接损失。本质上，美国关于公正补偿的司法构想排除了财产权人的各种间接或附带损失（consequential or incidental damage）。^① 以佩蒂汽车案为例，政府征收了一项租赁权益的剩余利益，承租人提交了关于企业搬迁的困难及所需成本的证据。然而，联邦最高法院将搬迁成本比作财产中的个人利益，而非财产本身的利益，^② 因此拒绝了这些证据，并驳回了搬迁补偿的请求。在联邦最高法院看来，公正补偿应基于财产的公平市场价值，即"自愿的买家支付给自愿的卖家的现金价值"，不包括财产权人的个人经济损失。

到了 20 世纪后期，随着城市的发展和城市再开发项目的不断涌现，搬迁或迁移成本逐渐攀升。对于那些位于城市再开发项目区域内的贫困人口和企业财产权人来说，他们可能无法承担突如其来的搬迁费用。因此，搬迁补偿一度成为城市再开发征收的热议焦点。为了应对这一情况，联邦和州政府开始在公平市场价值补偿之外，单独设立搬迁补偿。1970 年，美国国会通过了《统一搬迁援助和不动产征收政策法案》，其中第 4622 条（a）款（1）项规定，联邦政府应对由其自身或其资助的项目引起的实际搬迁费用、搬家津贴和其他相关支出进行补偿。^③ 但需要注意的是，由于该法案的出台背景主要是为了推进联

---

① KANNER G. "Fairness and Equity" or Judicial Bait-and Switch? It's Time to Reform the Law of "just" Compensation［J］. Albany Government Law Review, 2011, 4 (1): 47.

② United States v. Petty Motor Co., 327 U.S. 372 (1946).

③ See Uniform Relocation Assistance and Real Property Acquisition Policies Act of 1970, 42 U.S.C. § 4622 (a) (1).

邦城市更新项目，且其适用范围仅限于联邦政府或其资助的项目，因此搬迁补偿实际上并未广泛适用于大多数州和地方的征收活动。随后，虽然许多州也制定了类似的搬迁援助法，但大多数州都将搬迁补偿限制在接受联邦政府资助的征收项目中，只有少数州规定了相对宽松的搬迁补偿适用条件。①

尽管联邦和州均确立了搬迁补偿制度，并普遍认可临时性征收中被征收人有权获得搬迁补偿，但在永久性征收中，被征收人是否有权得到搬迁补偿取决于所在地的法律规定而定。无论法律是否规定被征收人有权获得搬迁补偿，搬迁成本都不会计入被征收财产的公平市场价值范畴中。

（五）协商、诉讼和交易成本

在美国，协商购买是政府申请启动征收程序之前的法定程序，政府必须尽一切合理、勤勉的努力与拟被征收的财产权人进行协商，期望其作出自愿转让的决定。这种自愿协商（voluntary settlement）对政府有益，因为它能够减少政府的潜在诉讼费用和负面影响。如果政府提出的要约价低于财产权人的预估价，或者陪审团认定的补偿低于宪法意义上的公正补偿标准，或者法院认为陪审团认定的补偿过高，协商、诉讼和交易成本（bargaining, litigation, and transaction costs）就会出现，甚至成倍增长。政府为了降低补偿金额，被征收人为了提高补偿金额，双方往往需要投入大量的成本来论证各自的补偿金额是否合理，以及与公正的补偿标准是否相符。无论结果如何，协商购买程序和征收补偿程序都将耗费财产权人和政府大量的时间成本和金钱成本。

在弗吉尼亚州的一个征收案件中，当地委员会认定一个农民的土地价值约为政府对其土地的初步评估价的 2000%，即土地的实际价值是 240 万美元，

---

① 宋志红. 美国征收补偿的公平市场价值标准及对我国的启示［J］. 法学家，2014（6）：161-175，180；PAYNE J T. Validity, Construction, and Application of State Relocation Assistance Laws［R］.［S.l.:s.n.］, 1986.

而非政府提出的 11.2 万美元。^① 同样，在波兰镇案中，陪审团认定底特律市所征收的被征收人的财产价值为 519 万美元，几乎是政府初步报价的 1500%。^②据一份报告所述，"多年来，明尼苏达州交通部门基于修建道路工程的公用目的征收了不少私有土地，但在财产价值评估过程中，交通部门会多次委托评估人员评估被征收的财产，然后选择相对较低的评估价与财产权人进行协商，但在协商程序中，交通部门往往不会披露较高的评估价^③"。财产权人抱怨，这些"偏低的"协商价格，迫使他们不得不花费数千乃至数万美元来获取自己的评估价，还需聘请律师，为他们不想出售的土地争取获得与财产价值相匹配的公正补偿。例如，一个家庭拒绝了交通部门提出的 17.5 万美元的协商报价，随后聘请律师，最终获得了 42 万美元的补偿，但诉讼过程共花费了 5.3 万美元的评估费和律师费。忽略政府在此过程中付出的协商、诉讼成本，仅从财产权人的协商、诉讼成本来看，协商和诉讼费用就占据补偿的很大一部分，但这只是针对那些能够承担协商和诉讼成本的财产权人而言的讨论，对于那些经济状况不佳、无力承担协商和诉讼成本的人来说，"高昂的抗议成本迫使他们勉强接受低于他们本应得到的价格"，即使这些人最终得到公平市场价值补偿，其"在经济上也是落后的"^④。公平市场价值不包含征收过程中产生的协商、诉讼和交易成本。

---

① Va. Farm Bureau Fed'n. Farmer Wins Compensation in Eminent Domain Case［EB/OL］. (2005-04-21)［2019-10-18］. http://www.vafb.com/news/2005/april/042105_1.htm.

② Poletown Neighborhood Council v. City of Detroit, 304 N.W. 2d 455, 410 Mich. 616 (1981).

③ BROWNING D, MNDOT. Tactics Squeeze Landowners［N］. Minneapolis Star Tribune, 2003-09-21, p.1A.

④ 同上。

第四节　公平市场价值的计算方法

在美国，财产的公平市场价值可通过四种方法来确定：可比销售法、收益资本法、重置成本法和开发成本法，不同的计算方法有各自的适用条件。

一、财产有市场交易时：可比销售法

市场价值与市场销售价值联系紧密，可比销售法（comparable sales approach）是计算公平市场价值的首选方式。可比销售法是通过相邻可比财产的近期市场交易来评估被征收财产的市场价值，[①]适用可比销售法计算财产价值的难点在于判断被征收财产与销售财产的可比性和销售财产的非强制性。销售财产的非强制性较易判断，通常以在公平、公开和自由市场上进行的销售作为判断标准，因行政程序、司法程序而进行的销售被认定为强制性销售，但这是两个较为极端的例子。在销售自由度或者非强制性不那么明显的情况下，法院提出了可反驳的推定（rebuttable presumption），只要另一方未提出相反证据反驳销售的非强制性，就推定此种交易是在自由和公开的市场上自愿发生的。[②]相较于销售财产的非强制性，财产可比性的判断需要考虑更多因素。在美国诉多伦多、汉密尔顿和布法罗航运公司案中，联邦最高法院明确阐明

① WADE W W. Theory and Misuse of Just Compensation for Income-Producing Property in Federal Courts: A View from Above the Forest [J]. Texas Environmental Law Journal, 2016, 46 (2): 139; 刘连泰，余文清. 公平市场价值在集体土地征收补偿中的适用 [J].浙江社会科学，2019（10）：21-29，156.
② 在证据法上，可反驳的推定又称为"可争议的推定"，是一种法律上的推定，是指在无相反证据时，推定某一主张有效. Ramacorti v. Boston Redevelopment Authority, 341 Mass. 377, 170 N.E.2d 323 (1960); 彭卫兵．土地承包经营权流转纠纷解决机制研究 [D].长沙：中南大学，2012：70-75.

了如何确定销售财产的可比性。^①该案涉及美国战争运输管理局征收多伦多、汉密尔顿和布法罗航运公司所属的一艘传统钢制双体双螺旋渡轮，争议焦点是渡轮的价值估算问题。索赔法院调查了财产的重置成本、收益和周围可比销售财产的情况，最终排除以财产的收益（earnings）为基础计算财产价值。在调卷令中，联邦最高法院直指索赔法院的错误做法，解释道，"原始成本被称为是'过去的错误标准'，本案中，当前市场价值根本反映不了成本。仅在有人考虑重置成本时，才能适用重置成本。并且过去的收益仅在其反映未来收益时才有意义……因此，索赔法院对收益的依赖是错误的……没有'市场'价格并不能从本质上排除同期销售的所有相关性，不同销售之间的差异在一定程度上可以精准计算出来^②"。根据联邦最高法院的措辞，法院认为能够精准计算被征收财产与销售财产是否具有可比性的三个标准是：①被征收财产与销售财产地理位置相近；②财产在质量、大小和用途等方面相似；③销售时间与财产征收时间接近。

被征收财产与销售财产地理位置邻近主要是比较两项财产所在地之间的距离以及两者在商用或者居住便捷性方面的相对状况。^③一般而言，财产在地理位置方面是否具有可比性，通常取决于它们是否处于同一区域或者相邻区域。但法院似乎并未明确表明构成相邻的规则，而是在判决中以否定的态度表明，两项财产处在不同区域的事实本身不足以判定彼此不具可比性。在博伊德诉劳伦斯再开发局案（以下简称"博伊德案"）中，被征收财产周围不存在可用来比较的财产，法院支持将几英里外的另一城镇中与被征收财产具有实质相似性的财产销售作为确定被征收财产公平市场价值的数据，并解释道，地理位置是否相邻并非纯粹的数学衡量，还存在其他因素的考量，比如经济

---

①　United States v. Toronto, Hamilton & Buffalo Nav. Co., 338 U.S. 396 (1949).

②　同上。

③　COEN C J. Eminent Domain: Damages［R］. Annual survey of Massachusetts Law, 1966: 317.

用途。[①] 这表明地理位置的相邻并非绝对的相近，有时两个财产之间可以有间隔空间，甚至间隔空间足够大，尤其是在现代社会，交通设施的便捷性已经缩短了财产之间的距离差距，降低了地理位置邻近作为判断财产可比性标准的重要性。财产在商用或者居住便捷性方面的可比性日益重要，商业财产需要邻近城市经济中心，工业财产需要靠近便捷的高速交通网络，住宅财产需要接近方便的居民生活圈，如果被征收财产靠近繁华地带，有便捷的高速交通网络，可比财产必须在此方面与之相似，二者才具有可比性。[②]

财产具有可比性的第二个标准涉及财产在质量、大小和用途方面的相似性。判断被征收财产与销售财产在质量、大小和用途方面是否存在实质相似性，实际上就是判断两项财产在最高且最佳用途方面是否具有相似性，[③] 最高且最佳用途不限于当前用途，涵盖财产在未来可能被需要的用途。因此，很大程度上这是对财产潜在价值的判断，抽象判断潜在价值颇为困难，必须借助一些外在因素，比如分区、管制、财产面积大小、建筑物或者附属设施等。分区或者财产用途差异很可能导致财产不具可比性，但由于法院在这一问题上拥有较大的自由裁量权，[④] 这种差异并非绝对；细分或者财产大小差异通常会影响财产的可比性，大多数法院否定细分财产与未细分财产具有可比性，因为前者价值明确，后者的细分成本不确定。只有少数法院主张，细分与否不能绝对排除财产的可比性，毕竟财产很可能有以细分开发为目的的最高且最佳用途 [⑤]，但是，为了避免财产在可比性判断上出现实质偏差，细分与未细

---

① Boyd v. Lawrence Redevelopment Authority, 348 Mass. 83, 202 N.E.2d 297 (1964).

② Brush Hill Development, Inc. v. Commonwealth, 338 Mass. 359, 155 N.E.2d 170 (1959).

③ 5 Nichols, The Law of Eminent Domain § 21.31〔3〕(3d ed. rev. 1964).

④ Leen v. Assessors of Boston, 345 Mass. 494, 188 N.E.2d 460 (1963).

⑤ 在美国诉伊利亚特案中，第一巡回法院否定了政府关于细分土地与未细分土地不具可比性的主张，财产的价值不是简单地以平方数乘以每平方的价格，它必须考虑财产在未来很可能被需要的最高且最佳用途。See United States v. Iriarte, 166 F.2d 800 (1st Cir. 1918).

分财产的可比性必须谨慎地限定于财产的最高且最佳用途。[①]对于财产面积大小，理论上认为，大面积财产与小面积财产不太适用于相同的用途，但实践中，还需具体情况具体分析。

确定财产具有可比性的第三个标准是财产销售时间与财产征收时间相近。时间相近是指多近？由于财产销售价值很可能在短时间内发生变化，因此，销售时间与财产征收时间必须控制在一定范围内才具有可比性。销售时间一般发生在征收之前，将时间限定于征收之前是为了防止财产受到征收项目的影响，反映因政府特殊需求而产生的增值或者贬值。"征收之前"通常被解释为"需要进行征收的公共项目开始之前"[②]，"之前"是指多久之前，法院未作说明，需要综合多重因素进行判断。在三项标准均满足的情况下，通常能够判断被征收财产与销售财产具有可比性。[③]

虽然可比销售法也受到一些质疑，比如，可比销售法将被征收财产的公平市场价值补偿变成其他财产的销售价值，过去的财产销售价值无法真实、准确地反映被征收财产的市场价值，等等，[④]但可比销售法仍然是征收补偿估价方法中最能反映财产真实价值的方法，也是相对直观和易于掌握的方法。[⑤]

二、财产无市场交易但有资本化收益时：收益资本法

收益资本法（income capitalization approach）是一种在征收补偿中确定被征收财产收益价值的公认方法，但该方法仅在"被征收财产无可参照的市场

[①] Olson v. United States, 292 U.S. 246 (1934).

[②] M.G.L.A., c. 79, §12.

[③] 刘连泰，余文清. 公平市场价值在集体土地征收补偿中的适用［J］. 浙江社会科学，2019（10）：21-29，156.

[④] COEN C J. Eminent Domain: Damages［R］. Annual survey of Massachusetts Law, 1966: 322.

[⑤] LUNNEY G S. Compensation for Takings: How Much is Just?［J］. Catholic University Law Review, 1993, 42 (4): 727.

交易，但有可被资本化的收益时"才使用。① 收益资本法涉及资本化净收益，是以一定的资本投资回报率，即资本化率，将财产权人对被征收财产的预期净收益转化为现值，从而得出财产的当前市场价值的指标。② 它以投资者概念为基础，被征收财产的价值等于相同地点的类似投资在正常资本化率下每年产生相同净收益的投资。③ 最终获得的净收益是扣除财产总维护费用后的收益。使用这种方法，需要明确财产的平均净收益和资本化率两项数据以及相应数据的准确性。平均净收益可以通过预期年净收益来直接获得，在平均净收益和资本化率两项数据都已知时，用平均净收益除以资本化率可以得出财产的价值（而非资本投资）。④

适用收益资本法必须先确定一个标准财产，标准财产必须是与被征收财产处在相同或者类似区域的可比财产，然后确定标准财产的几项参数，包括标准财产的总收益、总成本和资本化率。按照计算的先后顺序，首先，确定标准财产的总收益，总收益可以用标准财产在最高且最佳用途下的收益概括；其次，确定标准财产的总成本，总成本包括实现财产最高且最佳用途所耗费的劳动力成本、物质成本、税费以及相关的折旧费等。标准财产总收益减去总成本就是净收益。需要注意的是，收益资本法的净收益专指租金收益，即财产使用和占有产生的收益，而不是营业收益，即财产上经营的业务产生的收益，因为租金收益是财产本身的收益，直接来源于财产，为财产所固有的，而营业收益不是财产所固有的，营业收益的高低很大程度上取决于管理人才。前者具有稳定性和可预测性，后者具有波动性和不可预测性。此外，由于财产本身的收益受到多重因素的影响，比如，市场需求、特殊人物关系、财产

① Yellow Book § 4.4.4, pp.136-142.

② Income Capitalization Approach, the Dictionary of Real Estate Appraisal (5th ed. 2010).

③ Burritt Mutual Savings Bank of New Britain v. City of New Britain. 20 Conn. Sup. 476, 140 A.2d 324 (C.P. 1958).

④ 刘连泰，余文清 . 公平市场价值在集体土地征收补偿中的适用［J］. 浙江社会科学，2019（10）：21-29，156.

的最高且最佳用途等，实际净租金很可能高于或者低于市场正常水平，因此
净收益必须充分考虑市场波动可能带来的影响，尽可能地反映真实市场水平。
最后，确定资本化率。收益资本法的技术难题在于确定资本化率以及资本化
率的准确性。资本化率是一个随投资时间、地点和性质而变化的变量，确定
资本化率相对困难，必然要综合评估目标财产的现有投资的收益率，然后在
所有可能的数字中选定一个最有可能的假定数字，[1] 这个假定数字必须是与被
征收财产处在相同或者相似地区的可比财产的回报率。资本化率的精确性对
于确保收益资本化技术的有效性具有重要意义，资本化率的每个微小变化都
会导致财产价值发生极大的变化，因此，必须充分地考虑市场中影响资本化
率的所有因素，包括收益风险、财产的稀缺性、财产的发展预期等。[2]

收益资本法是在无可比销售来评估财产收益时才使用的方法。使用这种
方法时，法院或政府聘请的评估人员必须非常谨慎地确定资本收益的相关参
数并提供无比客观和令人信服的证据。[3] 如果使用得当，该方法得出的财产价
值可以表明"扣除风险和其他变量后，买家目前愿意为拥有某一财产的预期
未来收益支付多少钱"[4]。

三、财产无市场交易且无资本化收益时：重置成本法

一般来说，重置成本法（ replacement cost approach ）是在被征收财产没
有市场交易数据，也没有可被资本化的收益时使用的次优选择。重置成本
法以古典经济理论为基础，认为任一商品的价值等于扣除折旧费后的重置成

---

[1]　In re James Madison Houses, 17 App. Div. 2d 317, 234 N.Y.S.2d 799 (1962).

[2]　刘连泰，余文清. 公平市场价值在集体土地征收补偿中的适用 [J]. 浙江社会科学，2019（10）:
21-29，156.

[3]　YELLOW BOOK § 4.4.4, pp. 136-142.

[4]　同上。

本。① 由于重置成本法并未考虑到市场供求对价值的影响，州和联邦法院在不同程度上阐明了适用重置成本法的严苛条件。

在众多州案例中，联邦自治州诉马萨诸塞州公路收费管理局案（以下简称"公路收费管理局案"）可以说是最早讨论"重置成本法"的案例。② 在该案中，马萨诸塞州公路收费管理局征收了一栋建于 19 世纪的过时军械库。初审法院认为，由于财产的军械库用途和目的使该财产缺乏可销售性，因此可以采用重置成本法计算财产的价值。然而，公路收费管理局不认同初审法院的判决，遂向马萨诸塞州最高法院提出上诉，主张军械库已过时，重置不具现实可能性。马萨诸塞州最高法院指出，虽然财产已经过时，但基于它所服务的特殊用途，财产仍对财产权人有剩余使用价值，因此在计算财产的价值时可以考虑折旧后财产的重置价值。③ 虽然马萨诸塞州最高法院最终以财产的剩余使用价值来计算军械库的补偿金额，但该案暗示了重置成本法的四个适用条件：一是财产具有特殊用途；二是没有相应的可比销售财产；三是财产重置具有必要性；四是被征收人是政府。

除了州层面上的讨论外，联邦最高法院也曾在判决中讨论过重置成本法。在上述的 564.56 英亩土地案中，被征收人要求政府以重置成本法计算夏令营的价值，但联邦最高法院驳回了被征收人的诉求，并指出重置成本法适用于政府作为被征收人的征收情况，这与公路收费管理局案的判决相吻合。此外，联邦最高法院还进一步提出了使用重置成本法的两项条件：一是没有关于被征收财产的"现成市场"（ready market）；二是被征收财产"对公益事业有合

① ORGEL. Valuation under the Law of Eminent Domain § 188 (2d ed.1953).

② Commonwealth v. Massachusetts Turnpike Authority, 224 N.E.2d 186 (1967).

③ 同样的，在马萨诸塞州的科雷亚诉新贝德福开发管理局案中，法院认为原告建筑物的特殊承重结构、液压升降机、汽车和卡车维修坑等特征表明原告的财产具有特殊的或者不同寻常的用途，由于财产不具有可作为确定市场价值的可比销售数据，应该使用重置成本法计算被征收财产的价值。Commonwealth v. Massachusetts Turnpike Authority, 224 N.E.2d 186, 191 (1967); Correia v. New Bedford Dev. Auth., 377 N.E.2d 909, 914 (Mass. 1978).

理的必要性"。联邦最高法院解释道:"被征收人是一个非营利组织,不需要不同处理;被征收的财产有明显的市场价值,并且财产对于公共福利也无合理的必要性,因为无论营地的社会价值如何,被征收人都没有负责重新安置营地的法律或者事实义务。虽然这些营地给社区带来了利益,但不会使被征收人获得不同于其他私人所有人的补偿。[1]"最终,联邦最高法院驳回了以重置成本法计算财产价值的诉求。

同样的,在美国诉50英亩土地案(以下简称"50英亩土地案")中,联邦最高法院也秉持了相同的理念。在该案中,联邦政府为了修建防洪工程,征收了得克萨斯州邓肯维尔市用作垃圾填埋场的50英亩土地。征收程序启动后,邓肯维尔市用另一宗100多亩的土地重置了被征收的垃圾填埋场。邓肯维尔市主张,政府应为征收支付超过120万美元的补偿,该补偿等于垃圾填埋场的重置成本。地区法院允许双方出示证据,以证明垃圾填埋场的公平市场价值和重置设施的合理成本,分别是22.5万美元和70万美元。然而,地区法院认为本案不存在游离传统公平市场价值标准的特殊理由,因此认定给予邓肯维尔市重置成本补偿必然使其大发横财。[2]在上诉审理中,第五巡回法院撤销了地区法院的判决,理由是邓肯维尔市作为一个城市,如果法院拒绝对其所承担的损失支付补偿,将否认宪法上的公正补偿要求。因此,邓肯维尔市有权获得相当于重置被征收财产的成本的补偿金。[3]然而,联邦最高法院一致驳回了第五巡回法院的判决,并重申财产的公正补偿等于财产的公平市场价值。

联邦最高法院认为,虽然垃圾场具有特殊性质,但邓肯维尔市在该区域内还有其他可供使用的垃圾填埋场,且被征收财产有现成的市场和可比财产。在采用可比销售法就可以确定财产价值的情况下,无需采用重置成本法。第

---

① United States v.564.54 Acres of Land, 441 U.S. 506, 506-514 (1979).

② United States v. Duncanville, 529 F.Supp. 220, 222 (N.D. Tex. 1981).

③ United States v. Duncanville, 706 F.2d 1356, 1360 (5th Cir. 1983).

五修正案的文本并没有规定对公共被征收人作出比私人更有利的补偿，公共被征收人与私人适用同样的补偿规则。同时，联邦最高法院还指出，若要实施第五巡回法院的方法，至少需要事实裁判者作出两项复杂的判断：第一个是合理的（而不是实际的）重置成本，它需要调查重置设施的公平市场价值；第二个是新重置的设施与旧设施之间的质的差异。①

归纳上述判决并结合其他文献，② 可以得出适用重置成本法必须满足以下条件：①可以重置，例如土地上的建筑物、构筑物等。一宗没有任何建筑物或构筑物的空地被征收时，无法使用重置成本法计算补偿。②性质特殊，指专门用于或可用于某种特殊用途的财产，如俱乐部、教堂、公共博物馆、公立学校等，以及某些在没有大量资金投入的情况下就无法改做其他有用用途的、有价值的建筑物或构筑物，如啤酒厂、剧院等。③ 在美国征收法中，这类财产通常被称为"特殊用途财产"（special-purpose properties）、"专用"（specialties）或"有限市场的财产"。④ 判断是否为特殊用途财产，可以观察财产是否具有特殊用途所特有的物理设计特征、是否只对所有权人和使用人有市场以及是否没有可行性经济替代用途。如果都是肯定回答，则该财产为特殊用途财产。③没有相应的市场交易或者市场交易极为有限，无法获得类似财产的市场交易数据。在财产有市场交易数据的情况下，一般选择采用可比

① United States v. 50 Acres of Land, 105 S.Ct. 451 (1984).

② SERKIN C. The Meaning of Value: Assessing Just Compensation for Regulatory Takings［J］. Northwestern University Law Review, 2005, 99 (2): 702-703; FEGAN M. Just Compensation Standards and Eminent Domain Injustices: An Underexamined Connection and Opportunity for Reform［J］. Connecticut Public Interest Law Journal, 2007, 6 (2): 289; United States v.564.54 Acres of Land, 441 U.S. 506-514 (1979); United States v. 50 Acres of Land, 469 U.S. 24 (1984); Heidorf v. Town of Northumberland, 985 F. Supp. 250 (1997); 陈晓芳. 美国不动产征收补偿司法实践之解析［J］. 广东财经大学学报，2014（3）: 89-97.

③ SACKMAN J L. The Limitations of the Cost Approach［J］. Appraisal Journal, 1968, 36 (1): 53; 4 Nichols on Eminent Domain § 12C.01 ns. 93-95.

④ EATON J D. Real Estate Valuation in Litigation (2)［M］. Chicago: Appraisal Institute, 1995: 227.

销售法计算财产的市场价值。④有必要重置且重置合理。被重置财产具有价值是判断重置必要性的准则，重置价值或价格必须正常是判断重置合理性的准则。如果被重置财产无价值或重置价格畸高，则没有重置的必要性和合理性。①⑤要扣除适当的物理折旧、功能折旧和经济折旧。②物理折旧是指财产的有形损耗，如建筑物材料的老化、磨损等引起的价值损失；功能折旧是一种无形的损耗，指财产在适用功能、安全功能、环境功能等方面的缺失、落后或过剩所引起的价值损失；经济折旧则源于财产之外的某些因素造成的价值损失，包括市场的供求、周边环境的变化等。③

由于使用重置成本法可能会产生过高补偿被征收人的风险，④因此只有在满足上述所有条件的情况下，法院才允许使用重置资本法。⑤将重置成本法用于评估被征收财产的补偿。如果被征收财产仅为住房等建筑物，则总补偿为折旧后的建筑物的重置成本；如果被征收财产是一宗有建筑物的土地，则总补偿等于土地的公平市场价值加上折旧后的建筑物的重置成本。

四、财产未被开发时：开发成本法

征收实践中，政府有时会征收未开发财产。由于未开发财产无可比销售、无收益，也无重置的建筑物或构筑物，因此无法使用可比销售法、收益

---

① United States v. Boston C.C. & N.Y. Canal Co., 217 F. 877 (Ist Cir. 1921).

② GRAY K M, WALSH K M. Measuring Just Compensation: Top Five Issues in Eminent Domain Valuation Trials [R]. Philadelphia: The American Law Institute Continuing Legal Education, 2019: 59.

③ 邵志华，主编. 房地产估价理论与实务 [M]. 武汉：武汉理工大学出版社，2009：63.

④ 艾珀斯坦（Epstein）认为以重置资本法计算价值可能补偿被征收人的某些主观价值，使被征收人从政府征收中截取意外之财，因此使用该法存在一定的风险。参见：理查德·A. 艾珀斯坦. 征收：私人财产和征用权 [M]. 李昊，刘刚，翟小波，译. 北京：中国人民大学出版社，2011：95.

⑤ 少数法院不同意使用重置成本法，认为该方法违背了价值评估的整体规则，即市场价值是将土地和其上的建筑物视为一个整体，而使用重置成本表明建筑物的价值与土地本身是分开的。See Roberts v. New York City, 295 U.S. 264 (1935); United States v. Miller, 317 U.S. 369, 373 (1943).

资本法和重置成本法。在一般方法行不通的情况下，法院提出了开发成本法（developmental cost approach）。开发成本法是一种以财产开发成本为基础的估价方法。如果未开发财产的最高且最佳用途是将财产细分为多个地块，那么该方法便是评估未开发财产被细分后每个地块的售价之和，然后扣除所有开发成本，包括开发者的预期利润、应缴纳的税费等，余额即等于未开发财产的市场价值。[①]

在美国诉弗吉尼亚阿灵顿县 25.406 英亩土地案（以下简称"25.406 英亩土地案"）中，美国第四巡回上诉法院提出了将开发成本作为估价证据的判决。在该案中，联邦政府征收了弗吉尼亚阿灵顿县 25.406 英亩的土地，用于修建退伍军人管理局所属的医院，并打算支付约合 85 万美元的补偿。被征收人主张，由于该财产位于华盛顿大都市区内的波托马克河沿岸，与国会大厦、华盛顿纪念碑、林肯纪念堂齐平，不仅可以饱览城市最美风光，而且距离商务区、政府办公楼、火车站和机场都不远，因此财产价值不菲，且最有利可图的用途应该是作为高档多层公寓用地。但联邦政府提供的补偿却低于财产的市场价值。政府和被征收人均提供了证据，其中包括关于财产开发成本和开发收益的证据。第四巡回上诉法院指出："允许证明财产价值的专家证人提出他们认为该财产特别适于建造高档公寓的理由，并不是滥用自由裁量权，这是相当明确的……似乎同样明确的是，在评估用作此用途的财产的价值，即一位购买该财产的自愿的买家需支付给一个自愿的卖家的价格时，应当允许证人考虑以这种方式开发财产的成本以及开发时可以从中获得的收益。当然，任一商人在出售、购买或者评估财产价值时都会考虑这些事项；当法院采用市场标准进行估值时，它没有理由对市场如何达到和适用这些标准视而不见……很难理解为何法院应该拒绝证词，即人们在处理重要的外部事务

[①]　Uniform Appraisal Standards for Federal Land Acquisitions 44 (5th ed. 2000).

时通常认为是靠得住的习得经验。[①]"虽然第四巡回法院没有明确提出将开发成本法作为估价方法，但其对开发成本和开发收益作为估价认定因素的肯定态度却是不言而喻的。

与 25.406 英亩土地案不同，明尼苏达州的拉姆西县诉米勒案则旗帜鲜明地将开发成本法作为财产价值的估价方法。该案涉及一块未开发空地的征收。米勒等被征收人在该市拥有 79.9 英亩土地，周边建有高级住宅区。1975年，拉姆西县启动征收程序，征收米勒等人的空地，但双方在补偿金额问题上产生了争议，最终上诉至明尼苏达州最高法院。在最高法院的财产估价审判中，所有人均同意财产的最高且最佳用途为住宅开发。拉姆西县提出证据，试图以财产的可比销售法计算财产价值，但米勒等被征收人则根据拟议住宅开发计划，提出了采用开发成本法的证据。法院在审理时讨论的第一个问题是："支持开发成本估价方法的具体数值、分析和说明性证据是否具有可采纳性（admissible）？"在回答这一问题时，法院指出："开发成本法被认为是一种公认的估价方法……现代趋势倾向于接受所有相关证据。虽然明尼苏达州证据规则（Minn. Rule of Evidence）确实允许专家证人在不事先披露其所依据的事实或数据的情况下发表意见，但该规则显然不禁止采用这种（开发成本）证词。禁止专家直接就这些问题作证似乎不太适宜，……虽然初审法院可能会排除相关证据……但自动排除支持以开发成本法估价的基本事实和数据却违反了证据规则的现代意蕴。[②]"此外，法院还提出了使用开发成本法计算财产价值的条件："开发土地的条件已经成熟；财产权人可以合理地期望获得开发所需的分区和其他许可；开发的时间不会太过遥远。[③]"有些州在判决中承认开发成本法，但也有不少州以开发成本法存在投机性风险为由拒绝采纳该方

---

① United States v. 25.406 Acres of Land, 172 F.2d 990, 993 (4th Cir. 1949).

② Ramsey County v. Miller, 316 N.W.2d 917, 921 (Minn. 1982).

③ 同上。

法，例如俄克拉荷马州。①

　　在允许使用开发成本法计价的情况下，政府或者法院的评估人员通常按照下列步骤估算财产的价值：步骤一，起草细分草图，以确定代表性地块的数量、大小和形状；步骤二，评估地块的零售价；步骤三，评估直接开发成本；步骤四，评估间接开发成本；步骤五，计算开发者的利润和土地的剩余收益，即步骤二减去步骤三和步骤四的结果；步骤六，从步骤五的结果中扣除开发者的利润；步骤七，评估开发和出售细分地块所需的时间；步骤八，将预期收益流折现成当前未开发土地的价值。虽然开发成本法通常是用于确定未被细分的未开发土地的市场价值，但当细分草图或者规划已经确定或者作出时，可以省略部分步骤，比如，步骤一和步骤七。这也同时证明了财产开发不那么具有投机性且时间不会过于遥远。②

第五节　公平市场价值标准的困境

　　根据美国联邦最高法院的公正补偿法理，为所有财产被征收人提供公正补偿的规范依据是第五修正案中的公正补偿条款。然而，在回应公正补偿问题时，法院往往倾向于以简化程序为名，有意识地采用客观标准，从而在某种程度上牺牲了"公平"（fairness）。事实上，早在科斯案中，联邦最高法院就已明确指出："公平市场价值并不总是适当的……因为在某些情况下，市场价值可能并非衡量财产价值的最佳方式。③"尽管公平市场价值是评估被征收财产的基本标准，然而在实际操作中，存在着卖家悖论、补偿不充分等短板。此外，法院对于相关问题的解释也不尽一致，有时还导致征收过程低效。

---

① State ex rel. Dep't of Transp. v. Panell, 853 P.2d 244, 246 (Okl. Ct. App. 1993).

② Travis Central Appraisal Dist. v. FM Properties Operating Co., 947 S.W.2d 724, 729 (Tex. App. 1997).

③ United States v. Cors, 337 U.S. 325, 332 (1949).

一、卖家悖论

公平市场价值被定义为在公平市场上，"自愿的买家支付给自愿的卖家的现金价值"[①]。当政府行使征收权时，政府自然是自愿的买家，但问题在于，谁是自愿的卖家？自愿卖家的概念源自一般经济学，指的是那些愿意以市场价值出售其财产的人。根据这一定义，公平市场价值预设了一个自愿的卖家，并基于这个自愿的卖家来假定一个市场价值。这种相互循环的定义方式，导致了卖家悖论的诞生。[②]

自愿的卖家是评估公平市场价值的核心假设之一。但在征收实践中，法院并未对"自愿的卖家"进行明确界定。相反，它们通过公平市场价值来定义卖家的出售意愿，并假定卖家是自愿的。这种做法实际上是用一个未知的变量（即公平市场价值）来定义另一个未知的变量（即自愿的卖家）。

从理论上看，市场价值是理性人之间达成的价值共识。但在现实世界中，"市场（价值）……并非一个价值中立的指标，应谨慎使用"[③]。这一原则同样适用于卖家的意愿。"意愿"是一个相对的概念，就像"温暖"这个术语一样，人们无法准确知道"温暖"所代表的具体温度是多少，同样也无法准确判断卖家到底有多自愿。卖家的"意愿"是一个受多种因素影响的程度问题，很大程度上是机会成本和个人偏好的反映。例如，市场上可能存在四种类型的卖家：A 类卖家淡泊名利，对财产和金钱都不特别看重，愿意以任何价格

---

① United States v. Miller, 317 U.S. 369, 374 (1943).

② BURDSAL N. Just Compensation and The Seller's Paradox [J] . Brigham Young University Journal of Public Law, 2005, 20 (1): 92–93.

③ WHITE B. Coase and the Courts: Economics for the Common Man[J]. Iowa Law Review, 1987, 72 (3): 610–611.

出售自己的财产；B 类卖家则追求物质享受，希望拥有更多的金钱或财产，他们的出售意愿取决于市场价格是否能满足他们的金钱欲望；C 类卖家对出售财产持中立态度，他们只会在得到最公平的市场价值时才愿意出售财产；D 类卖家则对财产有着较高的情感价值，无论市场价值有多高，他们都不愿意出售财产。

如果被征收的财产是可替代的，且卖家是 C 类卖家，那么法院确实可以了解卖家的自愿程度和财产的公平市场价值。因为在市场竞争机制下，可替代财产会形成一个供求均衡的价格。从明确的公平市场价值出发，可以很容易地了解卖家的自愿程度。但当卖家属于 A 类、B 类和 D 类，且被征收的财产是不可替代的时，如何了解卖家的自愿程度就成了一个问题。如第四章所述，在征收语境中，只有少数财产具有较广泛的公共利益，且被征收的财产通常为独一无二的不动产。[①] 征收的特性和被征收财产的稀缺性决定了相关市场的“稀薄性”。因此，与存在完全相同替代品的一般市场不同，这种财产形成的市场更接近于一个有最低保留价的竞买市场。在竞买市场中，卖家处于谈判的有利地位，买家则相当于竞价者，最高出价者得。然而，为了简便起见，法院往往忽略了这两者的差异，直接使用一般市场来模拟被征收财产所在的市场，并粗略估计被征收财产的市场价值。然后假定自愿的卖家愿意以这个粗略估计的价格出售被征收的财产。

简而言之，法院在采用公平市场价值标准时，用了一个没有明确定义的概念（自愿的卖家）来定义另一个不确定的概念（公平市场价值），这在逻辑上是无法自洽的。

---

① 每一个被征收财产都可能因其区位、大小、结构等差异而存在差异。

二、补偿不充分

典型补偿争议的核心问题是"政府应该支付多少？"许多批评公平市场价值标准的学者认为，征收面临的主要问题并非公用教义过于宽泛，而是补偿不充分。约翰·费曾表示："虽然我认为政府征收土地过于频繁且太过容易，但我对狭义公用教义是否是解决当前问题的最佳方法，或者它实际上是否做得很好表示质疑。我相信，当前征收中的不公正问题很大程度上并非由不合理的广义公用概念导致。相反，问题的根源在于当前公正补偿标准未能给予充分的补偿。[①]"

按照公平市场价值标准，有三类价值或损失是不包括在内的。第一类是被征收人因征收而承受的实付费用（out-of-pocket expenses），如搬迁成本、协商、交易和诉讼成本；第二类是难以量化的无形或主观价值损失，这包括财产权人对财产或财产所在社区的情感价值损失，对财产作出的没有市场价值的特殊适用性价值损失，以及被剥夺处分财产自由选择权的损失；第三类无法获得补偿的"损失"在严格意义上并非损失，而是一种收益，即被公平市场价值标准所否认的收益。例如，在财产被征收用作经济发展项目的凯洛案中，被征收人凯洛并未享有分享经济发展项目所带来的收益。[②]

法院对于不补偿实付费用、主观价值损失和因征收引起的收益损失的理由相当充分。首先，补偿与征收相对应，政府征收了什么就要补偿给被征收人什么。征收是针对被征收财产进行的，因此补偿应以此为限。实付费用不在政府征收范围之内，是财产价值之外的损失。不补偿实付费用既符合公正

---

① FEGAN M. Just Compensation Standards and Eminent Domain Injustices: An Underexamined Connection and Opportunity for Reform [J]. Connecticut Public Interest Law Journal, 2007, 6 (2): 269.

② Kelo v. City of New London, 545 U.S. 469 (2005).

补偿的要求，也符合财产权的内在限制。其次，主观价值损失难以客观化。要求政府补偿难以客观化的损失不仅在技术上不可行，还可能会间接鼓励被征收人采取策略性抵抗，从而整体推高政府的征收成本。最后，不补偿征收项目的收益是为了防止被征收人从征收中截取过多利益。宪法意义上的"公正补偿"是双向公正的补偿。给被征收人过多的补偿对公众不利，给被征收人过少的补偿则对被征收人不利。征收补偿的是被征收人的损失，而不是政府的收益。更何况这些收益源自政府对财产的特殊需求，是政府自己创造的收益。

然而，不论"公正"和"补偿"的司法说辞如何，在经验世界中，公平市场价值标准显然并未为被征收人提供"被征收财产的充分且完全的等价物"，也未在经济上将被征收人置于如同征收未曾发生时一样好的境况。

第一，不补偿实付费用。根据公平市场价值标准，政府不会对被征收人因征收而承担的商誉损失、律师费、搬迁费以及超出财产市场价值的重置成本进行补偿。虽然商誉损失和实付费用并非被征收财产本身价值的损失，但若政府没有征收，这些损失便不会出现。它们虽非征收直接导致的损失，但确实源于政府的征收。美国学者迈克尔·李辛格曾指出："反对商誉损失的规则实际上是基于判例法的错误解释，是由那些倾向于保护征收当局利益的人精心锻造而成。但不管商业损失教义的真假，它对企业财产权人非常不利。[①]"在真实的交易市场中，自愿的卖家必然会考虑包括搬迁费用在内的交易费用，再与买家达成价格协议。最终的交易价格会部分地反映这些费用。以企业财产的市场交易为例，如果某企业所有权人出售其实体经济，除了考虑有形的财产外，还会考虑企业的招牌、客户、商誉、搬迁成本等因素。但若政府征收了他的财产，按照公平市场价值标准，他只能获得有形财产的补偿，而将

---

① RISINGER M. Direct Damages: The Lost Key to Constitutional Just Compensation When Business Premises are Condemned [J]. Seton Hall Law Review, 1984, 15 (3): 483-526.

承担商誉价值的损失以及律师费、诉讼费、搬迁费和其他实付费用。在高度重视企业信誉和保护资本利益的社会背景下，公平市场价值若未充分考量商业损失，比如，商誉价值、搬迁费、律师费及其他实付费用，则显得难以理解。实际上，从技术层面和政策支持上，将这些因素纳入补偿范围是完全可行的。

第二，不补偿被征收人的主观价值损失。理查德·爱泼斯坦曾指出，公平市场价值标准的核心问题在于它拒绝对实际存在的主观价值进行任何补偿。① 由于对主观价值的忽视，现行的公平市场价值标准系统性地降低了对被征收人的补偿，并与公正补偿的宪法精神相悖。② 公正补偿条款的本质在于保障"人"而非无生命的财产。③ 不考虑主观价值的公平市场价值标准割裂了人与财产之间的关系。虽然潜在的买家或征收人只关心财产利益，但财产权人对财产享有人格利益。"一旦我们承认在某种结构意义上一个人可与'外部'事物发生关系时，我们就可以认为，由于这种关系，人们必须被赋予'控制'事物的广泛自由。④" 这种自由产生了财产权人处分自己财产权的自治价值以及对自己财产附加特殊的情感价值。虽然并非每个财产都有主观价值且都可以要求补偿，但住宅性财产的所有权人通常会对财产附加特殊的主观价值。而非住宅性财产的所有权人（包括商业和工业的财产权人）和投资性住宅的所有权人则不会对财产附加过多的特殊主观价值。然而，每个财产权人都享有自治价值。虽然主观价值难以计算且补偿主观价值存在策略抵抗风险，但

① EPSTEIN R A. Private Property and the Power of Eminent Domain［M］. Cambridge, Mass.: Harvard University Press, 1985: 51-56, 182-186.

② BIGHAM W H. "Fair Market Value" "Just Compensation" and the Constitution: A Critical View［J］. Vanderbilt Law Review, 1970, 24 (1): 634; United States v. Norwood, 602 F.3d 830,834 (7th Cir. 2010) (Posner, J.).

③ Boston Chamber of Commerce v. City of Boston, 217 U.S. 189, 195 (1910).

④ RADIN M J. Property and Personhood［J］. Stanford Law Review, 1982, 34 (5): 960.

公平市场价值标准不能假定主观价值总是为零且绝对不补偿。^①

第三，不补偿因征收前的政府行为导致的价值变化。征收之前的政府行为既可能对财产的公平市场价值产生积极影响，也可能产生消极影响。公平市场价值补偿标准往往倾向于支持政府的征收行为。^②根据上述的项目影响规则，除非政府故意减损财产的价值或者财产在征收项目的最初范围之外，否则财产权人不享有因征收之前的活动而导致财产价值减损的损失补偿。然而，财产权人证明政府故意减损财产价值的举证难度非常大，而政府证明财产在征收项目的最初范围内的举证难度则非常小——只需证明在规划或最初建设过程中被征收的财产显然为公用所需即可。^③公平市场价值标准不轻易补偿收益且倾向于用收益来抵销补偿，这间接导致政府可以干预被征收财产的价值而无需承担任何责任。

总的来说，公平市场价值本质上只是一个便利规则而非概念性约束。^④它无法充分地将影响日常交易的诸多因素纳入计算公式。在缺乏市场交易的情况下，它并非最佳的衡量标准。^⑤尽管公平市场价值标准宣称关注类似财产在自愿交易市场中的可接受价格，但事实并非如此。因为它并未包括那些自愿交易时各方（尤其是卖家）都会考量的价值因素。

---

① FEGAN M. Just Compensation Standards and Eminent Domain Injustices: An Underexamined Connection and Opportunity for Reform [J]. Connecticut Public Interest Law Journal, 2007, 6 (2): 269-270.

② 同上。

③ United States v. Reynolds, 397 U.S. 14, 21 (1970).

④ KANNER G. Condemnation Blight: Just How Just is Just Compensation [J]. Notre Dame Law Review, 1973, 48 (4): 774.

⑤ United States v. Cors, 337 U.S. 325, 332 (1949).

三、司法不一致

尽管公平市场价值标准在法院征收判决中占据重要地位，但联邦最高法院实际上并未对如何以及何时适用公平市场价值标准提供任何明确的指引，也未设定衡量公平市场价值的既定判断标准，^① 甚至在类似案件中作出不同判决，米歇尔案和金博尔洗衣公司案的判决便是例证。

在米歇尔案中，联邦最高法院拒绝补偿商誉损失，但在金博尔洗衣公司案中，联邦最高法院却一反常态，判决补偿商誉损失。虽有论者认为，联邦最高法院之所以对米歇尔案和金博尔洗衣公司案作出不同判决，原因在于：在米歇尔案中，政府永久性地征收了财产权人的整个商业，在所有权的永久征收中，所有权人能够另寻其他营业地点，不会失去特殊用途（或持续经营）；而在金博尔洗衣公司案中，政府仅临时征收了自助洗衣设备的用途，所有权人不太可能搬迁，因此，金博尔洗衣公司案中的公平市场价值补偿应当包含商誉损失。^② 米歇尔案和金博尔洗衣公司案确实存在永久征收与临时征收的区别，但米歇尔案的被征收人的土地具有种植特种、优质玉米的绝对优势，离开这块土地，这种商业经营模式便不复存在。相较于金博尔洗衣公司的商誉损失，米歇尔案的被征收人承受着更大的损失，但法院将这种损失视为"土地征收伴随而来的意外事件"，不支持给予补偿。^③ 何为"意外"？商业完全无法重建或搬迁时，所有权人必须承担商誉损失吗？联邦最高法院要么作

---

① DEBOW M. Unjust Compensation: The Continuing Need for Reform [J]. South Carolina Law Review, 1995, 46 (4): 579.

② GERGEN A E. Why Fair Market Value Fails as Just Compensation [J]. Hamline Journal of Public Law and Policy, 1993, 14 (2): 186.

③ Mitchell v. United States, 267 U.S. 341 (1925) (the destruction was an unintended incident of the taking of land).

出一致的判决，比如，遵循道格拉斯大法官在其撰写的反对意见中提出的主张，即"迄今为止，根据第五修正案，财产权人无权获得因征收其物理财产而造成的商业损毁的补偿，这是固定不变的，即使当前的商业现状无法在其他地方得以恢复"①，或者至少对其不同的做法作出充分的解释。然而，联邦最高法院在金博尔洗衣公司案中的陈述更像是一种主张，而非一种解释。迄今为止，无人知晓在何种情况下会构成"意外"。

联邦最高法院的表述不一致还体现在其他案件的判决中。在科斯案中，联邦最高法院声称，"在赋予第五修正案公正补偿要求以内容时，本法院试图将被征收财产的财产权人置于如同其财产未被征收时一样好的境况②"。不幸的是，联邦最高法院紧接着放弃了这一达成共识的教义，转而使用"但是"一词，"但是，损失补偿原则一直未被赋予全部的字面用意"。为何不赋予全部的字面用意？联邦最高法院未作解释。同样，在佩蒂汽车案中，联邦最高法院承认"财产权人……收到低于其财产价值的补偿，但经验已表明……该标准（公平市场价值标准）令人满意③"。令谁满意？法院并未说清，但可以肯定，这种低于财产价值的补偿不会令被征收人满意。这种不明确的表述赋予了法院更大的自由裁量权。

在时，联邦最高法院支持不充分的公平市场价值补偿。④ 在美国诉富勒案中，富勒在自有的 1280 英亩土地，以及从亚利桑那州租赁的 12027 英亩土地，还有通过许可而持有的 31461 英亩的联邦土地上经营牧场，随后，政府征收了富勒 920 英亩土地。地区法院指示陪审团在确定前者的补偿价值时考虑与许可土地相邻的土地的可能用途；第九巡回上诉法院肯定了地区法院的

---

① Kimball Laundry Co. v. United States, 338 U.S. 1, 22 (1949).

② United States v. Cors, 337 U.S. 325, 332 (1949).

③ Id; KANNER G. Condemnation Blight: Just How Just is Just Compensation［J］. Notre Dame Law Review, 1973, 48 (4): 780; United States v. Petty Motor Co., 327 U.S. 372 (1946).

④ LUNNEY G S. Compensation for Takings: How Much is Just?［J］, Catholic University Law Review, 1993, 42 (4): 721, 729-731.

做法。然而，联邦最高法院采用公平市场价值标准，排除了政府土地的用途对被征收财产的价值产生的积极影响，并以 5 比 4 推翻下级法院的判决。[1] 在上述的 50 英亩土地案中，垃圾填埋场的重置价值大于垃圾填埋场的公平市场价值，邓肯维尔市承担了过高的间接损失。[2] 实际上，支付邓肯维尔市重置价值的补偿比支付可比财产价值的补偿更符合联邦最高法院的公正补偿主张，但联邦最高法院支持了后者。

在另一些时候，联邦最高法院又鼓励政府采取更慷慨的补偿措施，并建议财产权人要求高于公平市场价值的补偿。在凯洛案中，联邦最高法院判决政府的经济再开发目的符合公用；虽然联邦最高法院没有就补偿进行充分的讨论，但向各州和公众释放了积极补偿的信号。[3] 最终，被征收人获得了在市中心重置房屋的资格和巨额金钱补偿。试想如果下级法院在一开始就判决被征收人可以获得在周边城镇购买类似房屋的补偿，凯洛案是否能够上诉到联邦最高法院，甚至是康涅狄格州最高法院？

这种看似明确的公平市场价值标准背后，隐藏着两种对立的态度：一种是将补偿视为对政府滥用征收权的一种必要且可取的限制，结果是对公平市场价值作宽泛地解释，支持政府给予更慷慨的补偿；另一种是将补偿视为一种不必要的障碍，认为若补偿太过频繁或者支付的补偿过高，就会阻碍甚至推翻政府的理想公共行动，结果是对公平市场价值标准作更狭隘的解释，支持不那么慷慨的补偿。

---

[1]　United States v. Fuller, 409 U.S. 488 (1973).

[2]　United States v. 50 Acres of Land, 469 U.S. 24 (1984).

[3]　Kelo v. New London, 545 U.S. 469, 489-491 (2005).

四、征收低效

　　征收与补偿之间的关系一直未被理论化。[①] 到目前为止，法院尚未充分肯定公正补偿制约征收的潜在可能性。[②] 如前所述，按照公平市场价值标准，被征收人的一些无形的、不可转让的财产价值损失以及因征收而导致的间接损失往往得不到补偿，这使得征收规范的功能受到抑制：当征收收益小于征收成本时，政府可能会过度使用权力，从而导致大量资源的浪费；同时，协商、交易、诉讼和管理成本也居高不下。

　　当征收收益低于成本时，政府往往会强迫被征收人承担征收成本，以使自己免受低效决策的不良影响。波兰镇案就是一个典型的例子。在波兰镇案中，为了建造通用汽车工厂，底特律的大片社区被征收。然而，该项目的预期利益实际上并未抵消其成本。由于公平市场价值标准使得政府只需支付较低的补偿，底特律并未停止该项目。但"如果波兰镇人知道宪法规定征收人应给每个权利受侵害之人公正补偿，波兰镇可能永远不会被夷为平地[③]"。也就是说，如果公平市场价值标准能够实现宪法意义上的公正补偿，底特律可能会停止错误的征收，或者至少会迫使政府在作出征收决定之前进行有效的成本收益分析，从而防止政府作出低效的征收决定。

　　有学者认为政府的征收欲望与宪法的公正补偿义务之间存在着"张力"，

[①]　SERKIN C. The Meaning of Value: Assessing Just Compensation for Regulatory Takings［J］. Social Science Electronic Publishing, 2005, 99 (2): 678.

[②]　DURHAM J G. Efficient Just Compensation as a Limit on Eminent Domain［J］. Minnesota Law Review, 1985, 69 (6): 1278.

[③]　FEE J. Reforming Eminent Domain［A］. MERRIAM D H, ROSS M M. Eminent Domain Use and Abuse: Kelo in Context［C］. Chicago: American Bar Association, 2006: 135.

即如果进行真正的公正补偿，会抑制政府进行有益的征收制度的激励。① 但这种说法经不起推敲。在居民诉西蒙斯案中，加州最高法院承认，由于支付全部补偿很可能导致公共项目"停止"，法院的首选策略是限制政府的征收补偿责任。② 然而，在 16 年之后，即 1976 年，加州以立法的形式废除了实质性的西蒙斯规则。③ 此后的发展进程中，并没有任何迹象表明支付充分补偿会使加州政府"停止"建设必要的公共工程。④ 即使在美国大萧条期间，也没有任何证据表明政府存在经济上的困难。⑤ 因此，认为真正的公正补偿将阻止有效的政府征收项目的观点，在很大程度上只是臆测。如果宪法意义上的公正补偿与"人民在公共项目中的利益"之间确实存在张力，政府应通过更具分析性的成本收益方法来解决问题，而不是使用公平市场价值标准的例外。基于理性政府的考虑，政府设计和安排公共项目必有其目的，政府的征收选择应符合理性人逻辑。如果政府因自己的征收行为导致损失，这应被看作是征收人自己未审查其决策而导致的自然结果。如果政府承担不起补偿，却又要启动征收项目，那与赤裸裸的掠夺没有差别。

此外，依公平市场价值标准衡量公正补偿还可能导致协商、交易、诉讼和管理成本居高不下。1967 年，美国学者柯蒂斯·J. 伯杰和帕特里克·J. 罗翰调查了 1960 年到 1964 年纽约州纳苏县全部或部分征收项目（共 2408 个）的补偿情况，并形成了一份报告。报告指出，政府通常会在征收程序中聘请"薪酬固定"的评估人员来评估被征收土地的市场价值。在一些复杂的征收案

---

① FEE J. Reforming Eminent Domain [A]. MERRIAM D H, ROSS M M. Eminent Domain Use and Abuse: Kelo in Context [C]. Chicago: American Bar Association, 2006: 134.

② People v. Symons, 357 P.2d 451, 455 (Cal. 1960).

③ See Cal. Civ. Proc. Code § 1263.420 (b) (West 2007).

④ KANNER G. "Fairness and Equity" or Judicial Bait-and-Switch? It's Time to Reform The Law of "just" Compensation [J]. Albany Government Law Review, 2011, 4 (1): 38-74.

⑤ REISNER M. Cadillac Desert: The American West and Its Disappearing Water [J]. Quarterly Review of Biology, 1993, 30 (2): 582.

件中，政府可能会聘请两位甚至两位以上的评估人员。无论评估结果如何，政府都必须支付评估费。研究结果表明，评估人员的评估报告经常以无法证实为由不计算某些损失，且估价错误率极高。在二次评估中，只有大约一半的评估价与初次评估价之差小于10%。在补偿程度方面，研究报告表明，在初步协商过程中达成补偿合意的占85.7%，其中有88.3%的被征收人得到的补偿低于平均市场价值，有29.3%的被征收人得到的补偿低于平均估价70%的补偿。① 在另一份关于1992年到2002年加州征收补偿现状的研究报告中，研究人员指出，在430份征收补偿协议中，有超过50%的被征收人得到的补偿低于公平市场价值。② 为了规避风险或未获得理想补偿，被征收人要么接受不公平的估价，要么自己聘请评估人员评估财产或直接提起征收补偿之诉。前者将导致政府陷入财政幻觉，后者则会造成协商、交易和诉讼成本的重复支出。③ 正如托马斯·梅里尔所言，"公平市场价值的概念本质上是财产征收语境下的一种法律拟制"。在拟制的环境中，不准确的市场评估很可能会导致次优补偿。为了实现宪法上要求的真正的公正补偿，被征收人必然会在被征收财产价值评估上耗费大量的时间和金钱；同理，为了顺利推进征收项目，政府也会增加相应的协商、交易、诉讼和管理成本。

---

① BERGER C J, ROHAN P J. The Nassau County Study: An Empirical Look into the Practices of Condemnation [J]. Columbia Law Review, 1967, 67 (3): 430-458.

② CHANG Y C. An Empirical Study of Compensation Paid in Eminent Domain Settlements: New York City, 1990-2002 [J]. Journal of Legal Studies, 2010, 39 (1): 201.

③ MUNCH P. An Economic Analysis of Eminent Domain, Journal of Political Economy [J]. 1976, 84 (3): 482-484.

【本章小结】

公平市场价值由"公平市场"与"市场价值"两个概念构成，其中"公平"用以修饰"市场"而非"价值"，这表明市场价值是在公平市场条件下所确定的价值，即"自愿的买家支付给自愿的卖家的现金价值①"。公平市场价值以市场为基础，排除了仅具有内部有效性的价值，因其相对客观性、全面性和易于操作性，成为实现公正补偿要求的最恰当标准。

在征收补偿程序中，公平市场价值标准要求征收估价必须充分考虑所有影响财产价值的市场因素。这些因素可分为纳入因素和排除因素。纳入因素主要包括：最高且最佳用途、延迟利息、整合效应、生产能力、固定附着物和改善、矿物价值以及最高限价；排除因素则包括因征收项目引起的增值或贬值、主观价值、商誉、搬迁或迁移成本，以及协商、诉讼和交易成本。

在充分考虑所有影响财产价值的因素后，应根据财产的市场交易情况和自身特性，选择适当的估价方法。具体而言，当被征收财产有可参照的市场交易时，应采用可比销售法；当被征收财产虽无可参照的市场交易，但有可被资本化的收益时，应采用收益资本法；当被征收财产既无可参照的市场交易，又无可被资本化的收益时，应采用重置成本法；而当被征收财产属于尚未开发的财产时，则应采用开发成本法。

尽管公平市场价值标准被法院视为至高无上的准则，但它也存在一些问题，如卖家悖论和补偿不充分等。此外，法院对该标准的解释也不尽一致，有时还会导致征收过程变得低效。

---

① Olson v. United States, 292 U.S. 246, 257(1934); United States v. Miller, 317 U.S. 369, 373 (1943); Kimball Laundry Co. v. United States, 338 U.S. 1, 5 (1949); United States v. Va. Elec. & Power Co., 365 U.S. 624, 633 (1961); United States v. 564.54 Acres of Land, 441 U.S. 506, 511 (1979); Kirby Forest Indus., Inc. v. United States, 467 U.S. 1, 10 (1984).

第五章 复合式公正补偿标准的构想

公平市场价值虽被视为一个相对客观的标准，但却与宪法文本中的公正补偿要求偶有龃龉。公正补偿要求在经济上将被征收人置于如同征收未曾发生时一样好的境况，而公平市场价值标准不补偿被征收人因征收而实际遭受的某些损失。为实现宪法文本中的公正补偿要求，解决补偿标准本身存在的问题是关键。然而，知易行难。公正补偿标准的建构，需要更深入的理论阐释和更充分的实践拓展。

第一节 公平市场价值标准的补充：理论方法

公平市场价值标准的困境促使学者们开始思考更理想的补偿标准或方法。为此，学者们提出了各种理论标准，包括主观估价标准、幸福分析标准、股权补偿标准和公平市场价值溢价补偿标准。

一、主观估价标准

主观评估标准，又可称为自我评估方法或者财产权人的事前评估方法，它要求政府按照被征收人准确报告的财产主观估价来补偿被征收人。这一方法得到了亚伯拉罕·贝尔（Abraham Bell）、吉迪恩·帕乔莫夫斯基

（Gideon Parchomovsky）[①]、皮特·科威尔（Peter Colwell）[②]、弗洛伦兹·帕拉斯曼（Florenz Plassmann）以及尼古劳斯·德曼（Nicolaus Tideman）等学者的支持。[③]

为了确保主观估价的真实性和准确性，该标准依托于财产税制度，并大致分为三个阶段来实施：在第一阶段，政府会发布其拟征收财产的计划，一旦公告发布，相关财产的财产权人便可以开始评估自己的财产；进入第二阶段，财产权人需要向政府提交自己的主观估价报告，这个估价可以高于或低于政府的评估价或市场价值；到了第三阶段，政府会根据财产权人的主观估价来评估征收的成本和收益，并据此作出是否征收的决定。[④] 如果政府决定征收，那么它将按照主观估价来补偿财产权人；如果政府放弃征收，财产权人将保留财产，但财产将受到两项限制：一是不可让渡限制，即财产权人在有生之年不能以低于主观估价的价格出售财产，否则必须向政府支付差额。[⑤] 二是税收限制，即财产权人的主观估价将作为其缴纳财产税的基础。

税收限制相较于不可让渡限制更为复杂。通常情况下，财产税是根据政府的评估价来设定的。而主观估价的税收限制并不改变这一前提，即政府的评估价仍然会作为常规财产税的依据。但是，高于市场价值的那部分主观估价也会成为财产税税基的组成部分。[⑥] 假设政府 A 宣布其旨在征收土地 B，该

① BELL A, PARCHOMOVSKY G. Taking Compensation Private [J]. Stanford Law Review, 2007, 59 (4): 871, 890-895.

② BURDSAL N. Just Compensation and The Seller's Paradox, Brigham Young University Journal of Public Law [J]. 2005, 20 (1): 96-101.

③ PLASSMANN F, TIDEMAN T N. Accurate Valuation in the Absence of Markets [J]. Public Finance Review, 2008, 36 (3): 345-346.

④ 利哈伊郡案讨论了使用价值的差异，自我评估模式的变化，以及适用于税收评估和征收活动的公平市场价值。F & M Brewing Co. v. Lehigh County Bd. of Appeals, 530 Pa. 451, 456-459 (1992).

⑤ DUKEMINIER J, KRIER J E. Property (5) [M]. New York: Aspen Publishers, Inc., 2002: 54.

⑥ BELL A, PARCHOMOVSKY G. Taking Compensation Private [J]. Stanford Law Review, 2007, 59 (4): 893.

土地为 C 所有。土地 B 在城市财产税报告中的评估价值为 10 万美元，市场价为 15 万美元，而所有权人 C 的自我评估价则为 20 万美元，财产税率为 1%。在征收未发生的情况下，财产税会根据城市财产税报告中的估价来计算；而一旦征收发生，且所有权人 C 提交了 20 万美元的财产自估价报告，那么这个 20 万美元的财产自估价就会成为征收补偿和财产税缴纳的基础。如果政府 A 决定征收财产，它将需要向 C 支付 20 万美元的补偿；如果政府 A 决定放弃征收，在 C 提交高于市场价值的主观估价之前，C 的应纳税额为 1000 美元（10 万 × 1%）；而在 C 提交 20 万主观估价报告后，C 的应纳税额则变为 1500 美元（10 万 × 1% +（20 万 −15 万）× 1%）。

主观估价标准的优势在于它能够提供更为准确的主观价值补偿，从而降低按照公平市场价值标准补偿时可能产生的诉讼和管理成本，并提高征收效率。[1] 在不可让渡限制和税收限制的综合作用下，财产权人既不会提出一个比主观价值更高的价格（以免在政府放弃征收时承担过重的纳税负担和更高的转让限价），也不会提出一个低于主观价值的价格（以免主动放弃财产的部分价值）。这样一来，就能促使财产权人诚实地报告财产价值。根据该标准，财产权人仍然享有提起补偿之诉的权利，但很难获胜，因为他们早已宣告了自己认为公正的补偿金。此外，由于政府在征收开始时就已知晓征收的所有成本，因此它可以进行更有效的成本收益分析，从而提高征收的效率并降低管理成本。

然而，主观估价标准也存在潜在的风险。一方面，由于征收发生的概率较低，政府很可能会将该方法作为增加财政收入的手段；另一方面，大部分征收活动都发生在较贫穷的地区，[2] 因此主观估价标准可能会沦为一种针对穷

---

① BURDSAL N. Just Compensation and The Seller's Paradox［J］. Brigham Young University Journal of Public Law, 2005, 20 (1): 99.

② DAWKINS C J. Recent Evidence on the Continuing Causes of Black−White Residential Segregation［J］. Journal of Urban Affairs, 2004, 26 (3): 379, 390.

人的方法。^① 为了防范这些风险，主观估价标准的倡导者提出了"脱钩机制"（decoupling mechanism）来防止政府在战略上滥用征收权。^② 所谓"脱钩机制"，是指将财产权人因高于市价的那部分主观估价而缴纳的税额以及因履行财产的不可让渡限制而支付的金额与政府的财政收入分开。以前述例子为例，C 应缴纳的 1500 美元可以分为两个部分：原财产税报告中的 1000 美元和高于市场价值的自我评估价中的 500 美元。其中后者（500 美元）不属于政府的财政收入，而是应该交给慈善机构或者用作其他用途。如果 C 以 20 万美元的价格出售财产，他必须将 5 万美元的差额支付给政府，但这 5 万美元不得纳入政府财政。

主观估价法在某些方面过于理想化，联邦和州在征收实践中从未真正采用过这一方法。

二、幸福分析标准

按照公平市场价值标准进行补偿，这与联邦最高法院所倡导的"充分且完全的补偿""被征收人完好无损""在经济上将被征收人置于如同征收未曾发生时一样好的境况"等论断存在一定的张力。为了缓解这种张力，一些学者根据幸福的客观清单理论（objective list theories of well-being）和能力理论（capability theory）提出了幸福分析标准。^③

幸福的客观清单理论主张，虽然"幸福"受到个人主观偏好的影响，但幸福并不仅仅局限于个人偏好的满足。不同国家、地区和不同收入水平的人

① BURDSAL N. Just Compensation and The Seller's Paradox［J］. Brigham Young University Journal of Public Law, 2005, 20 (1): 100.

② BELL A, PARCHOMOVSKY G. Taking Compensation Private［J］. Stanford Law Review, 2007, 59 (4): 901.

③ MACIA M M. Pinning Down Subjective Valuations: A Well-Being-Analysis Approach to Eminent Domain［J］. University of Chicago Law Review, 2016, 83 (2): 945; WYMAN K M. The Measure of Just Compensation［J］. U. C. Davis Law Review, 2007, 41 (1): 275.

都值得拥有某些"值得拥有"的事物清单，这些事物包括但不限于自治、自由、基本物质生活的满足、教育以及共同的情感偏好等。这些值得拥有的"幸福"可以通过一系列可操作的维度、指标和因素来精确测量，从而推断出什么样的经济水平能够让一个人获得幸福生活，就像征收事件从未发生过一样。[①]幸福分析的关键在于获取可用的数据集，这些数据集应反映人们在面对不同事件时主观幸福感的改变。幸福分析标准的倡导者认为，这些数据集可以通过数据耕耘[②]（data farming）来获得。数据耕耘是一个长期的数据调查和收集过程，样本必须丰富和全面，既要包括受征收影响的群体，也要包括不受征收影响的群体的幸福数据。通过观察被征收影响的群体和未被征收影响的群体在征收前后的幸福生活情况，可以总结出一个公认的幸福生活概念或者平均的幸福水平，并据此计算出应该支付给被征收人的补偿金，以确保他们能够享有幸福清单上那些值得拥有的事物。

　　与幸福的客观清单理论相似，能力理论也认为每个人都有享受某些共同事物的能力。[③]能力理论的提倡者用一个简单的例子来说明这一点："自行车本身是一个商品，它拥有一种特殊的能力，即运输。一辆自行车可以让人拥有以一定方式移动的能力，在没有自行车的情况下，人不可能这样移动。如果他喜欢这种移动方式，那么这种能力会给他带来效用或者快乐。因此，这是一个从商品到特性到功能再到效用的转变顺序。"在这里，能力不是指商品本身（如自行车），也不是指效用（如骑自行车带来的快乐）或获得成就（如骑自行车），而是指一种自由——即权利人骑自行车的自由。[④]当政府的征收

①　ZAMIR D L. The Objectivity of Well-Being and the Objectives of Property Law［J］. New York University Law Review, 2003, 78 (5): 1689.

②　数据耕耘是从"艾伯特计划"中总结出的一种系统分析方法。数据耕耘不同于数据挖掘，它通过播种、施肥、耕作、栽培和收获这种循环，为我们探索问题提供了永无止境的机会。

③　NUSSBAUM M, SEN A. The Quality of Life［M］. New York: Oxford University Press, 1993: 1.

④　同上。

剥夺了被征收人的某些财产时，这相当于剥夺了他们以这些财产为基础的某些能力。因此，公正补偿的衡量标准应确保被征收人在征收前后同样享有社会认为有价值的能力，如获得适当的居住场所、实现目标、承诺和价值以及参与社会生活的能力。

在幸福分析标准的倡导者看来，公平市场价值标准是一个由于经验限制而过低的补偿标准。法院拒绝补偿主观价值在很大程度上是因为其缺乏外部有效性。而幸福分析则通过对心理数据进行回归分析（regression analysis），来评估个人的幸福程度和享有能力，从而尽可能消除主观价值补偿的外部有效性困境，并为无形的损失分配经济价值。有学者甚至将这一指标量化为公平市场价值的 22%。①

尽管幸福分析标准是一种旨在弥补公平市场价值标准缺陷的方法，但也有论者指出其存在的问题。在一个存在多种概念的民主社会里，数据分析者很难从个人偏好中抽离出来，确定一个公认的美好生活概念或者能力。即便可以确定这些概念和能力，由于它们无法提供具体的解释和指导，政府、法院或被征收人也很难在一个根植于一般美好生活概念或能力的标准下协商补偿金。如果协商失败，这种标准可能会促使被征收人和征收人猜测法院或陪审团将判给多少补偿，从而增加诉讼成本。②

三、股权补偿标准

随着以经济发展为目标的征收项目日益增多，一些学者提出了股权补偿标准。这一标准建议，在以经济发展为目的的征收中，应采用公用项目的表

① MACIA M M. Pinning Down Subjective Valuations: A Well-Being-Analysis Approach to Eminent Domain [J]. University of Chicago Law Review, 2016, 83 (2): 995.

② WYMAN K M. The Measure of Just Compensation [J]. U. C. Davis Law Review, 2007, 41 (1): 281-283.

决权股（voting stock）作为对被征收人的补偿。^① 根据股权补偿标准，被征收人将成为公共项目的股东，并有权从公共项目的运营中获得股息或红利，以此促使征收人内部承担被征收人无法以其他方式获得补偿的部分损失。

被征收人所遭受的主观损失，通常表现为对财产的情感依恋或支配自由的丧失。由于现行补偿标准并未强制征收人支付这部分损失，征收人往往不会主动将其纳入征收成本中。尽管货币化补偿标准能够在一定程度上补偿被征收人的主观价值损失，但也可能引发人类基本价值的商品化问题。然而，通过表决权股的方式，让被征收人与公共项目所有权人共享股权，将使被征收人有权对公共项目的运营进行监督，并施加一定程度的控制。^② 虽然表决权股无法完全恢复被征收人的全部主观价值，但对于企业和类似的被征收人来说，这种补偿方式通常优于现金补偿。因为公共项目的表决权股有助于被征收人继续保留对被征收财产的心理支配感，而且它代表了一种长期的未来利益。如果公共项目运营得当，股息和红利甚至可能使被征收人放弃策略性的抵抗。

当然，股权（表决权）补偿标准也有其自身的问题。首先，公共项目的所有权人是否愿意让出表决权股？其次，被征收人是否愿意或有能力接受表决权股？如果表决权股具有实质性的价值，如赋予一定的控制权或监督权，那么对于公共项目的所有权人来说，现金补偿可能比表决权股补偿更具吸引力。即使公共项目所有权人愿意出让表决权股，对于那些不重视自治权的被征收人，尤其是经济能力有限且急需现金购买新住房或营业场所的人来说，他们可能并不愿意接受这种补偿方式。

① BU N. Taking Stock: Exploring Alternative Compensation in Eminent Domain［J］. Columbia Human Rights Law Review, 2018, 49 (1): 243.

② ALLEN W T, KRAAKMAN R. Commentaries and Cases on the Law of business Organization (5)［M］. New York: Aspen Publishers, 2016: 77.

四、公平市场价值溢价补偿标准

公平市场价值溢价补偿标准，又称为公平市场价值加成补偿标准，是指加成一定比例的公平市场价值来计算征收补偿。具体的比例设定在 100% 以上，但具体高出多少，可通过立法来确定。最初，学者们提议以固定比例设定溢价补偿标准，[①] 假设溢价比例为 125%，这意味着在所有征收案件中，征收人都要给予被征收人 125% 的公平市场价值补偿。固定比例的溢价补偿标准的优点在于，公共项目成本能够精确预测，且适用简便，政府和法院在确定补偿额时没有较大的自由裁量空间。然而，这既是优点也是缺点，由于缺乏灵活性，该标准无法体现不同财产和不同财产权人之间的差别，并未摆脱公平市场价值标准忽视被征收人差异的困境。

鉴于固定比例溢价的内在缺陷，一些学者提出可变比例的溢价补偿标准，[②] 即设定一个加成比例范围来计算补偿额。具体以何种比例计算补偿需依据征收的实际情况判定，比如征收类型、被征收财产的类型、被征收人居住时间的长短等。举例来讲，假设比例范围为 100% 到 200%，对于一些刚购买房屋且在此居住不久的被征收人，政府可能只给予 125% 的公平市场价值补偿，而对于那些在房屋中已经居住 50 年，甚至更久的被征收人，政府可能给予 150% 或者更高比例的公平市场价值补偿。当然，比例的设定还需要立法机构或者行政机构进行更详细的调查和分析，制定更具现实操作意义的范本，

---

① ELLICKSON R C. Alternatives to Zoning: Covenants, Nuisance Rules, and Fines as Land Use Controls〔J〕. University of Chicago Law Review, 1973, 40 (4): 736-737.

② FEE J. Eminent Domain and the Sanctity of Home〔J〕. Notre Dame Law Review, 2006, 81 (3): 814-815.

比如制定一个补偿一览表（schedule）。^①可变比例的溢价标准反映了不同征收的非市场价值之间的差异，为这些价值附上一定比例的货币价格。

公平市场价值溢价补偿标准虽能够提高补偿额，但"溢价"真的公平、合理吗？无论是固定比例，还是可变比例，财产价值越高的被征收人获得的主观损失补偿越多，财产价值越低的被征收人获得的主观损失补偿越少。然而，被征收人的特殊主观价值和自治价值与财产价值大小无关，富人不一定比穷人具有更高的主观价值，相反，由于穷人拥有的财产较少，对财产的高度依赖可能使其具有高于富人的主观价值。此外，通过溢价补偿标准将特殊主观价值和自治价值货币化，还可能引发人类基本价值的商品化问题。虽然公平市场价值溢价补偿标准难以求得圆满的解释，但"给予被征收人更多补偿，而非更少补偿"的制度优势使这种补偿标准正逐渐被美国许多州所接受。

第二节　公平市场价值标准的补充：制度实践

为回应针对公平市场价值标准的诟病，联邦和各州都在积极探寻公平市场价值之外的补偿方式。2005 年联邦最高法院作出凯洛案判决后，公正补偿标准的立法和司法改革掀起高潮。

---

① CHANG Y C. Economic Value or Fair Market Value: What Form of Takings Compensation is Efficient? [J]. Supreme Court Economy Review, 2012, 20 (1): 39.

一、立法：州和联邦的尝试

（一）州的立法回应

美国共有 50 个州，其中 47 个州明文禁止政府实施未经补偿的征收，其他 3 个州的制定法虽未如此明确表述，但也有类似的措辞。[①] 在早期征收实践中，各州往往遵循联邦最高法院确定的公正补偿标准——公平市场价值，但也有少数州规定了高于公平市场价值的补偿。1933 年，佛罗里达州成为首个通过制定法规定政府应当恢复被征收人商业损失的州。[②] 紧接着佛罗里达州，佛蒙特州制定法规定政府应补偿被征收人因高速公路项目而承受的商业损失。[③] 加利福尼亚州、怀俄明州的《统一征收法典》还要求对选址、客户利益等商业损失进行补偿。[④] 虽然早期州法院少有机会将新立法应用于征收实践，但此类立法改革向其他州、国会和联邦政府释放了给予被征收人更高补偿的信号。

进入 20 世纪 70 年代后，一些州开始重新审视并改革此前倾向于减轻政府补偿责任的联邦标准。加利福尼亚州和怀俄明州以立法形式规定高于公平

---

① CALANDRILLO S P, BYRNE R. Eminent Domain Economics: Should "Just Compensation" Be Abolished, and Would "Takings Insurance" Work Instead? [J]. Social Science Electronic Publishing, 2003, 64 (2): 451-530.

② 1933 Fla. Laws. Ch. 15927 (No. 70), amending § 5089 of the Compiled General Laws of Florida, previously § 3281 of the Revised General Statutes of Florida.

③ Act of June 21, 1957, 1957 Vt. Laws 242 (1987).

④ California and Wyoming adopted § 1016 of the Uniform Eminent Domain Code which provides for recovery of loss of goodwill. See National Conference of Commissioners on Uniform State Laws, Uniform Eminent Domain Code § 1016 (1974).

市场价值的补偿；^①1997 年，宾夕法尼亚州制定法指出，先前迫使被征收人承担征收项目所致损失的补偿标准存在不公平；^②1999 年，佐治亚州通过立法承认公平市场价并非唯一的补偿标准，在某些情况下，给予被征收人高于公平市场价值标准的补偿可能更为合适。^③

2005 年，作为对凯洛诉新伦敦市案判决的回应，美国 47 个州在不同程度上加强了对财产权的保护。在 2006 年 11 月的选举中，有 12 个州采取了公民投票，修改征收补偿法，提高补偿额。目前已有 33 个州通过了限制政府征收权并增加补偿的法律。^④这些补偿立法大致可分为两类。

第一，以实际损失为依据，补偿公平市场价值未涵盖的价值或者损失，例如，阿拉斯加州规定，对延迟支付补偿的，按最终裁决金额的每年 10.5% 的利率支付利息；^⑤加利福尼亚州、伊利诺伊州、路易斯安那州、马里兰州、马萨诸塞州、密西西比州、田纳西州、康涅狄格州以及西弗吉尼亚州等要求征收人补偿被征收人的搬迁费用；^⑥有近 20 个州的制定法直接规定，政府应当为被征收人的诉讼费用提供一定程度的补贴；^⑦一些州将决定是否支付诉讼费用交由法院自由裁量，例如，特拉华州、堪萨斯州、路易斯安那州、内布拉

---

①　CAL. CIV. PROC. CODE § 1263.510(West 1982); WYO. STAT. § 1-26-713 (1988).

②　Pa. Stat. Ann. § 1-604 (West 1997).

③　Ga. Code Ann. § 22-1-5 (1999).

④　SULLIVAN W. A Host of Questions, U.S. News & World Report［EB/OL］.(2006-10-29)［2019-10-18］. http://www.usnews.com/usnews/news/articles/061029/6initiatives.htm.

⑤　Alaska Stat. § 09.55.440 (2006).

⑥　Cal Gov Code Ann § 7262; 735 ILCS 30/10-5-62; La Rev Stat Ann § 19:9 ("the cost of relocation, inconvenience and loss of profits is compensable under this provision"); MD Real Prop Code Ann § 12-205; Mass Gen Laws Ann ch 79A, § 7; Miss Code § 43-39-7; Tenn Code Ann § 29-16-114; Conn Gen Stat § § 8-266 to -268; Conn Agencies Regs § 8-273-13; W Va Code § 54-3 (requiring that the federal coverage of relocation expenses provided under certain circumstances in the Surface Transportation and Uniform Relocation Assistance Act of 1987 apply in state eminent domain actions).

⑦　GARNETT N S. The Neglected Political Economy of Eminent Domain［J］. Michigan Law Review, 2006, 105 (1): 101-150.

斯加州、纽约州、俄克拉荷马州和南卡罗来纳州；[①]另一些州的制定法只允许支付某些类型的费用，例如，专家证人费。[②]此外，还有一些州的制定法规定，当最终补偿高于政府的最初报价时应支付诉讼费用，例如，阿拉斯加州、加利福尼亚州、佛罗里达州、爱荷华州、密歇根州、蒙大拿州、俄勒冈州、南达科他州、威斯康星州和华盛顿州等。[③]

第二，笼统规定溢价（加成）补偿，即在公平市场价值补偿的基础上，再按照一定比例给予被征收人额外的补偿。例如，在印第安纳州，征收人应对住宅财产支付150%的公平市场价值补偿，对耕地支付125%的补偿；[④]在罗德岛州，除了支付公平市场价值外，征收人还必须支付50%的财产公平市场价值作为对搬迁成本和其他损失的补偿；[⑤]同样，在康涅狄格州，制定法要求征收人对被征收人支付两次独立评估的不动产平均公平市场价值的125%的补偿；[⑥]在南卡罗来纳州，个人主要住宅被征收的，有权获得财产公平市场价值的125%的补偿，该补偿还将随着被征收人持有住宅的时间增加；2006年密歇根州规定，个人主要住宅的最低征收补偿下限是财产公平市场价值的125%；密苏里州规定，如果某处房产在财产权人的家族中已经存续50年或

[①] See Del. Code Ann. tit. 10, § 6111 (3) (2007); Idaho Code Ann. § 7-711A (8) (2007); Kan. Stat. Ann. § 26-509 (2007); La. Rev. Stat. Ann. § § 19:8 & 19:109 (2007)(attorney's fees only); Neb. Rev. Stat. § 76-720 (2007); N.Y. Em. Dom. Proc. Law § 701 (2007); Okla. Stat. tit. 27, § 11 (3) (2007); S.C. Code Ann. § 28-2-510 (b) (2007).

[②] Minn. Stat. § 117.175 (2) (2007); N.H. Rev. Stat. Ann. § 498-A:27 (2007); In re Ribblesdale, Inc., 513 A.2d 360, 360 (N.H. 1986); Keller v. Miller, 63 Colo. 304, 313-14 (1917).

[③] See Alaska R. Civ. Pro. 72 (k) (3) (2007); Cal. Civ. Proc. Code § § 1268.710, 1268.720 (2007); Fla. Stat. Ann. § 73.092 (1) (2007); Iowa Code § 6B.33 (2007); Mich. Comp. Laws Ann. § 213.66(3) (2007); Mont. Code Ann. § 70-30-305 (2) (2007); Or. Rev. Stat. § 35.346 (7) (a) (2007); S.D. Codified Laws § 21-35-23 (2007); Wash. Rev. Code § 8.25.070 (1) (b) (2007); Wis. Stat. § 32.28 (3) (d) (2007).

[④] Ind Code Ann § 32-24-4.5-8.

[⑤] RI Gen Laws § 42-64.12-8.

[⑥] Conn Gen Stat Ann § 8-129 (a) (2).

更长时间，要补偿财产的"遗产价值"损失，标准是公平市场价值的 50%。[①]
此外，还有明尼苏达州等少数州的制定法要求，补偿给因征收而流离失所的
被征收人足以在社区里购买类似财产的金钱。[②]

上述改革表明，各州已经意识到传统公正补偿标准存在的某些不公平之
处，并试图通过立法的方式加以纠正。

（二）联邦的立法回应

1970 年《统一搬迁援助和不动产征收政策法案》是国会对公平市场价值
的不完全补偿作出的最早回应，但该法仅补偿联邦政府及其资助的征收项目
引发的搬迁成本。经过长时间的沉寂，2005 年 11 月 3 日，美国国会众议院以
376 票比 38 票的绝对多数票通过众议院第 4128 号决议（H.R.4128），即《私
有财产保护法案（2005）》（Private Property Rights Protection Act of 2005）。该
法案利用支出权（spending power），要求对以经济发展为目的而行使征收权
的任何州和州机构暂停两年联邦经济发展基金。[③] 但该法主要针对公用要件，
几乎未涉及公正补偿问题。2006 年 6 月 23 日，在凯洛案判决一周年之际，时
任美国总统布什签署了一项旨在限制联邦政府剥夺私有财产权的行政命令，
"私有财产的征收……必须基于公用和一般公共获益之目的并给予公正补偿，
不能仅仅为了促进私人一方的经济利益而让其拥有或者使用被征收财产[④]"。

---

① Mich. CONST. art. X, § 2.

② Minn Stat § 117.187.

③ Private Property Rights Protection Act of 2005, 109 H.R.4128 (109th Congress), (2005) § 2 (a).

④ Exec. Order No. 13406, 71 Fed. Reg. 124 (June 23, 2006). 较之州层面的立法改革，联邦层面的立法
改革似乎着重于第五修正案的公用条款，而在公正补偿条款方面着色不多。

二、司法：州法院和联邦法院的努力

在美国法律背景下，补偿立法改革存在鼓励征收双方和解与协商的政策导向，如果立法要求给予被征收人更高的补偿，被征收人不太可能转变为抵抗者。然而，从全美范围来看，立法改革有限，民选立法者的核心基础群体是纳税人，"羊毛出在羊身上"，相较于征收对财产权人的影响，纳税人更担忧提高补偿标准会导致增税。此外，在收益不那么显著的情况下，立法者也不愿意在补偿立法上耗费过多的时间和金钱成本。最有希望提高补偿标准的途径或许是司法改革，虽然联邦法院承认公平市场价值标准存在对被征收人补偿不充分的风险，但由于联邦最高法院强调其仅"在特殊情况下，才会改变最谨慎的保护规则"[①]，公平市场价值标准的主导地位从未在联邦法院的层面被撼动，补偿标准的改革更多地交由各州法院来实现。

在州层面，由于人们通常认为转移到他处经营的被征收人可以在新地点恢复原企业的商誉，因此大多数州不补偿被征收人的商誉损失。然而，鉴于企业商誉往往与其特定地理位置紧密相关，近年来，一些州法院的判决开始倾向于支持对被征收人商誉损失的补偿。1966 年，佐治亚州最高法院首次在鲍尔斯诉富尔顿案的判决中支持补偿商誉损失。[②] 继佐治亚州之后，1969 年，明尼苏达州最高法院在州诉索根案中重新审视商誉损失规则，提出商誉损失的无形属性并不妨碍被征收人获得补偿。[③] 密歇根州、威斯康星州等最高法院

[①] 当市场价值难以确定时，或者当适用公平市场价值标准会对财产权人或公众导致明显不公时，法院才会形成并适用其他标准。United States v. Commodities Trading Corp., 339 U.S.121 (1950); United States v. 564.54 Acres of Land, 441 U.S. 506 (1979).

[②] Bowers v. Fulton, 146 S.E.2d 884, 886 (Ga. 1966).

[③] State v. Saugen, 283 Minn. 402, 169 N.W.2d 37 (1969).

也作出了类似的判决。[①] 在所有处理商誉损失规则的州法院中，阿拉斯加州最高法院提出了论证完备且充分的反对该规则的理由。1976 年，在州诉哈默尔案中，阿拉斯加州最高法院明确拒绝联邦最高法院在美国诉米歇尔案中确定的商誉损失除外规则，反驳联邦最高法院作出的"征收人只征收土地，不征收商誉"的观点，并指出，与判决支持商誉损失的民事判决一样，只要有充分的证据证明存在该损失，就应当给予补偿。在哈默尔案中，阿拉斯加州最高法院给予承租人和财产权人同等的保护，并坚持认为被征收人有权依据州宪法获得商誉等间接损失的补偿。[②] 同年，阿拉斯加州在判决中认定商誉本身属于财产，反对补偿商誉损失的一般规则缺乏依据。[③]

除了商誉损失之外，不补偿主观价值损失也是人们反对公平市场价值标准的另一重要理由。尽管没有州法院的判决明确允许在计算公正补偿时纳入主观价值，但许多判决中却隐含了对主观价值补偿的意思。在泰勒诉琼斯县案中，佐治亚州上诉法院指出，"当财产对财产权人有独特的价值，以至于公平市场价值无法代表公正和充足的补偿时，财产权人可以获得其对财产的独特价值的补偿"[④]。虽然很难明确独特的价值是什么，但佐治亚州法院已朝着补偿主观价值的方向迈进。在确定公正补偿的过程中，一些州法院通过巧妙地微调公平市场价值标准，为补偿主观价值打开一扇窗。在齐默尔曼诉马什案中，南卡罗来纳州最高法院承认个人赋予财产的主观价值的重要性，并指出在确定补偿时"可以考虑持有财产的期限和对财产的情感依附等公平因素"[⑤]。

2005 年各州立法改革之后，高于公平市场价值标准的实际损失标准和溢

[①]　Luber v. Milwaukee County, 47 Wis. 2d 271, 177 N.W.2d 380 (1970); State Highway Commission v. L & L Concession Co. 31 Mich. App. 222, 187 N.W.2d 465 (1971).

[②]　State v. Hamer, 550 P.2d. 820, 826 (Ala. 1976).

[③]　Mitchell v. United States, 267 U.S. 341 (1925); OSWALD L J. Goodwill and Going-Concern Value: Emerging Factors in the Just Compensation Equation [J] . Boston College Law Review, 1991, 32 (2): 286-376.

[④]　Taylor v. Jones County, 422 S.E.2d 890, 892 (Ga. Ct. App. 1992).

[⑤]　Zimmerman v. Marsh, 365 S.C. 383, 385, 618 S.E.2d 898, 899 (2005).

价（加成）补偿标准开始进入司法实践，主观价值、商誉、搬迁成本以及协商、诉讼和交易成本能够在不同程度上得到补偿，例如，2013年，在圣路易斯诉河湾业主委员会案中，密苏里州最高法院支持给那些已连续50年（及50年以上）持有房产的被征收人支付高于公平市场价值的溢价（加成）补偿。[①]

【本章小结】

在公平市场价值之外，学者们提出主观估价标准、幸福分析标准、股权补偿标准、公平市场价值溢价补偿标准，力图弥合公平市场价值标准与公正补偿要件之间的罅隙。在实践中，州和联邦通过立法改革和司法改革，以不同的方法解决公平市场价值标准存在的补偿不足问题。美国国会的征收立法大都关注公用条款，但也偶尔涉及公正补偿条款；州立法机构的立法改革更加多元化，既规定了补偿公平市场价值不包括的价值或者损失，又提出了诸如实际损失标准、公平市场价值溢价（加成）补偿标准等各种公平市场价值的补充标准。从联邦法院的态度来看，联邦法院是否以及如何应对公平市场价值标准的困境充满变数，但凯洛案的多数判决意见表明，联邦最高法院不会反对各州规定更高的补偿；[②] 在州立法机构的规范加持下，州法院支持对主观价值、商誉、搬迁成本以及协商、诉讼和交易成本等公平市场价值不包括的价值或者损失给予不同程度的补偿。

---

① St. Louis County v. River Bend Homeowne Association, 408 S. W. 3d 116 (Mo.2013).

② Kelo v. New London, 545 U.S. 469 (2005).

第六章 美国经验的中国启示

自 1791 年美国宪法第五修正案中的公正补偿条款生效以来，该条款已在美国征收法律体系中运行了超过两百年，其教义之丰富，堪称汗牛充栋。尽管我国与美国的征收制度存在显著差异，但基于功能主义原则[①]，美国征收法中的公正补偿理念仍可作为我们解决类似问题的有益借鉴。

首先，我国宪法第 10 条第 1 款和第 2 款确立了我国二元土地所有制结构，即土地国家所有与土地集体所有。第 10 条第 3 款规定了集体土地征收征用和补偿制度，第 13 条第 3 款规定了财产征收征用和补偿制度。虽然我国财产法以所有权为核心，强调一物一权和所有权的绝对性，但实际上，集体土地征收征用补偿制度所描述的是国家与集体围绕集体土地及其地上权利的关系；财产征收征用补偿制度所描述的是国家和公民围绕财产权利的关系。土地国家所有和土地集体所有均可析出多种权利，前者可析出国家土地所有权、国家土地使用权以及其上的房屋所有权，后者可析出集体土地所有权、土地承包经营权、宅基地使用权、农村住房所有权以及经营性建设用地和公益性建设用地使用权。权利束概念蕴含其中，且正在进入中国征收补偿的研究

---

① 根据大木雅夫的观点，法律的比较主要是遵循功能主义原则，对比对象的选择不应被法系或者法圈的分类所局限，属于不同法系的法律制度，虽在形式上可能具有不同的结构和特征，采用不同的法律技术或者解决方法，但所要解决问题有时却是相同或者相似的。参见：大木雅夫.东西方的法观念比较［M］.华夏，战宪斌，译.北京：北京大学出版社，2004.

范畴。

其次，美国公正补偿教义的发展极具个案智慧。在判断何为公正补偿时，美国联邦最高法院和下级法院以公平市场价值标准为基础，形成了一套较为完备的公正补偿教义体系，这对当下中国征收补偿标准、补偿计算方法等具体制度的构建具有功能主义层面的借鉴价值。[①]

最后，我国现行立法规定了征收补偿程序，但尚未形成完整且体系化的逻辑闭环。2019 年 8 月《土地管理法》修改，这一问题仍未得到解决。美国征收法中的公正补偿是在一套相对严格和封闭的征收补偿程序中得以实现的。正如习近平总书记要求："不忘本来、吸收外来、面向未来"，[②] 我们可以适度借鉴美国征收补偿程序的经验，结合中国国情，构建具有中国特色的征收补偿程序规范体系和知识体系。

第一节　财产权利束概念的构建

现代产权理论的创始者罗纳德·科斯并未对财产权给出一个准确而周延的定义，而是将财产权视作一种"权利束"。[③] 在美国征收法中，法院遵循经验路径，以财产的"利用"为核心，对财产权进行概念分割，强调被征收财产上存在不同的权利分支：财产是一个权利束，由多支权利组成，

---

① 虽然按公平市场价值补偿不是最充分和完美的补偿，但作为对实际困难的最公平妥协，按公平市场价值补偿仍不失为一种最有效和最合理的选择，我国《国有土地上房屋征收与补偿条例》已采用类似的标准，该条例第 19 条规定："对被征收房屋价值的补偿，不得低于房屋征收决定公告之日被征收房屋类似房地产的市场价格。被征收房屋的价值，由具有相应资质的房地产价格评估机构按照房屋征收评估办法评估确定。"

② 吴兢，李鹤，于洋 . 不忘本来 吸收外来 面向未来［EB/OL］.（2016-05-20）［2024-06-01］. http://theory.people.com.cn/n1/2016/0520/c40531-28365256.html.

③ 罗浩轩 . 通往"权利束完整之路"：中国农地制度变迁的理论逻辑［J］. 北京师范大学学报（社会科学版），2022（6）：116-123.

每支权利均可从权利束中单独分离出来并由不同人持有。在美国征收补偿案件里，法院依照财产权利束概念，将补偿客体理解为可分割的权利，而非物。

与美国法不同，我国财产法深受大陆法系影响，遵循严格的概念逻辑体系，构建出以所有权为权利集散点的财产权利体系①，所有权由占有、使用、收益和处分权能构成，以统一所有权概念呈现。然而，随着土地财产权利的多元化以及土地利用实践的变化，传统的统一所有权理念已难以全面阐释土地制度改革中的土地财产权利，集体土地所有权与集体土地使用权之间的关系愈发复杂、多样，超出了传统的财产权知识体系。虽然域外财产法中的权利束理念无法直接应用于中国语境，但能够为化解当前中国征收补偿制度改革的困境提供一种可供参考的途径。

一、作为权利束的土地国家所有

国家所有即全民所有，国家所有最为重要的是国家对土地的所有权。在中国土地公有制的背景下，针对国有土地的权利通常是使用权。依据《宪法》《城市房地产管理法》《土地管理法》《土地管理法实施条例》的规定，国家机关、企事业单位、社会组织和个人均可取得国有土地使用权，国有土地使用权与国家的土地所有权相互分离。《民法典》将国有土地使用权界定为建设用地使用权，取得国有土地使用权的主体能够建造建筑物、构筑物和其他附属设施，并获取相应的所有权。在国有土地房屋征收中，征收客体是国家土地

---

① 赵萃萃. 英美财产法之 Estate 研究——以财产和财产权的分割为视角［M］. 北京：法律出版社，2015：10.

上的房屋所有权，土地使用权由政府"收回"。[①]

（一）国家的土地所有权

1982 年《宪法》首次以专门条文明确国家的土地所有制度，宪法第 10 条第 1 款和第 2 款规定，城市的土地以及依法属于国家所有的农村和城市郊区的土地属于国家所有。[②] "国家"是一个抽象的概念，1998 年修改的《土地管理法》明确国家的土地所有权由国务院代表国家行使，下级土地行政管理部门负责全国土地的管理和监督。[③] 国家的土地所有权在制度设计上通常将功能定位为公共（社会）目的，例如，保障人权、国家安全、政治稳定、社会公平，甚至是保障人类生存和发展等，更多地体现为在最高政治权利基础上行使的或者在土地行政管理关系中的公权力。[④] 但不能因国家所有权的主体性质特殊，制度功能特别，就完全否定国家所有权的财产权属性。2007 年《物权法》将国家所有权规定为三大物权之一，没有将国家所有权与私人所有权、集体所有权作出区别规定，而是规定对三者平等保护，《民法典》沿袭这一规

[①] 《土地管理法》第 58 条第 1 款第 1 项和第 2 款规定："有下列情形之一的，由有关人民政府自然资源主管部门报经原批准用地的人民政府或者有批准权的人民政府批准，可以收回国有土地使用权：（一）为实施城市规划进行旧城区改建以及其他公共利益需要，确需使用土地的……依照前款第（一）项的规定收回国有土地使用权的，对土地使用权人应当给予适当补偿。"《城市房地产管理法》第 20 条规定："国家对土地使用者依法取得的土地使用权，在出让合同约定的使用年限届满前不收回；在特殊情况下，根据社会公共利益的需要，可以依照法律程序提前收回，并根据土地使用者使用土地的实际年限和开发土地的实际情况给予相应的补偿。"《房屋征收与补偿条例》第 13 条第 3 款规定："房屋被依法征收的，国有土地使用权同时收回。"

[②] 中华人民共和国宪法［M］.北京：中国法制出版社，2018：13.

[③] 土地矿产法中心.土地无权常见问题专家解答［M］.北京：中国法制出版社，2007：2.

[④] 沈守愚.从物权理论析土地产权权利束的研究报告［J］.中国土地科学，1996（1）：24-29.

定。① 国家所有权遵守所有权的一般规则，具有占有、使用、收益和处分等相对完整的权能。国家所有权也有一般财产权所具有的资源配置功能，例如，通过构建土地使用权制度或者通过处分国家非专属财产如森林、滩涂、草原等来实现所有权的经济利益。② 作为一种终极性质的财产权利，③ 国家的土地所有权也具有私法上的财产权利属性。④

（二）国家机关、企事业单位、社会团体或个人的国有土地使用权

国有土地使用权以土地所有权为基础，但国有土地使用权有相对独立于土地所有权的性质。中华人民共和国成立以来，我国逐步将原私人土地所有权转化为国有土地所有权和集体土地所有权。围绕国家土地所有权的行使与实现，创设了国家土地所有权与土地使用权分离的土地使用权制度，具体为国有土地使用权划拨、出让、转让、确认和收回制度。1989 年，原国家土地管理局发布《关于确定土地权属问题的若干意见》，奠定了国有土地使用权有偿出让和转让的制度基础。1990 年 5 月 19 日，国务院发布《中华人民共和国城镇国有土地使用权出让和转让暂行条例》，根据该法第 3 条和第 4 条规定，无论是中国境内，还是境外的公司、企业、其他组织和个人，除法律另有规定外，都可以取得国有土地使用权，并且土地使用权人在土地使用年限内可

① 《民法典》第二编第五章题为"国家所有权和集体所有权、私人所有权"，即将国家所有权与集体所有权、私人所有权并列表述，根据全国人大法工委立法技术规范（试行）（一）第 13 项对"和，以及，或者"的解释，"'和'连接的并列句子成分，其前后成分无主次之分，互换位置后在语法意义上不会发生意思变化"。

② 根据《民法典》第 246 条至第 254 条的规定，国家所有权的客体包括国家专属财产和国家非专属财产，国家专属财产是指仅为国家所有的财产，包括矿藏、水流、海域、城市土地、无线电频谱资源、国防资产等；国家非专属财产是指出除国家之外，还可以归集体或者私人所有的财产，包括部分农村和城市郊区的土地、森林、滩涂、荒地、文物以及铁路、电力设施、电信设施等基础设施。

③ 陈霄，叶剑平．对基于权利束分离城市土地金融之思考［J］．金融理论与实践，2009（11）：8-11.

④ 参见：王利明．物权法专题研究（上）［M］．长春：吉林人民出版社，2002：7.

以将国有土地使用权转让、出租、抵押或者用于其他经济活动。① 随着《城市房地产管理法》《土地管理法》《土地管理法实施条例》《闲置土地处置办法》《划拨土地使用权管理暂行办法》《国有企业改革中划拨土地使用权管理暂行规定》② 等法律规范的通过，国有土地使用权划拨③、出让、转让、确认和收回制度基本成型。划拨是土地使用权的无偿取得方式；出让是土地使用权的有偿取得方式，即土地使用人向国家交付土地使用权出让费用，国家在一定使用年限内让与土地使用权，属于国家第一次转让的土地使用权，具有他物权设定的法律效果；转让是指取得国有土地使用权的土地使用权人在土地使用年限内可以将国有土地使用权转让给其他土地使用人，是国有土地使用权的再度转让，具有他物权转移的法律效果；确认是指依照国有土地的利用现状确认土地使用权人的土地使用权；收回是指国家依据《土地管理法》第58条和《城市房地产管理法》第20条、第22条规定的情形，提前或者按期收回原交由土地使用权人使用的国有土地使用权。④

划拨、出让、转让、确认和收回不改变国有土地所有权的归属，只改变国有土地使用权的归属。出让和划拨的国有土地使用权又称作国有土地上的建设用地使用权，以国家土地所有权为基础，是国家在自愿约束自己所有权的基础上创设的权利。按照《民法典》"物权"编中的规定，国有土地使用权属于用益物权，一经设立，即可在他人之物上得以使用和收益。作为从国有

---

① 王达. 房屋征收及拆迁中的土地补偿问题 [J]. 中国房地产，2008（3）：43-47.

② 自2019年7页24日起，《划拨土地使用权管理暂行办法》《国有企业改革中划拨土地使用权管理暂行规定》废止。

③ 作价出资（入股）土地使用权、授权经营土地使用权属于划拨土地资产的管理方式，并非国有土地使用权的配置方式。

④ 收回国有土地使用权的4种情形：①为实施城市规划进行旧城区改建以及其他公共利益需要，确需使用土地的；②土地出让等有偿使用合同约定的使用期限届满，土地使用者未申请续期或者申请续期未获批准的；③因单位撤销、迁移等原因，停止使用原划拨的国有土地的；④公路、铁路、机场、矿场等经核准报废的。

土地所有权分离出来的一项相对独立的他物权，国有土地使用权具有财产权的权利属性和特征，应将其视为一项独立的财产权利。[①]

（三）国家机关、企事业单位、社会团体或个人的国有土地上的房屋所有权

从国有土地与其上房屋的物理状态看，房屋无法脱离土地而独立存在，在权利关系方面，国有土地上的房屋所有权受到国有土地所有权和使用权的制约。但如上文所述，国有土地所有权和国有土地使用权能够分离，在特定条件下，国有土地上的房屋所有权与国有土地所有权和使用权也能够分离。[②]一旦土地使用权人依法在国有土地上修建房屋，土地使用权人对房屋拥有独立的自物权。鉴于我国实行房地一体原则，依据《城市房地产管理法》第 32 条、第 38 条、第 39 条和第 40 条的规定，以划拨和出让方式取得的国有土地使用权上的房地产可以转让；房地产转让时，房屋所有权和该房屋所占范围内的国有土地使用权同时转让。[③]因此，房屋所有权人有权取得房屋所有权和房屋所占范围内的国有土地使用权。

作为不动产，房屋属于《宪法》《民法典》等法律法规所保护的重要财产，房屋所有权一经登记公示，便具有排他性，房屋所有权人可以依法对自己的房屋享有占有、使用、收益和处分的权利。因此，与国有土地使用权相同，国有土地上的房屋所有权是具有财产属性和价值的财产权利。

[①]　彭贵才.论城市房屋拆迁中公民私有财产权的保护［J］.当代法学，2010（6）：12-18；金伟峰.论房屋征收中国有土地使用权的补偿［J］.浙江大学学报（人文社会科学版），2013（2）：100-107.

[②]　程琥.国有土地使用气管收回中的房屋征收补偿问题研究［J］.中共浙江省委党校学报，2017（4）：122-128.

[③]　中华人民共和国城市房地产管理法［M］.北京：中国法制出版社，2018；全国人民代表大会常务委员会关于修改《中华人民共和国土地管理法》《中华人民共和国城市房地产管理法》的决定［N］.中华人民共和国全国人民代表大会常务委员会公报，2019-09-20.

二、作为权利束的土地集体所有

集体土地所有可以分解出各支权利，[①]并在集体和其他不同主体之间进行配置。依据《宪法》《民法典》《土地管理法》《中华人民共和国农村土地承包法》（以下简称《农村土地承包法》）的规定，集体土地属于农民集体所有；根据用途的不同，分为农业用地、建设用地和荒地三类。在权能方面，三类土地上可析出不同的土地使用权：农业用地和荒地可析出土地承包经营权，建设用地可析出宅基地使用权、经营性建设用地使用权和公益性建设用地使用权。集体土地的所有权归农民集体，集体所有权之上的土地承包经营权、宅基地使用权归集体经济组织成员。获得承包经营权、宅基地使用权和其他建设用地使用权的集体经济组织成员事实上取得了土地的用益物权，相应土地上的附着物归相应的承包经营权人、宅基地使用权人和建设用地使用权人所有。

（一）集体的土地所有权

我国《宪法》第 10 条第 2 款规定农村土地属于"集体所有"。虽然学者们对"集体所有"的性质仍有争议，但土地集体所有正在成长为一项基本权利确是不争的事实。[②]在规范层面上，立法者们通过法律将土地"集体所有"的精髓转化为集体土地所有权。[③]《土地管理法》第二章"土地的所有权和使用权"明确规定了集体土地所有的内容，实际上将集体所有的土地视为一项

①　刘连泰，余文清 . 公平市场价值在集体土地征收补偿中的适用［J］. 浙江社会科学，2019（10）：21-29，156.

②　刘连泰 ."土地属于集体所有"的规范属性［J］. 中国法学，2016（3）：106-124.

③　杨青贵 . 集体土地所有权实现的困境及其出路［J］. 现代法学，2015，37（5）：74-84.

财产；《民法典》第二编"物权"第五章将集体所有权、国家所有权和私人所有权并列为三大物权。

相对于国家所有权的完整权能，我国集体土地所有权是一种"不完全的所有权"，主要表现在权能受到诸多立法限制，例如，所有权不能转移，农用地受到严格的用途管制。但是，立法对集体土地所有权权能的高密度管制并不会消解集体土地所有权的财产权属性。根据《土地管理法》第 11 条的规定[①]，"农民集体"是集体土地所有权的主体。虽然"农民集体"作为一个法律术语，相关立法未明确其性质，但它具有总的属性。[②] 基于农民集体与作为集体成员的集体经济组织成员之间的关系，集体土地所有权可以理解为由集体土地所在集体的全体成员对集体所有的土地享有占有、使用和收益。集体土地征收在于获得集体土地所有权，集体所有权性质转变为国家所有权，集体所有的土地转变为国家所有的土地。集体所有制下集体所有的土地与国家所有制下国家所有的土地在财产属性上并无二致。"中国农村的历史和现实经验已证明所有权与使用权分离以及使用权的个体化。[③]"集体所有的土地本质上就是农民的一项财产权利。

（二）集体经济组织成员的土地承包经营权

《土地管理法》第 10 条、第 13 条，《农村土地承包法》第 10 条、第 16 条，《民法典》第 331 条、第 332 条和《国务院关于深化改革严格土地管理的决定》等法律、法规和文件规定集体经济组织成员有权获得集体土地的承包

---

① 《土地管理法》第 11 条规定："农民集体所有的土地依法属于村农民集体所有的，由村集体经济组织或者村民委员会经营、管理；已经分别属于村内两个以上农村集体经济组织的农民集体所有的，由村内各该农村集体经济组织或者村民小组经营、管理；已经属于乡（镇）农民集体所有的，由乡（镇）农村集体经济组织经营、管理。"

② 温世扬.集体所有土地诸物权形态剖析［J］.法制与社会发展，1999（2）：39-43.

③ 张千帆.农村土地集体所有的困惑与消解.法学研究，2012，34（4）：115-125。

经营权。作为用益物权，土地承包经营权虽以集体土地所有权为基础，但集体经济组织承包土地已无需支付对价即承包经营费，也无需缴纳农业税。① 从权利的角度出发，土地承包经营权并未被集体土地所有权包含。土地承包经营权一经设立，便具有限制集体所有权的效力，获得土地承包经营权的成员对承包经营的土地享有占有、使用、收益和包括流转在内的一定处分权能。土地承包经营权作为独立用益物权，有绝对性和对世性，② 集体经济组织成员作为土地承包经营权的主体，有权获得独立于集体土地所有权的土地承包经营权的财产权益。我国《民法典》第 338 条已规定，承包地被征收的，土地承包经营权人有权就征收所导致的用益物权的消灭获得补偿。③

（三）集体经济组织成员的宅基地使用权和住房所有权

政府征收土地的目的在于获得集体土地的所有权，而不是宅基地使用权及其上的住房。基于"房随地走"的物权理论，即使宅基地上的住房对国家毫无价值，国家也只能在征收宅基地使用权依附的土地时一并征收住房。④ 在补偿问题上，《土地管理法》和《民法典》依据"地随房走"的物权理论，仅补偿建立在宅基地使用权上的住房。

虽然建立在集体所有土地上的宅基地使用权是农民以无偿方式取得的保障性、福利性权利，且受到诸多限制，但不能否认宅基地使用权的用益物权性质，也不能否认宅基地上的住房作为财产的性质。根据《宪法》第 13 条第 1 款和《民法典》第 243 条第 1 款的规定，农村村民的住房属于农民合法的私

---

① 参见:《全国人民代表大会常务委员会关于废止〈中华人民共和国农业税条例〉的决定》。

② 龚鹏程，卢梦. 集体土地征收补偿范围类型化探析［J］.江苏农业科学，2016（7）：569-572.

③ 《民法典》第 338 条规定:"承包地被征收的，土地承包经营权人有权依据本法第二百四十三条的规定获得相应补偿。"

④ 参见：蒙晓阳.私法视域下的中国征地补偿［M］.北京：人民法院出版社，2011：23.

有财产，是独立于土地之外的财产。从改革开放以来的立法和实践来看，住房和土地一直被视作两个各自独立的物，均是受《宪法》《民法典》等保护的财产。① 针对宅基地上住房买卖的立法限制正在放宽，集体经济组织成员的宅基地使用权和房屋所有权正成长为完整的物权。《中共中央关于全面深化改革若干重大问题的决定》指出，"保障农户宅基地用益物权……慎重稳妥推进农民住房财产权抵押、担保、转让，探索农民增加财产性收入渠道"②；《中共中央国务院关于实施乡村振兴战略的意见》指出，"适度放活宅基地和农民房屋使用权"③，这都预示了将来立法的走向。在确定补偿客体时，根据房地一体原则，并参照《房屋征收与补偿条例》的规定，可以将宅基地使用权与其上的住房作整体考量。④ 2019 年修改《土地管理法》，将原《土地管理法》第 47 条修改为第 48 条，规定对农村村民住宅进行补偿。⑤

（四）经营性建设用地和公益性建设用地使用权

集体建设用地使用权包括宅基地使用权、经营性建设用地使用权和公益性建设用地使用权。依照《民法典》第二编"物权"第三分编"用益物权"

---

① 参见：申建平. 对农村集体土地征收补偿范围的反思［J］. 比较法研究，2013（2）：100-109.

② 中华人民共和国中央人民政府. 中共中央关于全面深化改革若干重大问题的决定［EB/OL］.（2013-11-15）［2019-12-12］. http://www.gov.cn/jrzg/2013-11/15/content_2528364.htm.

③ 中华人民共和国农业农村部. 中共中央国务院关于实施乡村振兴战略的意见［EB/OL］.（2018-01-02）［2019-12-12］. http://www.moa.gov.cn/ztzl/yhwj2018/spbd/201802/t20180205_6136480.htm.

④ 《国有土地上房屋征收与补偿条例》只规定了对房屋的补偿，国有土地使用权用"收回"。但在补偿房屋时，又规定参照可比房屋的市场价值，国有土地使用权事实上在房屋价值中得到了考量。

⑤ 《土地管理法》第 48 条规定："……对其中的农村村民住宅，应当按照先补偿后搬迁、居住条件有改善的原则，尊重农村村民意愿，采取重新安排宅基地建房、提供安置房或者货币补偿等方式给予公平、合理的补偿，并对因征收造成的搬迁、临时安置等费用予以补偿，保障农村村民居住的权利和合法的住房财产权益……"《中华人民共和国土地管理法》［M］. 北京：中国法制出版社，2019.

第十二章"建设用地使用权"的规定，建设用地使用权属于用益物权。[①] 将建设用地使用权认定为用益物权，权利束的思路正在土地制度改革中转化为立法。建设用地使用权的构建，特别是经营性建设用地使用权的强化，虚化了集体土地所有权，使集体土地入市绕开了诸多制度壁垒。建设用地使用权入市，优化了建设用地使用权的最优配置，有利于增加农民的财产性收入。[②] 市场化的建设用地使用权使原本已就虚化的集体土地所有权再度虚化，[③] 成为集体土地上一支重要的财产权利。

集体土地制度改革不断丰富土地集体所有的权利图景，"一支又一支"的土地权利破茧而出。作为"一束权利"，土地集体所有不仅包含多重主体——集体经济组织和集体经济组织成员，也包含多支权利——集体土地所有权、土地承包经营权、经营性建设用地使用权、公益性建设用地使用权和宅基地使用权等。在坚持公有制的前提下，我国形成了集体经济组织享有集体土地所有权、集体经济组织和集体经济组织成员分享土地使用权的权利结构。集体土地所有权不能自由交易已成共识，土地使用权的交易空间正逐步开放。十七届三中全会以来，土地承包经营权、宅基地使用权、集体经营性建设用地使用权和公益性建设用地使用权入市相继以试点的方式推进，土地使用权的市场属性日趋凸显，[④] 农民土地财产权逐渐在一个开放的财产法体系中成型。

---

① 参见：王利明，尹飞，程啸 . 中国物权法教程［M］. 北京：人民法院出版社，2007：326.
② 参见：韩松 . 集体建设用地市场配置的法律问题研究［J］. 中国法学，2008（3）：65-85.
③ 参见：桂华 . 集体所有制下的地权配置原则与制度设置——中国农村土地制度改革的反思与展望［J］. 学术月刊，2017（2）：80-95.
④ 新华社 . 中共中央国务院关于建立健全城乡融合发展体制机制和政策体系的意见［EB/OL］.（2019-05-05）［2024-06-01］.http://www.gov.cn/zhengce/2019-05/05/content_5388880.htm.

第二节　公平市场价值的适用

美国征收法上的公平市场价值是指自愿的买家支付给自愿的卖家的现金价格，[①] 为征收补偿虚拟了一个可自由交易的市场。与美国不同，我国实行土地公有制度，土地交易受到严格管制，但财产权利束概念已深植于我国财产权利改革的始末，土地国家所有和土地集体所有本质上是一束权利。只要将补偿的对象理解为权利而不是物，中国土地公有制与公平市场价值补偿的龃龉就不复存在——土地不能交易并不意味着土地上的权利不能交易。[②] 征收针对权利而不是针对物，[③] 对国有土地上房屋和集体所有土地的补偿实际上是对权利的补偿。我国已在国有土地上房屋征收补偿立法中有相应规定，集体土地征收补偿也能够采用这种方式，先将作为权利束的土地集体所有进行分解，然后依据不同权利的不同市场化程度适用不同的公平市场价值计算方法。

一、国有土地上房屋征收补偿中的"类似房地产的市场价格"

城市土地归国家所有，国家对土地所有权享有绝对的权利，因此，国有土地上房屋征收主要涉及房屋所有权和房屋所占范围内的国有土地使用权。

[①]　Olson v. United States, 292 U.S. 246, 257(1934); United States v. Miller, 317 U.S. 369, 373 (1943); Kimball Laundry Co. v. United States, 338 U.S. 1, 5 (1949); United States v. Va. Elec. & Power Co., 365 U.S. 624, 633 (1961); United States v. 564.54 Acres of Land, 441 U.S. 506, 511 (1979); Kirby Forest Indus., Inc. v. United States, 467 U.S. 1, 10 (1984).

[②]　刘连泰，余文清. 公平市场价值在集体土地征收补偿中的适用［J］. 浙江社会科学，2019（10）：21-29，156.

[③]　王兆国在 2004 年宪法修正案说明中指出，征收针对所有权。参见：王兆国. 关于《中华人民共和国宪法修正案（草案）》的说明——2004 年 3 月 8 日在第十届全国人民代表大会第二次会议上［J］. 中华人民共和国全国人民代表大会常务委员会公报，2004（S1）：67-74.

征收的对象虽为房屋，[①]但真正目的是收回房屋所占范围内的国有土地使用权。依照我国房地一体原则，房屋所有权的转移必然伴随土地使用权的转移，征收人和被征收人事实上存在两种法律关系：一种是房屋征收法律关系，另一种是国有土地使用权收回关系，[②]后者往往伴随前者发生。

国家收回国有土地使用权可分为无偿收回和有偿收回。根据《土地管理法》第 58 条第 1 款第（二）、（三）、（四）项和《基本农田保护条例》第 18 条第 1 款的规定，因土地使用权期限届满、单位撤销或迁移而停止使用原划拨土地，原使用土地项目经核准报废等，国家可无偿收回土地使用权。因基于公共利益征收国有土地上房屋，同时"收回"国有土地使用权，国家要依法予以补偿。《城市房地产管理法》第 20 条、《土地管理法》第 58 条 1 款第（一）项和第 2 款以及《城镇国有土地使用权出让和转让暂行条例》第 42 条规定，国家因实施城市规划进行旧城区改建或者其他公共利益需要，依照法律程序提前收回土地使用权人依法取得的国有土地使用权的，要根据土地使用权人使用土地的实际年限和开发土地的实际情况给予相应或适当的补偿；此外，《民法典》第 358 条还规定："建设用地使用权期限届满前，因公共利益需要提前收回该土地的，应当依据本法第二百四十三条的规定对该土地上的房屋以及其他不动产给予补偿，并退还相应的出让金。[③]""相应的补偿""适当的补偿"和"退还相应的出让金"的规定给国家施加了相应的义务。因此，无论是以出让方式获得的土地使用权，还是以划拨方式获得的土地使用权，

---

① 《征收与补偿条例》（2011）第 8 条第 1 款规定，"为了保障国家安全、促进国民经济和社会发展等公共利益……确需要征收房屋的，由市、县级人民政府作出房屋征收决定"。《国有土地上房屋征收与补偿条例》[M]．北京：中国法制出版社，2012：4.

② 渠滢．双重补偿责任下的国有土地上房屋征收补偿范围重构[J]．河北法学，2018，36（5）：107-116.

③ 《中华人民共和国民法典》[M]．北京：中国法制出版社，2021；全国人民代表大会常务委员会关于修改《中华人民共和国土地管理法》《中华人民共和国城市房地产管理法》的决定[N]．中华人民共和国全国人民代表大会常务委员会公报，2019-09-20.

在因征收而导致的国有土地使用权收回法律关系中，征收人实际上负有双重的补偿责任：一是对被征收人的房屋所有权进行补偿，二是对被征收房屋所占范围内的国有土地使用权进行补偿，在房屋所有权人以出让等支付相应对价的方式取得国有土地使用权的情况下尤其如此。

在具体补偿问题上，《征收与补偿条例》第 17 条以列举的方式规定了国有土地上房屋征收补偿范围，包括三类：①被征收房屋的价值；②搬迁、临时安置费用；③停产停业损失。此外，《征收与补偿条例》第 17 条第 2 款还规定有奖励和补助，该规定中的奖励属于额外补偿，对于如何奖励、补助以及奖励、补助多少等问题，《征收与补偿条例》将其授权给市、县级人民政府，市、县人民政府可根据当地情况决定。当前征收补偿实践中的"奖励"方式主要有四种：第一种是按被征收房屋的补偿数额奖励①，第二种是按被征收房屋的合法面积奖励②，第三种是以户为单位奖励③，第四种是以时间段为基础分阶段、分档次给予被征收人奖励④。

对于如何计算被征收房屋的价值，《征收与补偿条例》摒弃原国有土地上房屋征收的行政化补偿标准，采用市场化补偿标准。《征收与补偿条例》第 19 条第 1 款规定，补偿不得低于被征收房屋"类似房地产的市场价格"。⑤虽然《征收与补偿条例》仅规定了对房屋的补偿，对国有土地使用权采用"收回"，但征收人是以"类似房地产的市场价格"计算房屋价值，这意味着国有土地

---

① 按照被征收房屋的建筑面积结合区位房屋补偿价的 n% 给予一次性搬迁奖励，金额最高不超过 x 万元。例如，《厦门市思明区人民政府关于鼓浪屿整治提升项目房屋征收决定》，n 为 10，x 为 10。

② 按被征收房屋合法建筑面积 x 元 /m2 的标准给予被征收人按期搬迁奖。例如，《"零陵古城"路网建设工程项目范围内国有土地上房屋征收与补偿方案》，x 为 100。

③ 例如《哈尔滨市武源街棚改项目房屋征收补偿方案》是以户为单位，给予每家一定数额的额外奖励。

④ 即基于房屋征收的时间段，给予奖励，例如《长沙市国有土地上房屋征收奖励和补助办法》。

⑤ 《征收与补偿条例》第 19 条第 1 款规定："对被征收房屋价值的补偿，不得低于房屋征收决定公告之日被征收房屋类似房地产的市场价格。"《国有土地上房屋征收与补偿条例》［M］. 北京：中国法制出版社，2012：9。

使用权价值事实上包含在房屋价值中。① 以"类似房地产的市场价格"计算的房屋价值包括了房屋所有权价格和该房屋所占范围内土地使用权的价格。② 我国《征收与补偿条例》中的"类似房地产的市场价格"与美国征收法中的财产的"公平市场价值"类似。在美国，财产是一个权利束，包含了一支又一支可被分割的权利或者权益。不论被征收财产包含多少支权利，法院在评估财产的公平市场价值时，都必须考量每支权利对财产市场价值的影响，然后运用"整体规则"得出被征收财产的公平市场价值。③ 在我国，房地一体，房地产不可移动，房地产交易的客体不是物，而是权利，例如房屋所有权、土地使用权等。在房屋征收中，征收人征收的是房屋所有权，同时"收回"房屋所占范围内的土地使用权，补偿时，征收人遵循"类似房地产的市场价格"标准，根据《征收与补偿条例》第 19 条和《征收评估办法》第 11 条、第 14 条的规定，房地产价值评估机构在评估类似房地产的市场价格时必须考虑房屋所有权和房屋所占范围内的土地使用权对房屋价值的影响，只不过最终是以总的"房屋价值"的形式补偿给被征收人。在具体的计算方法上，"类似房地产的市场价格"计算方法也与公平市场价值的计算方法相同：被征收房屋的类似房地产有交易的，采用市场法，相当于美国征收法中的可比销售法；被征收房屋没有交易但有经济收益的，采用收益法，相当于美国征收法中的收益资本法；被征收房屋既没有交易，也没有经济收益的，采用成本法，相当于美国征收法中的重置成本法；被征收房屋在建的，采用假设开发法，相当于美国征收法中的开发成本法。

① 我国住房与城乡建设部在 2011 年 6 月 3 日公布的《国有土地上房屋征收评估办法》中明确指明，房屋价值包含土地使用权价格。该办法第 11 条规定："被征收房屋价值是指被征收房屋及其占用范围内的土地使用权在正常交易情况下，由熟悉情况的交易双方以公平交易方式在评估时点自愿进行交易的金额，但不考虑被征收房屋租赁、抵押、查封等因素的影响。"

② 殷琳 . 国有土地上房屋征收中的土地使用权补偿 [J]. 城乡建设，2012（9）: 85-86.

③ Uniform Appraisal Standards for Federal Land Acquisitions [M]. 5th ed. Washington: The Appraisal Foundation, 2000: 53-54.

二、公平市场价值在集体土地征收补偿中的适用

补偿标准是集体土地征收补偿研究中无法回避的议题之一，从早期的"原用途年产值倍数"标准，到近期的"区片综合地价"标准，再到当下的"公平市场价值"标准，学者们对集体土地征收补偿标准的理论探索从未停歇。

就目前情况而言，可以从研究视角和研究内容两个方面对理论研究予以归纳和总结。一是从研究视角上，大致可分为本土论者和比较论者，前者关注中国集体土地征收补偿标准的理论建构和规范分析，提出不同的征地补偿标准；① 后者关注土地征收补偿标准的中外比较分析，并提出将域外的补偿标准或补偿标准理论引入中国征收法，以便更好地保障被征地农民的财产权益。② 二是从研究内容上，主要提出了三种主张：一种主张在现行法律规定的补偿基础上以一定价值比例适度地提高集体土地征收的补偿标准，③ 另一种主张根据被征地农民的社会生活成本来确定补偿标准，④ 还有一种主张合理配置被征收土地的发展权以实现对被征地农民的公平补偿。⑤ 在讨论补偿标准时，尽管学者们的观点和策略不尽相同，但都认为现行的集体土地征收补偿标准存在补偿过低的问题，并试图"以市场为基础"来制定新的补偿标准，以构建符合我国市场现状的集体土地征收补偿标准体系。尤其是在 2011 年《征收与补偿条例》纳入"类似房地产的市场价格"补偿标准以及 2019 年《土地管理法》明确集体经营性建设用地可直接以出让、出租等方式进入建设用地市

---

① 申建平.对农村集体土地征收补偿范围的反思［J］.比较法研究，2013（2）：100-109.

② 袁治杰.德国土地征收补偿法律机制研究［J］.环球法律评论，2016，38（2）：113-136.

③ 王兴运.土地征收制度立法困境透视［J］.人民论坛，2014（29）：30-33，79；王兴运.土地征收补偿制度研究［J］.中国法学坛，2005（3）：135-143.

④ 卢海元.土地换保障：妥善安置失地农民的基本设想［J］.中国农村观察，2003（6）：48-54.

⑤ 程雪阳.论集体土地征收与入市增值收益分配的协调［J］.中国土地科学，2020，34（10）：28-33.

场之后，"以市场为基础"的集体土地征收补偿标准之争再度兴起。事实上，对这一问题的理论争论并不能很好地满足当前我国集体土地征收补偿标准的现实需求，也难以达成中央改革想要实现的目标。只有从规范与实践的双重视角出发，剖析"区片综合地价"标准的局限性，分析该标准相较于"公平市场价值"标准的优势及其在我国集体土地征收中的制度生存空间，才能为解读集体土地征收补偿标准提供一把钥匙。

（一）现行集体土地征收补偿标准：区片综合地价

受制于严格的土地用途管制，我国集体土地虽归集体所有，由集体经济组织成员实际使用，但集体经济组织成员实现土地收益的方式较为有限，基本限于农业用途。据此，我国早期的集体土地征收补偿主要以土地的农业收益为基础，并以"原用途年产值倍数"为标准对被征收人进行补偿。进入 21 世纪，在国务院的统一部署下，较为发达的沿海城市开始改变使用单一的"原用途年产值倍数"标准补偿被征收人的状况，转而采用"区片综合地价"标准。在地方层面，最早提出该标准的是浙江省人民政府。2002 年浙江省人民政府发布《关于加强和改进土地征用工作的通知》，该通知强调了"土地作为最基本的生产资料和生活保障"对农民的重要性，并提出以"区片综合地价"标准补偿城镇规划区内的农村集体土地。在中央层面，2019 年新修改的《土地管理法》第 48 条将旧法第 47 条的"原用途年产值倍数"标准改为"区片综合地价"标准，这一方面是对地方尝试的回应，另一方面也是对集体土地征收补偿标准的提升。"区片综合地价"标准要求政府在制定被征收农用地的地价时，应当综合考量此块农用地的原用途、资源条件、产值、区位、供求关系、人口以及经济社会发展水平等因素，并至少每三年调整或者重新公布一次。

相对而言，"区片综合地价"标准比"原用途年产值倍数"标准考虑了更多与土地相关的因素，但从规范条文来看，"区片综合地价"标准并未完全摆脱"原用途"和"政府行政定价"的大框架。现行的《土地管理法》第48条规定，农用地的补偿标准由省、自治区、直辖市人民政府通过公布区片综合地价来确定，农用地以外的其他土地的补偿标准，由省、自治区、直辖市制定。这种法律上的"空白授权"赋予省级人民政府较大的自由裁量权，意味着在确定被征收土地的区片综合地价时，政府基本上能够"直接定价"。依据有二，依据之一：《土地管理法》未具体规定计算方法和较为规范化的地价评估程序，实践中基本采用农地价格因素修正法、年产值倍数法、收益还原法或者剩余法等方式计算综合地价，但使用这些方法的前提是明确各种修正系数，这些修正系数包括但不限于区位修正系数、个别情况修正系数、期日修正系数、还原系数等，由于目前我国尚未制定全国统一的农用地定级评估标准，准确量化各项修正系数的工作难度极大，政府要么单方决定综合地价的修正系数并直接公布地价，要么直接将定价权下放给地市。依据之二：尽管《土地管理法》明确规定了制定区片综合地价时应考虑的各项因素，看似因素众多，但这些因素无一不受农用地原农业用途的影响。因此，政府大多回归土地的农业用途的年产值计算被征收土地的区片综合价格，即以土地年产值乘以区片安置倍数与区片土地补偿倍数之和，致使区片综合地价通常成为原用途年产值倍数价格的另一代名词。可以说，区片综合地价标准虽然在一定程度上提高了征收补偿额，但与中央政策和相关法律提出的"生活水平不降低、长远生计有保障"的目标仍有一定距离。

简言之，"区片综合地价"标准的评估因素虽更为多元，但究其根本，仍是以被征收土地的原用途为基础形成的政府指导价，既忽视了土地的最高且最佳用途，也侵犯了被征地农民的土地发展权。

1.对物：忽略了土地的最高且最佳用途

从征收目的来看，政府（国家）征收集体土地是为各类经济建设寻找合适的地块，并非继续将被征收土地用于农业用途。根据《土地管理法》等规定的征收程序，政府在作出征收决定之前必须获得建设用地审批，其中农业用地能够成功转为建设用地的前提是土地利用总体规划允许农用地转化用途，且城乡建设规划已经作出变更，这意味着拟被征收的农业用地的用途管制实际上已经被解除，不再限于农业用途，有可能是工业用途、商业用途或者其他有更高经济价值的用途，且事实上，拟被征收的农业用途在征收之后的用途也必将是农业用途之外的其他用途。集体土地征收本质上是财产的让渡。从经济学视角，集体土地征收应该遵守等价交换原则，从法学视角，集体土地征收应该遵守公平合理原则。《宪法》第 10 条第 3 款规定，"征收……并补偿"，宪法文本中规定的"补偿"本身就包含着"等价""补足""抵消损失"等内涵；2019年新《土地管理法》第 48 条第 1 款亦明确规定："征收土地应当给予公平、合理的补偿。"从土地用途的价值而言，在市场经济背景下，建设用地产生的价值远比农业用地产生的价值高。如果要实现法律规范上的"公平、合理的补偿"，被征收土地的价值应当与土地利用总体规划、城乡建设规划所允许的用途相适应。换言之，在农业用地的用途因征收而被释放时，补偿标准理应与释放后的新用途的价值相对应。然而，事实上，"区片综合地价"标准所给予的补偿本质上仍是一种基于原用途即征收前土地的农业用途的政府定价，既不是拟被征收土地的市场价值，也不是其最高且最佳用途的价值。

集体土地是集体经济组织及其成员的重要生产资料和重要财产，在较为理想的情况下，对被征收土地的补偿应当以被征收土地最适宜的价值为衡量标准。换言之，应当以被征收土地的或者至少是土地利用总体规划，尤其是征收审批程序中体现的规划所允许的被征收土地的用途（虽然这种用途的价值不一定是被征收土地的最高且最佳用途的价值，但至少是比农业用途价值更高的用途的价值）的价值补偿被征收人。此外，被征收土地的最高且最佳用途不一定是土地的原用途，也可能是土地在未来可适用的用途。在计算被征收土地的价值时，被征收土地的原农业用途不会磨灭其最高且最佳用途的存在可能性。理论上，一块地要实现最高且最佳用途必须同时满足法律允许、物理可能、经济可行和利润最大化这四个要件。[①] 基于双向公平的考虑，即补偿对被征收人和政府而言都是公平的，可以在这些要件满足时，强调政府必须以最高且最佳用途补偿被征收人。当前的事实表明，政府决定征收农用地之时，即已确认被征收农用地符合经济建设这一最高且最佳用途。

首先，如前文所述，政府基于公共利益将集体土地征收用于建设活动，必须符合《土地管理法》第45条所规定的土地利用总体规划、城乡建设规划和专项规划允许的要求，满足了最高且最佳用途的法律允许要件。其次，基于理性政府的考量，政府作出征收决定应符合理性人逻辑。《土地管理法》《土地管理法实施条例》的规定也表明了这一原理：政府拟申请征收集体土地前，应当开展拟征收土地现状调查和社会稳定风险评估，土地现状调查的内容包括征收范围、土地现状、征收目的、补偿标准等等，社会稳定风险评估的内容包括征收政策和项目实施的合法性、合理性、可行性和可控制性。这些调查和评估的内容基本涵盖了最高且最佳用途的其他要件的内容：物理可能考虑被征收土地的面积、结构、区位、人口数量等因素，经济可行考虑被征收土地目标用途将使用的经济资源的量和获得的回报，利润最大化关注实现目标用途的成本收益。只有当政府拟征收前的调查和评估结论证明将集体土地征收用于经济建设具有正的价值时，政府才会作出征收决定。因此，集体土地征收补偿标准应当以土地利用总体规划、城乡建设规划（法律允许）为基础，根据相应土地具有的物理可能、经济可行且利润最大化的用途的价值进行补偿，而不是以与农作物产量和价格成函数关系的原用途的价值进行补偿。

2.对人：侵犯了被征地农民的土地发展权

从我国土地权属关系和土地利用关系看，农民的生存养老最初依靠集体，

---

① 这四大要件的具体内容在本书第四章第三节中有详细的解释。

随后回归家庭。土地，尤其是耕地，成为农民重要的权利资源和赖以生存的基础。征收发生之前，农民生存所需的基本产品及服务成本有赖于传统的农业经营模式；征收发生之后，农民将被剥夺以土地为基础的低成本的生活方式和低风险的发展方式，被征地农民或转变为市民或沦落为失地农民。虽然现行法律采用了补偿权与社会保障权相联结的补偿模式，但事实上，能够依托"区位综合地价"标准给予的补偿顺利转换为市民的被征地农民只占很小一部分比例，绝大多数被征地农民只能涌入城市，寻找技术含量少、门槛低的工作，加之城市工种对务工年龄的限制，征收农用地将加剧劳动能力渐弱的农村老人的生存危机。截至 2023 年我国 60 岁及以上的人口突破 2.9 亿，其中 65 岁以上老年人口突破 2.17 亿，农村老年人口占比超 60%。① 在社会保障系统不足以为农民提供等同于城市居民的社会福利和公共服务的背景下，一旦完成征收补偿，《土地管理法》规定的"确保被征地农民生活水平有提高，长远生计有保障"的目标将无法完成。

问题产生的原因在于以"区片综合地价"标准计算的补偿没有充分考虑被征地农民的土地发展权，从而未能让其参与土地增值收益的分配。土地发展权，又称之为"土地开发权"，该权利源于土地的财产权，是一种潜在的、未来的权益。如今，土地对人类的供给已经超脱自然意义本身，更多地体现为经济意义上的供给。土地经济效用日渐凸显，土地成为农民和国家实现经济收入的主要渠道。当征收发生时，集体土地转变为国有建设用地，从而释放了土地发展权的经济价值，这种价值直接表现为土地收益增加，即巨额的土地增值。在实践中，土地用途转变所带来的增值收益，通常被视为政府征收行为之后的结果。巨大增值收益除了被各级政府以各种税费的方式取得外，剩余部分被政府和开发商以不同比例进行分割。而被征地农民及其所在的集体只能获得其中一小部分或者根本无法分享到相应的土地增值收益。

---

① 国家统计局 2023 年统计数据。

产权制度决定了农民及其所在集体可以分得多大程度的土地增值收益。在我国，农村土地归集体所有，土地用途受到国家的严格管制，农民仅享有土地承包经营权。农民及其所在集体分别作为农村土地的所有权人和使用权人，本质上享有农地分配利用的权利，即农地发展权。国家征收农民及其所在集体的土地并进行非农用开发的权力，是以农民及其所在集体的农地发展权为基础。此外，从经济学角度看，土地价格由土地本身的价值、社会经济发展带来的普遍增值和土地开发产生的特殊增值构成。虽然土地开发产生的特殊增值主要源于国家的征收行为和开发商的经济行为，但农民对土地本身的价值和土地的普遍增值也做出了不可忽视的贡献，包括生态价值、经济价值等。根据成本收益分析，土地开发产生的特殊增值必须扣除农民为此承受的成本。基于农民在土地上享有的权利及其对土地所做的具体贡献，理应分得相应的土地增值收益。然而，以原用途为基础的"区片综合地价"补偿却忽略了失地农民和农村集体组织对被征收土地的增值收益。2012年，《中共中央 国务院关于加快发展现代农业进一步增强农村发展活力的若干意见》中提出"兼顾国家、集体和个人利益的分配制度……提高农民在土地增值收益中的分配比例"的土地改革制度目标。2016年国土资源部在《关于印发农村土地征收、集体经营性建设用地入市和宅基地制度改革试点实施细则的通知》中强调，推动"地利共享"原则的实现。因此，为了在征地补偿中保护被征地农民的土地发展权，并确保他们能够公平地分享土地增值收益，必须对补偿标准进行有益尝试。

（二）适用公平市场价值的制度空间

较之公平市场价值在国有土地上房屋征收补偿中的适用，在集体土地征收补偿中使用公平市场价值需要作更多的分析和解释。根据现行法律，我国确立了以"土地补偿费、安置补助费以及农村村民住宅、其他地上附着物和青苗的补偿费"为内容的"对物"的补偿,[①] 并以区片综合地价确定土地补偿费和安置补助费,但没有具体规定如何计算。据此,诸多学者提出不能将公平市场价值适用于集体土地征收补偿之中,理由是在严格的土地用途管制中,集体土地不存在相关的"市场",集体土地的市场价值无法计算,集体经营性建设用地入市,并不代表农用地能入市,实践中并不存在反映集体土地公平市场价值的"市场"。[②] 这一说法并不成立。在征收语境中,征收的公共利益要件注定了"公平市场价值"是在虚拟交易市场中形成的虚拟价值。即便在建设用地交易较为频繁的国有土地上的房屋征收中,补偿标准所依赖的市场和市场价值也不是实际被征收房屋的"市场"和"市场价值",而是范围较为模糊的"类似房地产的市场价格"。"类似"一词表明了经验世界的市场具有不可完全复制性,它是一种法律上的拟制标准。相较于集体土地,城市土地征收补偿制度的改革步伐更为领先。国有土地上类似房地产的市场价格补偿是城市土地市场价值显化的制度回应,城市土地市场价值的显化一定程度上有助于确定集体土地的市场价值。

此外,家庭联产承包责任制的改革、集体经营性建设用地入市改革试点、集体土地的三权分置以及相关法律的修改,也表明集体土地的市场价值显化的可能性。2009 年的《农村土地承包法》第 10 条规定:"国家保护承包方依法、自愿、有偿地进行土地承包经营权流转";第 16 条规定:"承包方……依法享有承包地使用、收益和土地承包经营权流转的权利,有权自主组织生产经营和处置产品。"2013 年党的十八届三中全会通过的《中共中央关于全面深化改革若干重大问题的决定》提出:"建立城乡统一的建设用地市场。在符合

---

① 全国人民代表大会常务委员会关于修改《中华人民共和国土地管理法》、《中华人民共和国城市房地产管理法》的决定 [N].中华人民共和国全国人民代表大会常务委员会公报,2019-09-20.

② 渠滢.我国集体土地征收补偿标准之重构 [J].行政法学研究,2013(1):99-104;江敏超,宋怡欣,张炳达.城镇化过程中农民土地权利补偿市场化研究 [J].理论月刊,2015(6):121-125.

规划和用途管制的前提下，允许农村集体经营性建设用地出让、租赁、入股，实行与国有土地同等入市、同权同价。①"2015 年中共中央办公厅、国务院办公厅《关于农村土地征收、集体经营性建设用地入市、宅基地制度改革试点工作的意见》的通知。②2016 年中共中央办公厅、国务院办公厅发布《关于完善农村土地所有权承包权经营权分置办法的意见》，将我国土地财产权权利束中"土地所有权和土地承包经营权"的二权分置，调整为现在的"土地所有权、土地承包权和土地经营权"的三权分置，强化集体土地配置的灵活性。同年，国土资源部《关于印发农村土地征收、集体经营性建设用地入市和宅基地制度改革试点实施细则的通知》进一步推动了"地利共享"原则的实现。土地财产权的权能从强调"所有"到强调"利用"。③ 这些在一定程度上可以为征收人和被征收人了解集体土地市场价值提供基本概观，从而为集体土地征收补偿回归市场价值补偿提供了可能。

从规范上观察，2019 年新修改的《土地管理法》第 63 条第 1 款规定，农业或者其他用途的土地在符合土地利用总体规划、城乡规划所确定的工业、商业等经营性用途的情况下，也可以"调整入市"。且如上所述，政府征收农用地本质上是为了开发、建设，而不是为了继续用于农业生产，因此集体经营性建设用地产生的市场可作为农业用地等集体非经营性建设用地的市场，集体经营性建设用地入市导出的"市场价值"可以与农业用地等集体非经营性建设用地征收补偿标准相衔接。如上所述，作为一个权利束，集体土地所有可以分解出集体土地所有权、土地承包经营权、宅基地使用权和农村住房所有权，以及经营性建设用地和公益性建设用地使用权。相关政策和法律日渐表明集体土地上的使用权的权能正在不断强化，各支土地使用权的市场属性也日渐凸显。事实上，市场化补偿的触角已经延伸至我国部分地区的征地

---

① 　中共中央关于全面深化改革若干重要问题的决定［M］.北京：人民出版社，2013：13.

② 　相对于农业用地，建设用地的权能相对完整。国家正在开放建设用地使用权入市试点，建设用地使用权流转的制度桎梏正在解除。

③ 　刘玉姿.三维视角下农民土地财产权的实现［J］.中国土地科学，2019，33（2）：19-24.

补偿实践之中。当前，有许多地方采取了自由协商的征地补偿模式。^①以福建省晋江市市场化征地补偿为例，该市将征地补偿程序与预申请程序合并，交由市场完成。在补偿的选择上，设置通过市场配置预留申请权的方式配置土地资源，实现与农民共享土地增值收益，增加征地补偿额。^②这些均为征地回归市价补偿提供了可能。但是，需要注意的是，集体土地补偿标准的市场化并不意味着集体土地的市场化。在用途管制的背景下，集体土地补偿标准的市场化不会威胁国家粮食安全，反而会促进土地所有权人或者使用权人更加合理、高效地使用集体土地。

简言之，集体土地的产权正在一个开放且丰富的权利体系中成形，其市场价值或者类似市场价值日渐明晰，通过将集体土地的各项权利逐一划分并分别计算其价值，实际上可以规避集体土地所有权不能交易的制度桎梏。集体土地征收针对的是集体土地上的"权利"，而不是"物"，^③征地补偿应该与集体土地上的各支权利相匹配，^④即先以土地集体所有包含的各支权利为单位，分别计算各支权利的价值，然后在考虑各支权利的价值对整体价值影响的基

---

① 徐凤真，章彦英，何翠凤.集体土地征收制度创新研究［M］.北京：法律出版社，2012：198.

② 林依标，颜志平.征地补偿市场化研究——以晋江市为例［J］.中国国土资源经济，2010，23（6）：26-29.

③ 有的学者主张征收属于"原始取得"，也有的学者主张征收属于"继受取得"，但不论原始取得还是继受取得，均是关于集体土地他项权利在征收补偿中的地位之争，实际上可分解为两个问题，即他项权利能否作为独立的征收客体和能否获得补偿。答案并非全有或全无，就前者而言，集体土地上的他项权利不宜作为独立的征收客体，否则就意味着政府通过征收取得土地所有权后还需要通过征收取得其他地上权利负担，混淆征收的性质。但他项权利不能作为独立的征收客体，并不意味其不能获得补偿或者作为独立的补偿客体，理由有三，其一，他项权利获得补偿具有法理基础；其二，他项权利获得补偿具有比较法上立法例的支撑；其三，他项权利获得独立补偿符合我国农村土地制度改革的趋势。参见：田韶华.论集体土地上他项权利在征收补偿中的地位及其实现［J］.法学，2017（1）：66-78；房绍坤.公益征收法研究［M］.北京：中国人民大学出版社，2011：333.

④ 人民法院的司法实践已渐渐将补偿的对象延伸到其他权利，例如2018年最高法院在上海蝶球阀门技术开发部诉上海市闵行区人民政府案［（2018）最高法行申1995号］中判决，集体建设用地使用权人和房屋所有权人有权获得补偿。

础上，整体计算被征收财产的总价值。① 这种计算方法一方面可以绕开"集体土地所有权"因不能交易而无法计算公平市场价值的尴尬局面，另一方面，可以避免各支权利价值简单相加（加总）导致的"叠床架屋"问题。但需要注意的是，并非集体土地所涉及的每一项权利都应作为独立的补偿客体，对于"所有权＋用益物权＋担保物权"之物权体系中的"担保物权"，例如，抵押权、地役权，以及基于租赁合同成立的承租权，应纳入土地使用权统一计算，农民住房的租赁权价值应纳入宅基地使用权与其上的住房所有权作整体考量，② 即以未设担保物权和未负承租权的被征收权利的市场价值为基准计算补偿，再由作为征收关系人而非被征收人的被担保物权人或承租人按照合同约定的比例或者该权利在市场价值中的占比从被征收人所获征收补偿款中分割相应的金额。③ 在具体计算时，可以根据权利市场化程度的不同，分别用不同的方法计算公平市场价值：如果存在交易市场，用与被征收财产具有可比性的同类财产的售卖价值计算，即可比销售法；如果交易市场阙如，以财产的收益证明或者以重置财产的成本减去折旧计算，即收益资本法和重置成本法。④

---

① 类似于美国法上的"整体规则"，See United States v. Miller, 317 U.S. 369, 373-74（1943）. 随后，再根据各项权益的具体情况分配补偿。这也与 2019 年 7 月 18 日最高法院在吴达强诉开平市政府土地征收补偿纠纷案的再审行政裁定书［（2019）最高法行申 661 号］中强调的"根据土地承包合同所享有的承包权与经营权受到损害的，应当依法通过民事法律途径解决"的观点不矛盾。

② "统一计算"的说法，参见：田韶华. 论集体土地上他项权利在征收补偿中的地位及其实现［J］.法学，2017（1）：66-78；在美国法上，有类似的说法，即整体规则，参见：KANNER G. And Now, for a Word from the Sponsor: People v. Lynbar, Inc., Revisited［J］. University of San Francisco Law Review, 1970, 5: 39.

③ 人民法院的司法实践并未将担保物权人、承租人作为集体土地征收补偿程序中的权利主体，但认为这些权利人有权在征收补偿程序之后，根据合同，向担保人、出租人等主张分割相应比例的征收补偿款。例如，2014 年最高人民法院在南京新金陵装饰城管理有限公司与南京润轻投资发展有限公司租赁合同纠纷的再审民事裁定书［（2014）民申字第 2071 号］中指出，承租人因征收所致损失应该按照双方合同约定，结合实际投入、租赁合同的履行情况予以考量。2017 年最高人民法院在海口龙华湘水源商务宾馆诉龙华区政府行政征收案的再审行政裁定书［（2017）最高法行再 5387 号］中指出，承租人与房屋征收行为之间不具有利害关系，不能成为行政诉讼的原告，但承租人因政府征收行为导致房屋租赁合同终止的，就房屋租赁合同履行发生争议，承租人有权向有管辖权的人民法院提起民事诉讼。

④ See 4 NICHOLS. The Law of Eminent Domain § 12.311-12.313 (3d ed. rev. 1964).

（三）具体适用

1.可自由交易的权利：可比销售法

2015 年以来，我国部署开展的"三块地"改革突破了《土地管理法》的限制，[①] 土地承包经营权、集体经营性建设用地使用权、宅基地使用权的流转范围扩大至集体经济组织之外的成员。新修改的《土地管理法》已获通过，集体经营性建设用地使用权入市的政策被法律吸纳，鼓励盘活闲置宅基地由政策变为法律，土地承包经营权、宅基地和住房使用权以及经营性建设用地使用权正在市场化，成为可交易的商品。对于能够自由交易的权利，可以运用公平市场价值计算方法中的可比销售法计算征收补偿额。

（1）针对集体经济组织成员土地承包经营权的补偿方法

《民法典》第 338 条规定承包经营权人有权获得承包经营权损失的补偿。在承包经营权损失的具体补偿方法上，一些学者试图从青苗补偿费和安置补助费的相关规定中作出解释。[②] 另一些学者试图从土地补偿费的相关规定中推导出具体的补偿计算方法。[③] 但青苗补偿、土地补偿费补偿和安置补助的计算均不以成员的土地承包经营权为重点。总体上，我国现行征收补偿立法采用了补偿权与社会保障权相结合的补偿模式，在《民法典》第 338 条和《土地

---

① 参见：《关于农村土地征收、集体经营性建设用地入市、宅基地制度改革试点工作的意见》（2014 年 12 月 2 日）和《全国人大常委会关于授权国务院在北京市大兴区等三十三个试点县（市、区）行政区域暂时调整实施有关法律规定的决定》（2015 年 2 月 27 日）。

② 蒋月.农村土地承包法实施研究［M］.北京：法律出版社，2006：114.

③ 吴兴国，储松华.土地承包经营权人应为征地补偿费的独立受偿主体［A］.段应碧.纪念农村改革 30 周年学术论文集［C］.北京：中国农业出版社，2009:568;姚红.中华人民共和国物权法精解［M］.北京：人民出版社，2007：239-240.

管理法》第48条作出了一般性规定，但未针对土地承包经营权的补偿计算方法作出明确规定。

2016年中共中央办公厅、国务院办公厅发布《关于完善农村土地所有权承包权经营权分置办法的意见》，将我国土地财产权权利束中"土地所有权和土地承包经营权"二权分置模式调整为"土地所有权、土地承包权和土地经营权"的三权分置模式。2017年十九大报告提出新的土地承包政策，第二轮土地承包到期后再延长三十年。[①]2018年12月29日第十三届全国人大常委会第七次会议通过修改《农村土地承包法》，从法律上确认了土地所有权、土地承包权、土地经营权三权分置和土地经营权流转格局，从而使得通过市场货币化手段评估土地承包经营权的价值成为可能。目前，收益资本法是农地流转价格核算的最常用方法，[②]但收益资本法是在无参照的市场交易时才使用的方法。[③]在土地所有权、土地承包权与土地经营权"三权分置"的背景中，土地承包经营权有交易价值。在积累大量交易样本的基础上，可以依照可比销售法计算土地承包经营权价值。

（2）针对集体经济组织成员的宅基地使用权和住房所有权的补偿方法

现行征收补偿立法将农村村民住宅的补偿和城市住房的补偿作为两类不同的情形处理，二者之间存在显著的差异。虽然2019年8月修改的《土地管理法》将"农村村民住宅"从地上附着物中分离出来，但第48条第4款并未对农村村民住宅补偿作出详细规定。住宅补偿方式仍为两种：住房重建成本的纯货币补偿和按最低住房面积的一对一产权置换。在补偿计算方法上，法

---

① 习近平. 决胜全面建成小康社会 夺取新时代中国特色社会主义伟大胜利——在中国共产党第十九次全国代表大会上的报告［M］.北京：人民出版社，2017：31.

② 参见：艾建国，吴群. 不动产估价［M］.北京：中国农业出版社，2005：39-45；翟研宁. 农村土地承包经营权流转价格问题研究［J］.农业经济问题，2013（11）：82-86.

③ Yellow Book § 4.4.4, pp.136-142.

律将附着物的补偿标准授权给地方政府规定，各地具体的补偿标准存在较大差异。住房的补偿金额基本按照被征收住房建筑面积的建房成本经折旧后的价格结算。也就是说，农村住房现有的补偿计算方法是重置成本法，仅在极其特殊的情况下适用国有土地上房屋征收补偿方法。①

一般来说，用重置成本法计算被征收财产价值是无法适用可比销售法和收益资本法时的次优选择，有严格约束条件。用重置成本法计算被征收财产的前提是：可以重置，比如，土地上的建筑物和构筑物等；性质特殊，专门为适于财产权人的特殊目的而修建，并且将其改做其他用途将造成巨大损失的建筑物；②没有相应的市场交易或者市场交易极为有限，无法获得有关该财产市场价值的数据；有必要重置而且重置合理，要扣除适当的物理折旧、功能折旧和经济折旧。③如果集体经济组织成员住房的补偿不满足上述条件，则不能采用重置成本法，而应采用可比销售法。

住房作为集体经济组织成员的私有财产，具有独立的财产利益。一方面，宅基地使用权具有永久性，一旦农民取得宅基地使用权并在其上建造住房，通常能够永久拥有该住房并可永续居住；另一方面，相较于城市建筑成本，农村的建筑成本往往较低，④以重置成本法计算的住房的附着物补偿费往往无法让被征收住房的农民恢复到原来的居住条件，从而使其丧失适足居住

---

① 除了征收农村集体土地时未就被征收土地上的房屋及其他不动产进行安置补偿，补偿安置时房屋所在地已纳入城市规划区的情况下，集体土地征收补偿应依照土地管理法的相关规定予以补偿，一般不得按照《国有土地上房屋征收与补偿条例》进行补偿，参见：《最高人民法院行政审判庭关于农村集体土地征用后地上房屋拆迁补偿有关问题的答复》《最高人民法院关于审理涉及农村集体土地行政案件若干问题的规定》第 12 条第 2 款的规定以及 2017 年最高人民法院关于曾桂香等人诉兴宁市政府房屋征收决定案的行政裁定书［（2017）最高法行申 6215 号］。

② SACKMAN J L. The Limitations of the Cost Approach ［J］. Appraisal Journal, 1968, 36 (1): 53; 4 Nichols on Eminent Domain § 12C.01 ns. 93-95.

③ GRAY K M, WALSH K M. Measuring Just Compensation: Top Five Issues in Eminent Domain Valuation Trials ［R］. Philadelphia: ALI-CLE, 2019.

④ 郑小琼. 国务院酝酿修法规范集体土地征收补偿［N］. 法制日报，2011-04-11（01）.

权。依照《土地管理法》第 62 条、第 63 条、国务院办公厅《关于加强土地转让管理严禁炒卖土地的通知》第 2 条第 2 款、2015 年《关于农村土地征收、集体经营性建设用地入市、宅基地制度改革试点工作的意见》以及 2018 年中央一号文件关于"探索宅基地所有权、资格权、使用权'三权分置'"的规定，闲置的宅基地和闲置的农村住房可在集体内部或者在试点跨镇流转。虽然农村村民住宅交易仍受到一定限制，但仍有可用的市场交易数据。相较于在无市场交易情形下使用的重置成本法，可比销售法更适用于计算住房的价值。新修改的《土地管理法》将村民住房作为独立补偿对象，明确规定"国家……鼓励农村集体经济组织及其成员盘活利用闲置宅基地和闲置住宅"，[①] 强调住房的财产权属，强调保障被征收农民居住权，为可比销售法的适用提供了制度空间。

（3）针对经营性建设用地和公益性建设用地使用权的补偿方法

当前鲜有涉及建设用地使用权征收补偿的规范，仅《民法典》第 361 条规定，"集体所有的土地作为建设用地的，应当依照土地管理的法律规定办理"，[②] 且新修改的《土地管理法》并未对集体建设用地的征收补偿作出明确规定。2008 年十七届三中全会通过的《中共中央关于推进农村改革发展若干重大问题的决定》提出，"逐步建立城乡统一的建设用地市场"[③]；2013 年党的十八届三中全会通过的《中共中央关于全面深化改革若干重大问题的决定》删除"逐步"二字，提出"建立城乡统一的建设用地市场"，[④] 允许存量农村集

---

① 参见:《土地管理法》（2019 年）第 62 条第 6 款.《中华人民共和国土地管理法》［M］. 北京：中国法制出版社，2019.

② 《中华人民共和国民法典》［M］. 北京：中国法制出版社，2021.

③ 中华人民共和国中央人民政府. 中共中央关于推进农村改革发展若干重大问题的决定［EB/OL］.(2008-10-31)［2024-08-01］. http://www.gov.cn/test/2008-10/31/content_1136796.htm.

④ 中华人民共和国中央人民政府. 中共中央关于全面深化改革若干重大问题的决定［EB/OL］.(2013-11-15)［2024-08-01］. http://www.gov.cn/jrzg/2013-11/15/content_2528364.htm.

体经营性建设用地使用权在符合规划、用途管制和依法取得的前提下自由出让、租赁、入股，实现与国有建设用地使用权"同等入市，同价同权"；①2015年，全国人大常委会授权国务院进行集体经营性建设用地试点，集体建设用地入市在全国33个区县全面展开；2019年中央一号文件再次提出，"全面推开农村土地征收制度改革和农村集体经营性建设用地入市改革，加快建立城乡统一的建设用地市场"②。新修改的《土地管理法》破除了农村集体经营性建设用地入市的法律障碍，删除了原《土地管理法》第43条的规定，并将第63条修改为，农村集体经营性建设用地在符合规划、依法登记，并经本集体经济组织成员的村民会议三分之二以上成员或者三分之二以上村民代表的同意，可以通过出让、出租等方式交由农村集体经济组织以外的单位或者个人直接使用，同时，通过出让等方式取得的集体经营性建设用地使用权还可以通过转让、互换、出资、赠与或者抵押的方式进行再次转让。③经营性建设用地入市正在铺开，公益性建设用地入市试点也已启动。因此，对于可以自由入市的集体建设用地使用权的损失，没必要舍弃可比销售法，而采用收益资本或重置成本等其他市场价值计算方法，以确保土地承包经营权的价值计算更符合公正补偿原则的要求。

可比销售法是以近期类似财产的历史市场交易来评估被征收财产的价值，④必须要判断销售财产的可比性和非强制性。土地承包经营权、宅基地和住房使用权以及建设用地使用权流转的非强制性较容易判断，因为在无相反

---

① 李凤章. 论集体建设用地使用权的出让——以立法文本和问卷调查为基础的分析［J］. 政法论丛，2017（3）：69-81.

② 参见:《中共中央国务院关于坚持农业农村优先发展做好"三农"工作的若干意见》.

③ 《中华人民共和国土地管理法》［M］. 北京：中国法制出版社，2019.

④ WADE W W. Theory and Misuse of Just Compensation for Income-Producing Property in Federal Courts: A View from Above the Forest［J］. Texas Environmental Law Journal, 2016, 46:139.

证据时，通常推定此类流转是在自由和公开的市场上自愿发生的。[①] 销售财产的可比性一般要求探究销售财产地理位置邻近，其在质量、大小和用途等方面相似以及销售时间相近。[②] 地理位置邻近主要是比较土地承包经营权、宅基地使用权、经营性（公益性）建设用地使用权所在的承包地、宅基地、经营性（公益性）建设用地之间的距离和相应的交通便利程度等。随着交通设施的发展，地理位置邻近标准已有所放宽。质量、大小和用途等方面的相似性包括探究相关立法对具体土地承包经营权、宅基地使用权和经营性（公益性）建设用地使用权所作的规定，权利的剩余期限，承包地、宅基地和经营性（公益性）建设用地所作用途等是否相似。销售时间相近是指相应权利流转时间与权利估价时间相近，流转时间通常发生在征收之前。在三个标准均满足的情况下，通常能够得出评估土地承包经营权价值、住房价值以及建设用地使用权的可比价值。

2.不能自由交易的权利：收益资本法

土地集体所有不仅作为一项权利，还肩负保障农民生存和国家粮食安全的重任。随着耕地保护监管问责制等更为严格的土地用途管制层层加码，[③] 部分集体所有的土地只能严格遵循非市场化的利用方式，用于生产经济效益较低的粮食。《土地管理法》修改之前，我国以土地的农业收益为基准，将征地补偿标准统一简化为"土地原用途＋年产值倍数法"，并以"年产值的三十倍"设定最高补偿上限，土地的年产值与农作物产量和价格成函数关系，原则上与被征收土地的实物、区位、权益特征等其他因素无关。2019 年《土地管理法》修改后，我国明确了以区片综合地价方法来确定补偿，区片综合地价的确定将考虑土地原用途、土地资源条件、土地产值、土地区位、土地供

---

① 参见：彭卫兵 . 土地承包经营权流转纠纷解决机制研究［D］. 长沙：中南大学，2012：70-75.

② COEN C J. Eminent Domain: Damages［R］. Annual survey of Massachusetts Law, 1966:317.

③ 参见：《全国土地利用总体规划纲要（2006-2020 年）》和《关于全面深化农村改革加快推进农业现代化的若干意见》。

求关系、人口以及经济社会发展水平等因素。这一修改为采用原用途（农业）收益还原法之外的其他用途收益还原法提供了制度条件。

如前所述，集体土地所有权包裹的各项单独权利已被逐渐分解并在不同主体之间分配，管制加码下的农业用地包含了农业用地所有权、农业用地承包经营权和农业用地的未来发展权。农业用地所有权通常以土地承包经营权实现，在导入公平市场价值计算方法后，土地承包经营权可以计算农业用地所有权的部分价值，但改变土地用途后的经济收益即发展权价值没有计算在内。也就是说，当前以原用途收益还原法计算的农业用地征收补偿并未反映最高且最佳用途计算农业用地的价值。[①]

我国现行法律没有明确规定土地发展权是一项独立的财产权利类型，但从集体土地改革的实践逻辑和土地财产权利的内在法理看，土地发展权是农用地财产权利束中的一支重要权利。1998 年《土地管理法》确立了以土地用途管制为核心的土地管理制度，基于保护耕地和粮食安全的目的，我国禁止将农业用地用于非农开发，农地发展权受限，[②] 随着市场经济体制的确立，土地财产权属性日渐突显，土地财产权价值得到释放，传统土地农业用途管制的强制性、单向性和无偿性陷入制度困境，[③]2012 年中国共产党第十八次全国代表大会报告提出："改革征地制度，提高农民在土地增值收益中的分配比例，让失地农民分享到更为合理的土地增值收益。"2013 年党的十八届三中全会提出："建立兼顾国家、集体、个人的土地增值收益分配机制，合理提高个人收益。"2014 年中央一号文件和 2015 年中央一号文件再次重申

---

① CHRISTOPHER S. The Meaning of Value: Assessing Just Compensation for Regulatory Takings [J]. Northwest University Law Review, 2005, 99 (2): 677,742.

② 权能不受限制的土地，不存在发展权问题，土地发展权是一项在市场条件和政府管制共同作用下形成的混合权利。参见：张鹏. 土地准征收与补偿：土地发展权视角 [J]. 南京农业大学学报（社会科学版），2015，15（2）：64-72，126-127.

③ 参见：张先贵. 中国法语境下土地开发权是如何生成的——基于"新权利"生成一般原理之展开 [J]. 求是学刊，2015，42（6）：85-91.

农民的土地增值收益分配权，意在破解这一困境。土地发展权作为源于土地的财产权，是一种潜在、未来的权益。[①]征收发生之前，这种权益只是一种期待权，它以集体经济组织和集体经济组织成员享有的农业用地所有权、使用权为前提；征收发生之后，集体土地转变为国有建设用地，原有的土地用途管制被解除，土地用途转变激发了土地发展权的经济价值，作为期待权利和将来权利的土地发展权变现，[②]直接表现为土地收益增加，即巨额的土地增值。

在我国物权体系下，土地发展权无法单独转移，国家也尚未构建相应的发展权转移制度和发展权交易市场，在没有可用的市场交易时，保障农民土地财产权的最佳方法是以呈现发展权价值的收益还原方法，而不是纯粹以原农业用途的收益还原方法计算土地发展权价值。将收益资本法适用于农业用地征收补偿，需要分两步计算，第一步是按照可比销售方法计算土地承包经营权的价值，该价值由集体经济组织成员享有；第二步以假设可变为建设用地后的预期净收益还原土地发展权的资本价值：首先是选取已由农业用地转化为建设用地的标准土地，标准土地的选定需要确定一些相关的要素，包括土地的级别、土地的利用方式、影响土地价格的形状、大小、土地开发程度等；其次是确定标准土地的净收益，净收益是以土地用途转变所获的总收益减去总成本计算，总收益是转化为建设用地后的全部收益。总成本是农用地转化为建设用地所需的劳动成本、物质成本，税费等，需要注意的是，由于承包经营权损失的价值是政府应补偿给农民的价值，该价值实际上也是土地用途转化过程中的成本之一；最后是确定资本化率，如上所述，资本化率是一个变量，综合选定后的资本化率必须足够精确，[③]确保财产价值不会因资本

---

① 张金明，陈利根．论农民土地财产权的体系重构［J］．中国土地科学，2012（3）：41-48.

② "期待权作为发展中的权利和将来的权利，仍然是可以实际取得的"，参见：王泽鉴．民法学说与判例研究（第一册）［M］．北京：中国政法大学出版社，1998：186.

③ In re James Madison Houses, 17 App. Div. 2d 317, 234 N.Y.S.2d 799(1962).

化率的微小差异而产生巨大的差异。因此，市场中影响收益率的所有变量都必须加以考虑，包括收益风险、土地的稀缺性、土地的开发预期等。净收益除以资本化率得出土地发展权的资本价值。

当然，发展权并不完全归属于所有权人，我国宪法第 10 条第 4 款和 5 款规定，"任何组织或者个人不得侵占、买卖或者以其他形式非法转让土地……一切使用土地的组织和个人必须合理利用土地"，^①宪法对土地财产权利的限制以及《土地管理法》对土地用途的管制，至少可解读出发展权部分国有化的结论。因此，土地发展权价值不可能全部归集体经济组织成员或集体经济组织所有；当然，随着当前"一体两翼"的土地增值收益分配机制改革的展开，土地增值收益分配正逐渐向集体经济组织和集体经济组织的成员倾斜，^②土地发展权价值也不可能全部归国家所有。土地价格由土地本身的价值、社会经济发展带来的普遍增值和土地开发产生的特殊增值构成。^③虽然土地开发产生的特殊增值基本上源于国家的征收行为和开发商的经济行为，但集体经济组织成员及集体经济组织分别作为集体土地的使用权人和所有权人，对土地本身的价值和土地的普遍增值做出了卓越的贡献，包括生态价值，经济价值等，集体经济组织和集体经济组织的成员理应分享相应的土地发展权价值。因此，集体土地发展权价值是一项应在政府、集体经济组织（集体）和集体经济组织成员（个人）之间合理分配的收益。至于土地发展权价值的具体分配比例，可由国家根据自己、集体经济组织和集体经济组织成员对农业用地享有的权

---

① 中华人民共和国宪法 [M].北京：中国法制出版社，2018：13.

② 参见：彭錞.土地发展权与土地增值收益分配——中国问题与英国经验 [J].中外法学，2016，28（6）：1536-1553.

③ 肖顺武.从管制到规制——集体经营性建设用地入市的理念转变与制度构造 [J].现代法学，2018，40（3）：94-108.

利和各自的具体贡献程度大致确定。①

　　集体土地制度正在变革，一支一支的权利正从集体土地所有中剥离。② 土地承包经营权、宅基地使用权、集体经营性建设用地和公益性建设用地市场逐步开放，土地财产权的权能从强调"所有"到强调"利用"，① 土地集体所有越来越多地表现出"私"的面向，土地集体所有已慢慢被成员权解锁。如何改进当前的补偿制度，以更契合土地集体所有的权利束变迁趋势，更能满足集体经济组织成员对土地财产权的法感，还需要大量的制度智慧。现行法律列举补偿的物，确立集体土地的公平、合理补偿，并以区片综合地价方法取代原用途补偿倍数方法，补偿标准有所提高，但所规定的区片综合地价方法仍停留在以土地所有权为核心、以土地的生产资料属性为重点的补偿理念，既降低了集体土地所有的经济价值，也削弱了集体经济组织成员的土地财产权利。在当前体制下，虽然所有权尚不能入市，但使用权正在逐步入市，且公平市场价值补偿的空间正在开放。以往专注于集体土地所有权补偿应该位移，可以转向聚焦集体经济组织成员的补偿。从针对所有权的补偿，更多位移到针对使用权的补偿，让补偿的公平看得见。④

---

① 国家、集体和农户三者对土地价值上涨均有贡献，但精确划定具体的分配比例实际上并不可行，参见：彭錞. 土地发展权与土地增值收益分配——中国问题与英国经验［J］. 中外法学，2016，28（6）：1536-1553.

② QIAO S. The Evolution of Chinese Property Law: Stick by Stick? ［C］// CHANG Y C, SHEN W, Wang W Y. Private Law in China and Taiwan: Legal and Economic Analyses. Cambridge, Eng.: Cambridge University Press, 2017: 182-211.

① 刘玉姿. 三维视角下农民土地财产权的实现［J］. 中国土地科学，2019，33（2）：19-24.

④ 刘连泰，余文清. 公平市场价值在集体土地征收补偿中的适用［J］. 浙江社会科学，2019（10）：21-29，156.

第三节 征收补偿程序的重构

征收补偿程序并非包含征收程序与补偿程序两个完全独立的阶段，二者是一个连续、共存的过程，但为了更好地讨论补偿问题，本节将在有限的范围内将涉及补偿的程序从完整的征收补偿程序中抽离出来，并以"征收补偿程序"来表述。与更加强调行政权力优先性的征收程序不同，征收补偿程序更加强调产权的保护。

一、现行征收补偿程序解析

基于我国特有的二元土地所有结构，征收被分为国有土地上的房屋征收与集体土地征收两大类别，并分别适用两种不同的征收补偿程序。目前，我国尚未制定统一的征收补偿程序法，征收补偿程序则散见于一系列法律法规和规章中。

（一）国有土地上房屋征收补偿程序

在国有土地上房屋征收补偿程序中，政府在拟定征收补偿方案之前，应对拟征收范围内房屋的权属、区位、用途、建筑面积、用益物权、家庭成员、附属物面积、房屋结构等情况进行调查、登记，并将调查结果在房屋征收范围内向被征收人公布且听取意见。房屋调查的制度功能在于为房屋征收部门拟定征收补偿方案提供详尽的数据支持。若房屋征收部门在征收补偿方案拟定之后未进行调查登记，而直接开展征收补偿活动，那么就违背了法定程序。

在房屋调查、登记并公布调查结果之后，房屋征收部门能够着手拟定征收补偿方案，并将征收补偿方案上报市、县级人民政府，由其组织有关部门对征收补偿方案进行论证、公布并向公众征求意见。征求意见情况和根据征求意见情况修改的征收补偿方案也应当及时向公众公布。听证会并非征收补偿方案确定过程中的必经程序，只有当该征收是基于旧城改造的需要，且多数被征收人认为征收补偿方案违反《征收与补偿条例》的规定时，关于征收补偿方案的听证会才会成为征收补偿的必经程序之一。[①] 在房屋征收部门上报征收补偿方案到市、县人民政府作出房屋征收决定之前，市、县人民政府还应开展关于房屋征收的社会稳定风险评估。依据《征收与补偿条例》（第 12 条）、国务院《关于加强法治政府建设的意见》、国务院办公厅《关于进一步严格征地拆迁管理工作切实维护群众合法权益的紧急通知》、《关于创新群众工作方法解决信访突出问题的意见》以及中共中央办公厅、国务院办公厅《关于建立健全重大决策社会稳定风险评估机制的指导意见（试行）》等规定，评估的内容涵盖房屋征收政策和项目实施的合法性、合理性、可行性和可控制性，合法性评估主要涉及征收决定、程序的审查；合理性评估更侧重于征收补偿利益的调节，评估拟给予的补偿、安置或者救助是否合理、公平和及时；可行性评估将论证征收补偿决定的切实可行性；可控性评估将探究征收补偿决策的安全隐患。可以说，社会稳定风险评估是市、县人民政府作出房屋征收决定的前置程序和硬性门槛。作为房屋征收补偿决定的基础，征收社会风险评估通常存在两种功能定位：一种是预防性风险评估，主要评估征收项目引发社会稳定风险的可能性，制定风险防范对策和预案等；另一种是化解性风险评估，即在评估过程中化解可能存在的社会稳定风险，比如，通过奖励、

[①] 《国有土地上房屋征收与补偿条例》第 11 条第 2 款规定："因旧城区改建需要征收房屋，多数被征收人认为征收补偿方案不符合本条例规定的，市、县级人民政府应当组织由被征收人和公众代表参加的听证会，并根据听证会情况修改方案。"国有土地上房屋征收与补偿条例［M］. 北京：中国法制出版社，2012：6.

补助等方式提高总补偿金，以化解征收过程中存在的抵抗风险。房屋征收部门和政府在完成上述事项后，应在专门账户足额存入征收补偿费用，征收补偿费用专款专用。

房屋调查、征求意见、社会稳定风险评估和补偿款寄存均属于征收补偿决定作出之前的程序，在征收补偿决定作出之后，政府应将附有补偿安置方案的征收补偿决定进行公告，公告需载明相应的救济途径。随后进入房屋价值评估程序，房地产价格评估机构由被征收人协商选定，协商不成的，依照各省、自治区和直辖市制定的具体办法确定。根据《征收与补偿条例》第19条的规定，房地产价格评估机构将采用市场价值标准，即房屋决定公告之日被征收房屋的类似房地产的市场价格评估房屋价值。被征收人对房屋价值评估结果有异议，可以向房地产价格评估机构申请复核；若被征收人对复核结果仍有异议，可以向房地产价格评估专家委员会申请鉴定。房屋征收部门将根据最终评估结果与被征收人签订补偿协议，就补偿方式、金额、支付期限、搬迁费、临时安置费、停产停业损失、搬迁期限等事项进行协商。如果被征收人在签约期内不签订补偿协议，房屋征收部门将报请作出征收决定的政府，按照补偿方案直接作出补偿决定并公告，此时，被征收人只能通过复议或者诉讼的方式表达自身的诉求。如果被征收人与房屋征收部门签订补偿协议，在房屋征收部门支付补偿费用后，被征收人应当履行补偿协议，及时搬迁；不履行的，房屋征收部门可以申请法院强制执行（国有土地上房屋征收补偿的具体程序见图6-1）。

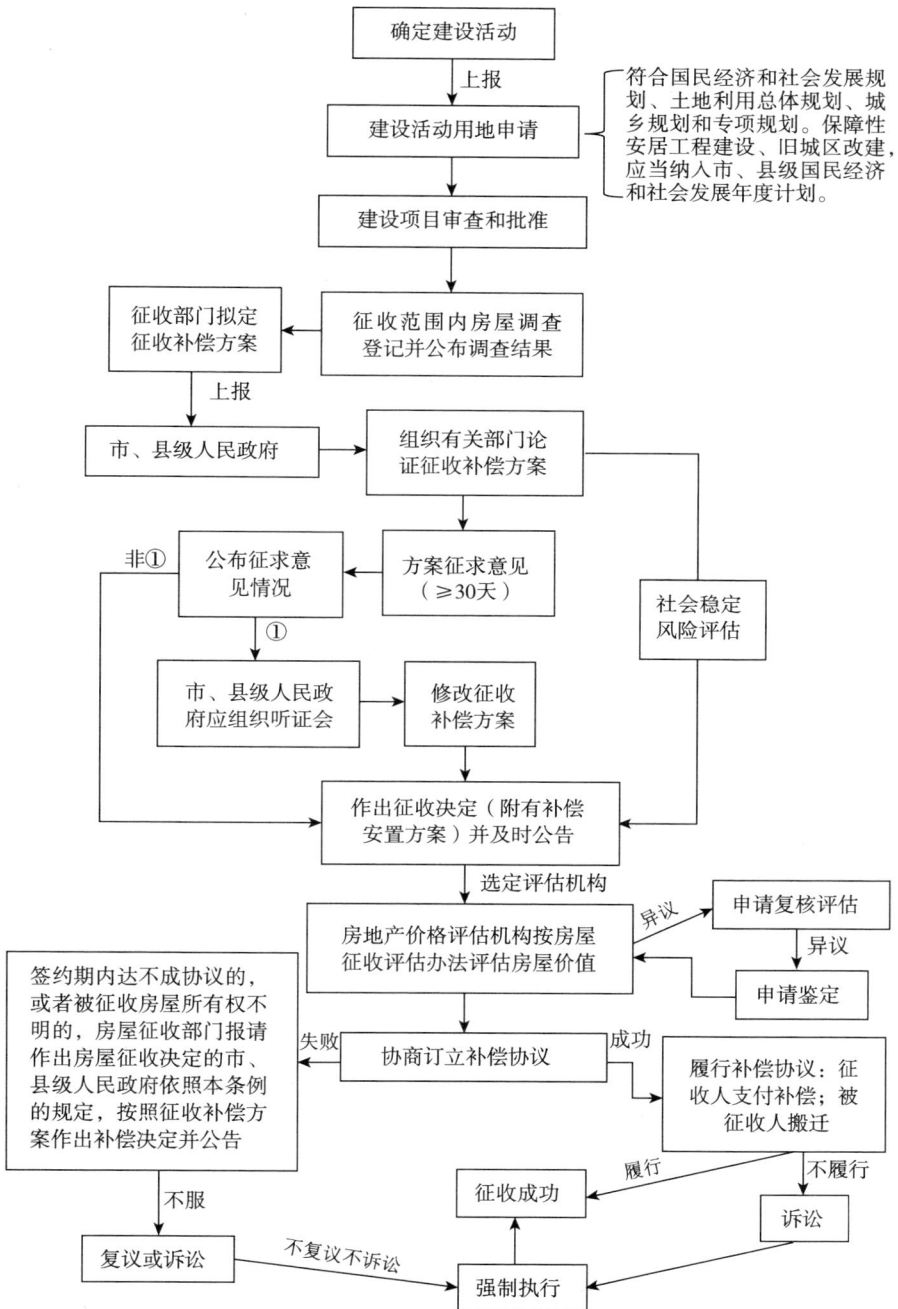

①因旧城区改建需要征收房屋，多数被征收人认为征收补偿方案不符合《征收与补偿条例》规定的，市、县级人民政府应当组织由被征收人和公众代表参加的听证会。

图6-1 国有土地上房屋征收补偿程序

（二）集体土地征收补偿程序

2019 年 8 月 26 日，《土地管理法》修正案通过，对集体土地征收补偿程序进行了部分修改。修改后的《土地管理法》第 47 条第 2 款规定，县级以上地方人民政府在申请征收前必须完成土地现状调查、社会稳定风险评估、公告拟征地补偿方案、特定情况下的听证会、补偿登记、测算和落实费用以及签订补偿安置协议等前期工作。其中，土地现状调查、社会稳定风险评估、特定情况下的听证会以及测算和落实费用是新《土地管理法》新增的内容。原《土地管理法》未规定土地现状调查和社会稳定风险评估程序。为进一步细化集体土地征收补偿程序，2021 年新修订的《土地管理法实施条例》在新修改的《土地管理法》基础上，对集体土地征收程序作出了更详尽的规定。有关集体土地征收之前的程序集中在《土地管理法实施条例》第 26 条、第 27 条、第 28 条和第 29 条，① 涉及以下几个较为重要的程序：一是征收之前的用

① 2021 年 7 月 2 日，中华人民共和国国务院令（第 743 号）第三次修订的《中华人民共和国土地管理法实施条例》第 26 条规定："需要征收土地，县级以上地方人民政府认为符合《土地管理法》第四十五条规定的，应当发布征收土地预公告，并开展拟征收土地现状调查和社会稳定风险评估。征收土地预公告应当包括征收范围、征收目的、开展土地现状调查的安排等内容。征收土地预公告应当采用有利于社会公众知晓的方式，在拟征收土地所在的乡（镇）和村、村民小组范围内发布，预公告时间不少于十个工作日。自征收土地预公告发布之日起，任何单位和个人不得在拟征收范围内抢栽抢建；违反规定抢栽抢建的，对抢栽抢建部分不予补偿。土地现状调查应当查明土地的位置、权属、地类、面积，以及农村村民住宅、其他地上附着物和青苗等的权属、种类、数量等情况。社会稳定风险评估应当对征收土地的社会稳定风险状况进行综合研判，确定风险点，提出风险防范措施和处置预案。社会稳定风险评估应当有被征地的农村集体经济组织及其成员、村民委员会和其他利害关系人参加，评估结果是申请征收土地的重要依据。"第 27 条规定："县级以上地方人民政府应当依据社会稳定风险评估结果，结合土地现状调查情况，组织自然资源、财政、农业农村、人力资源和社会保障等有关部门拟定征地补偿安置方案。征地补偿安置方案应当包括征收范围、土地现状、征收目的、补偿方式和标准、安置对象、安置方式、社会保障等内容。"第 28 条规定："征地补偿安置方案拟定后，县级以上地方人民政府应当在拟征收土地所在的乡（镇）和村、村民小组范围内公告，公告时间不少于三十日。征地补偿安置公告应当同时载明办理补偿登记的方式和期限、异议反馈渠道等内容。多数被征地的农村集体经济组织成员认为拟定的征地补偿安置方案不符合法律、法规规定的，县级以上地方人民政府应当组织听证。第 29 条规定："县级以上地方人民政府根据法律、法规规定和听证会等情况确定征地补偿安置方案后，应当组织有关部门与拟征收土地的所有权人、使用权人签订征地补偿安置协议。征地补偿安置协议示范文本由省、自治区、直辖市人民政府制定。对个别确实难以达成征地补偿安置协议的，县级以上地方人民政府应当在申请征收土地时如实说明。"

地审批程序，二是土地现状调查程序，三是社会稳定风险评估程序，四是补偿安置方案拟定、公告和签订程序。

针对用地审批程序，《土地管理法》第44条第1款规定，"建设占用土地，涉及农用地转为建设用地的，应当办理农用地转用审批手续"，《土地管理法实施条例》第34条规定："涉及占用农用地的，应当依法办理农用地转用审批手续"，同时《土地管理法》第46条第2款规定："征收农用地的，应当依照本法第四十四条的规定先行办理农用地转用审批。其中，经国务院批准农用地转用的，同时办理征地审批手续，不再另行办理征地审批；经省、自治区、直辖市人民政府在征地批准权限内批准农用地转用的，同时办理征地审批手续，不再另行办理征地审批，超过征地批准权限的，应当依照本条第一款的规定另行办理征地审批"。根据上述法律法规的规定，农用地转用审批与征地审批之间存在前后关系，原则上应当先申请农用地转用审批，才能办理征地审批。换言之，农用地转用审批是征地审批的前置程序，但有两种例外情况，分别是征收由国务院批准的农业用地和征收由省级人民政府在其权限内审批的农用地。这两种情况可以同时办理农用地转用审批和征地审批，体现了政府对行政效率的重视，但需要注意的是，农用地转用审批和征地审批两种程序安排的目的有所不同：农用地转用审批的主要目的在于实现土地用途管制，一方面控制建设用地总量，另一方面保护耕地。征地审批的目的在于防止公权力以公共利益为借口肆意征收集体土地，侵犯集体经济组织及其成员的财产权和社会保障权。因此，除这两种例外情况外，县级以上地方人民政府基于公共利益的需要拟征收土地之前，必须根据土地利用规划和法律的规定，提出将农业用途的集体土地转为建设用途土地的申请，转变土地用途申请通过后，才能启动征收申请，这也意味着农用地转用审批会对集体经济组织及其成员的土地财产权产生影响。但目前，相关法律法规对于征收前的农用地转用审批程序如何保障土地被征收人的合法权益，例如土地发展权，尚无规定。

针对土地现状调查程序，《土地管理法》和《土地管理法实施条例》均明确规定，征收之前应当开展拟征收"土地现状调查"。何为"土地现状调查"？《土地管理法实施条例》以列举调查范围的方式作出了规定，"土地现状调查"包括调查土地的位置、权属、地类、面积，以及农村村民住宅、其他地上附着物和青苗等的权属、种类、数量等，调查主体为县级以上地方人民政府。对于土地现状调查的具体实施程序，《土地管理法》和《土地管理法实施条例》均未予以规定。从法律的体系解释来看，与土地现状调查具体实施程序最为相关的条款是新修订的《土地管理法实施条例》第4条规定的"土地调查"程序。《土地管理法实施条例》修订前，第14条第1款规定，土地调查应由县级以上地方人民政府土地行政管理部门会同有关部门进行。《土地管理法实施条例》修订后，第4条删除了原《土地管理法实施条例》第14条第1款的规定，① 严格了土地调查程序，只有在全国土地调查成果公布后，县级以上地方人民政府方可自上而下逐级依次公布本行政区域的土地调查成果。第26条规定的集体土地征收之前的"土地现状调查"是否要遵循第4条规定的"土地调查"程序的要求，例如，土地调查结果是否应当考虑全国土地调查结果并与之保持一致，土地现状调查结果是否应当公布以及在公布程序上是否应获得上一级人民政府的批准，是否应当遵循自上而下的公布程序等要求。倘若不局限于"土地现状调查"和"土地调查"二者在语言表述上的差异，将基于《土地管理法实施条例》第4条作出的"土地调查"程序的要求作为集体土地征收之前的"土地现状调查"程序的要求，又会产生其他

---

① 《中华人民共和国土地管理法实施条例》第4条规定："土地调查应当包括下列内容：（一）土地权属以及变化情况；（二）土地利用现状以及变化情况；（三）土地条件。全国土地调查成果，报国务院批准后向社会公布。地方土地调查成果，经本级人民政府审核，报上一级人民政府批准后向社会公布。全国土地调查成果公布后，县级以上地方人民政府方可自上而下逐级依次公布本行政区域的土地调查成果。"

问题。例如，这种自上而下的土地调查程序要求能否满足地方基于公共利益征收集体土地的多样化需求？再者，如果将《土地管理法》和《土地管理法实施条例》所要求的征收前的"土地现状调查"视为基于《土地管理法实施条例》第4条作出的"土地调查"的低阶要求或者高阶要求，又将面临如何框定调查范围的问题，因为在调查范围上，新修订的《土地管理法实施条例》明确规定的"土地调查"的范围与"土地现状调查"的范围不同。新修订的《土地管理法实施条例》第4条规定的"土地调查"，除了调查土地权属、利用现状和条件之外，基于发展的考虑，也要求将土地权属的变化情况、土地利用的变化情况纳入调查范围，而"土地现状调查"仅要求"现状"，不包括"变化"情况。

　　针对社会稳定风险评估程序，目前新修改的《土地管理法》和新修订的《土地管理法实施条例》仅规定将社会稳定风险评估作为征收前期的要求，但对于何为社会稳定风险评估、如何进行社会稳定风险评估，并未作出细化规定。从当前实践来看，征收人主要依据中共中央办公厅、国务院办公厅《关于建立健全重大决策社会稳定风险评估机制的指导意见（试行）》、国务院办公厅《关于进一步严格征地拆迁管理工作切实维护群众合法权益的紧急通知》和地方性政府规章进行社会稳定风险评估，[①] 此类社会稳定风险评估在运作过程中往往带有政策倡导与群众动员的隐性功能，并且以防范征收过程中的突发性群体性事件或者其他可能的社会风险为核心目标。更为重要的是，对于征收人在征收过程中违法实施社会稳定风险评估的情况，行政和司法机关的态度较为模糊，对于社会稳定风险评估的合法性保障，行政机关更多是以行政问责的方式进行监督，司法机关更多持"谦抑"态度或者采取较为"回避"

---

① 部分省、市也都制定了关于集体土地征地补偿安置社会稳定风险评估的相关规定，例如《安徽省农村集体土地征收征用社会稳定风险评估暂行办法》《南京市征地房屋拆迁社会稳定风险评估办法》《襄阳市集体土地征地补偿安置社会稳定风险评估暂行办法》《淮安市征地项目社会稳定风险评估实施办法（试行）》等。

的态度。①

　　针对补偿安置方案拟定、公告和签订程序。修改后的《土地管理法》和《土地管理法实施条例》一定程度上吸收、借鉴了国有土地上房屋征收补偿程序的规定：先公告后征求意见，当且仅当多数被征地的农村集体经济组织成员认为补偿安置方案不符合法律、法规的规定时，②才启动听证程序，并根据听证结果修改补偿安置方案。虽然《征用土地公告办法》主要针对土地"征用"事宜，但在具体实践中，地方政府仍会参考该部门规章，由于《征用土地公告办法》等相关法律法规规章未能及时作出相应调整，导致它们之间存在一定的矛盾。比如，在实施土地现状调查和社会稳定风险评估的主体方面，新修改的《土地管理法》和《土地管理法实施条例》规定的主体为县级以上地方人民政府，《征用土地公告办法》规定的主体为市、县级土地行政管理部门；在补偿安置协议的签订时间方面，新《土地管理法》将签订补偿安置协议作为征收申请前的前期程序，而《征用土地公告办法》等则将签订补偿安置协议置于征收程序已经启动、征收决定正式作出以及补偿安置方案确定之后，这实际上是将其作为征收流程中征收申请获得批准后的一个后期程序。总体上，修改后的《土地管理法》和修订后的《土地管理法实施条例》虽然存在一定的问题，但也在一定程度上提高了对被征收人的程序性权利（集体土地征收补偿的具体程序见图6-2）的保障力度。

———————————

① 卢超."社会稳定风险评估"的程序功能与司法判断——以国有土地征收实践为例 [J].浙江学刊，2017（1）：175-183.

② 参见：《中华人民共和国土地管理法》第 47 条第 3 款。

確定建设用地
↓ 获得建设用地预审报告后
建设用地申请
↓
单独选址建设项目用地　　批次建设项目用地
↓
县级以上地方人民政府
↓
土地现状调查　　　　　　社会稳定风险评估
非①
征收意见　　　公告拟征地补偿安置方案
① ↓　　　　　　↓ 公告期内
听证会　　　　拟征收土地所有权人和
　　　　　　　使用权人办理补偿登记
↓
修改方案　　　　　　　　　测算并落实费用
↓
订立补偿安置协议
未达成协议的，应在申请时如实说明
↓
县级以上地方人民政府申请征收土地
↓
省级人民政府或国务院批准
↓ 批复
市、县人民政府书面公告征地方案
↓ 根据批准的方案
制定补偿安置方案并
公告（≤45）

1.征地审批机关、批准文号、批准时间和批准用途；
2.被征地所有权人、位置、地类和面积；
3.征地补偿标准、农业人员安置途径；
4.办理征地补偿登记的期限、地点。

1.被征收土地的位置、地类、面积，地上附着物和青苗的种类、数量，需要安置的农业人口的数量；
2.土地补偿费和安置补助费的标准、数额、支付对象和支付方式；
3.地上附着物和青苗的补偿标准和支付方式；
4.农业人员的具体安置途径；
5.其他有关征地补偿、安置的具体措施。

对补偿标准有异议　　　无异议
县级以上人民政府协调　　三个月内一次
↓ 协调不成　　　　　　性落实补偿
批准征收的政府裁决
↓
实施政府方案　　　交付被征收土地
↓　　　　　　　　　　↑ 拒绝
颁发建设用地批准书　←　强制执行

异议不影响方案实施

前期工作

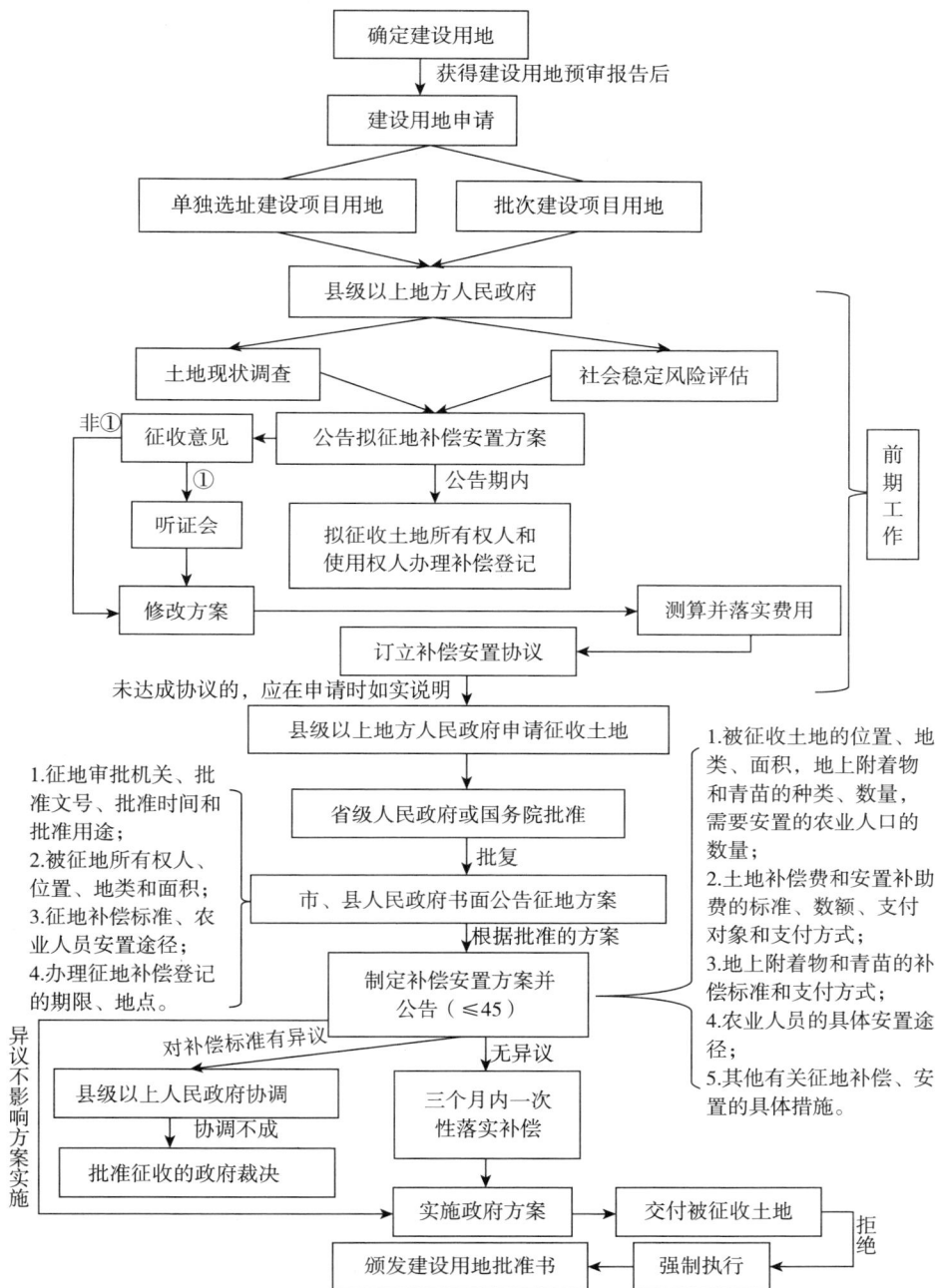

① 多数被征地的农村集体经济组织成员认为征地补偿安置方案不符合法律、法规规定的，县级以上地方人民政府应当组织召开听证会。

6-2　集体土地征收补偿程序

二、构建我国协商购买——补偿听证——补偿独立裁决程序

从征收补偿程序的设置方面来看，我国已经建立了一套相对完整的征收补偿程序，但在具体程序的内容和时间设置上仍有待改进。

（一）协商购买程序

我国应当设置能够赋予被征收人平等议价和谈判权利的协商购买前置程序。在美国征收法中，协商购买是征收申请前的前置法定程序，只有在协商购买失败后，征收人才有权提出征收申请。我国征收法并未包含类似美国征收法中的协商购买前置程序。在国有土地上房屋征收中，《征收与补偿条例》第 25 条规定的"订立补偿协议"实际发生在政府已作出征收决定且批准征收补偿安置方案之后，即便被征收人在签约期内不签订补偿协议，也不会影响征收程序的进展，房屋征收部门仍可依照法律规定作出单方行政行为即征收补偿决定，被征收人只能通过复议或诉讼的方式表达自身诉求；在集体土地征收中，虽然新修改的《土地管理法》第 47 条将订立补偿安置协议作为征收申请的前置程序，但该法第 47 条第 4 款还规定，"个别确实难以达成协议的，应当在申请征收土地时如实说明"，这意味着，只要政府在申请征收时如实说明情况，协议签订与否对征收进程不会产生实质影响。根据 2019 年《最高人民法院关于审理行政协议案件若干问题的规定》，我国补偿（安置）协议在性质上属于行政协议，作为现代行政管理活动的新方式，行政协议虽将行政主体和行政相对人从不平等的权力服从关系转变为相对平等的协商、合作关系，但基于行政协议本身所具有的行政性和优先性，其无法如民事合同一样将被

征收人置于与政府完全平等的关系架构之中。在美国征收法中，协商购买协议在性质上属于民事合同，财产权人与征收人具有平等的议价能力和地位。在制度功能上，我国补偿（安置）协议主要是确认被征收人与征收人的补偿权利与义务，即对征收人而言，签订补偿（安置）协议意味着其获得了被征收人对征收补偿的认可；对被征收人而言，签订补偿（安置）协议意味着被征收人放弃反对具体补偿安置内容的权利，以及应按照补偿协议获得相应安置补偿的权利和履行安置补偿协议的义务。相反，美国征收法中的协商购买是为了避免征收程序的启动，节省因征收而产生的评估费、诉讼费和专家证人费等金钱成本和时间成本。在制度设计上，我国可以采纳协商购买前置程序，在征收程序正式启动之前，赋予被征收人平等主体地位、自主处分财产的权利和协商议价的机会。

虽然学理上对于能否以民事协议达成行政任务存在争议，但若探寻规范，仍可为协商购买作为征收前置程序找寻规范空间。我国《宪法》第 10 条第 3 款和第 13 条第 3 款均规定"国家为了公共利益的需要，可以依照法律规定"对土地或者公民的私有财产实行征收或者征用并给予补偿，"可以"的宪法表述是宪法制定者基于比例原则的考量，将征收作为舍弃其他手段而无法实现公共利益时的最后手段，这意味着在"可以"依照法律规定征收之外，征收人在以其他非强制"征收"手段能够实现公共利益时，也"可以"采取其他手段，例如，协商购买。此外，《宪法》第 10 条第 4 款的规定也为协商购买作为征收前置程序提供了规范依据，首先，从宪法条款的设置体系上看，第 10 条第 4 款的存在主要是确保二元土地所有结构，不允许集体经济组织及其成员与任何组织协商转让集体土地所有权，但集体土地所有权转让给国家不违反我国的二元土地所有结构，即允许国家与集体经济组织及其成员协商转让集体土地所有权。其次，《宪法》（第 10 条第 4 款）、《土地管理法》（第 73 条等）等均禁止"非法转让土地"，这意味着可允许特定情况下的合法转让，这种"转让"除了强制性的"征收"之外，也可能包含自愿的"协商购买"。最后，《宪法》第10条第5款规定"一切使用土地的组织和个人必须合理地利用土地"，《土地管理法》第1条规定"合理利用土地"，以更为平等、自愿的协商购买手段实现公共利益有助于促进"合理地利用土地"，在一定程度上可为较为僵化的土地利用方式注入活力。①

此外，在实践层面，我国已有部分地区尝试以协商购买方式完成征收任务。2018年，武汉市人民政府印发《武汉市国有土地上房屋征与补偿操作指引》（以下简称《指引》），《指引》第19条规定，政府在征收决定作出之后，比如，因公共利益需要，仍需扩大征收范围的，房屋征收部门可以参照征收补偿方案确定的补偿标准，与房屋所有权人、公有房屋承租人进行协商，签订房屋购买协议，收购扩大用地上的房屋，也可以依法另行作出需扩大范围内的房屋征收决定。虽然该指引在效力层级上属于规范性文件，层级较低，但事实上赋予了征收人与被征收人之间就需扩大征收范围内的房屋所有权的购买（转让）提供了公平协商的机会。

如上所述，协商购买被作为征收的前置程序，意味着在协商购买程序与征收程序的衔接顺序上，协商购买在前，征收程序在后。为了避免政府将强制征收作为协商购买的后盾，致使财产所有人处于如果不与政府协商转让土地或者房屋就只能被征收的不利境地，一方面，在协商价格的评估上，应允许财产所有人参与拟购买财产的价值评估过程中，或者将其交给独立价格评估机构评估，并允许政府与财产所有人就协商购买价进行充分的协商；另一方面，确保财产所有人在协商购买程序中拥有充分的权利表示自由空间，对于政府的"要约"，拥有独立且自由的"承诺"权利，此外，在"要约"与

---

① 刘玉姿，喻海龙. 协商购买作为征收现行程序的依据与构造 [J]. 中国土地科学，2022，36（8）：28-34.

"承诺"的过程中，政府应当为财产权人提供书面的说明，充分说明协商购买协议所涉及的内容，包括协商购买价确定的主体、依据、程序、支付手段等等。

（二）补偿听证程序

听证是被征收人参与征收和表达权利的重要形式。在我国，涉及征收补偿的听证机会较少，除了国有土地上房屋征收中因改建旧城区且多数被征收人认为补偿方案不符合《征收与补偿条例》规定，以及集体土地征收中多数被征地的集体经济组织成员认为征地补偿安置方案不符合法律、法规规定这两种情况要求举行听证外，其他征收情形并未在法律上明确规定必须举行听证会，被征收人如果要求举行听证必须在公告期间内自行提出听证申请，否则视为放弃听证。[①] 此外，补偿（安置）方案听证会由政府组织，听证主持人通常为政府工作人员，征收主体和征收听证受理人均为政府，作为听证会的主导者，政府将判断是否采纳听证意见，听证中立性稍显不足。我国可以借鉴域外征收法中的听证制度。一方面，在征收申请前和征收申请后均设置听证机会。美国征收法在征收补偿听证次数上设置较多，被征收人启动征收诉讼之前和进入征收诉讼之后均有多次听证机会：征收诉讼启动之前的听证会有社区委员会听证会、区长听证会、市规划委员会听证会、市议会听证会和市政府听证会，进入征收诉讼之后的听证会有初步反对意见听证会。这些均属于行政机构或者法院依职权应当举行的听证会。较多的听证机会充分确保了被征收人在征

---

① 听证申请限期较短，加上征收公告程序的漏洞，很容易限制被征收人的参与权与建议权。《国土资源听证规定》第 13 条："主管部门对本规定第十二条规定的事项举行听证的，应当在举行听证会 30 日前，向社会公告听证会的时间、地点、内容和申请参加听证会须知"；第 21 条："当事人应当在告知后 5 个工作日内向听证机构提出书面申请，逾期未提出的，视为放弃听证；但行政处罚听证的时限为 3 个工作日。放弃听证的，应当书面记载。"

收过程中的知情权、参与权和监督权，同时，为了避免被征收人因不了解相关法律规定而丧失提出听证的机会，征收人应当有义务充分告知被征收人在何种情况下享有听证的权利。另一方面，如前所述，当前我国征收听证会的召开主体主要是由政府组织，政府作为召集主体在发挥行政效率、保障听证程序顺利进行方面具有一定的优势，但在征收听证主持人的选任上，为了确保公正性和中立性，应选任第三方中立人员主持听证会。根据《联邦行政听证程序》的规定，美国征收补偿听证会的主持人由行政法官担任，即从文官委员会确认的合格人选（注册名单）中任命的人，行政法官保持足够的中立性：不执行与听证工作相悖的工作，禁止单方接触任一方听证当事人。

（三）补偿独立裁决程序

政府在征收补偿程序中同时扮演两个角色：征收人和裁决人。[①] 在国有土地上房屋征收补偿过程中，如果被征收人对国有土地上房屋补偿评估价有异议，首先应由房地产评估机构复核，若经复核后，仍有异议的，则可申请由房地产价格评估专业委员会进行鉴定。表面上，补偿标准由第三人即房地产评估机构裁决，但实际上，我国房地产评估机构的选择未完全消除行政色彩，《征收与补偿条例》第 20 条规定，被征收人协商不成的，由省、自治区、直辖市制定的办法选定评估机构。同样，在集体土地征收中，作为征收当事人之一的政府是补偿争议最终裁决者，新修改的《土地管理法》对于补偿标准异议未有规定，原《土地管理法实施条例》第 25 条规定，如果被征收人对征地补偿标准有异议，只能由县级以上地方人民政府协调，协调不成的，由批准征地的人民政府裁决，新修订的《土地管理法实施条例》删除了这一规定，

---

① 杨显滨.美国财产权的司法保障机制及对我国的启示：以征收为视角［M］.上海：上海三联书店，2017：199.

但无论如何，裁决需要程序公平，让有利害关系的主体进行裁决，这与"任何人不得做自己案件法官"的程序正义规则相悖。[①] 我国在一定程度上可借鉴域外征收补偿的独立裁决机制，让政府脱离补偿争议裁决人的角色，让权于完全独立的第三人，如法院或者其他专门机构。

【本章小结】

根据权利束概念，土地国家所有和土地集体所有不仅包含多重主体——前者包括国家和所有国家机关、企事业单位、社会团体或者个人，后者包括集体经济组织和集体经济组织成员，也包含多支权利——前者包括国家土地所有权、国有土地使用权和国有土地上的房屋所有权，后者包括集体土地所有权、土地承包经营权、宅基地使用权和住房所有权，以及经营性建设用地使用权和公益性建设用地使用权。土地不能交易并不代表土地上的所有权利不能交易，征收针对的是权利而非物。在国有土地上房屋征收中，《征收与补偿条例》规定的"类似房地产的市场价格"补偿是公平市场价值补偿的中国式表达，对国有土地上房屋的补偿是对权利的补偿。在土地集体所有的权利图景不断丰富的当下，美国征收法上的公平市场价值标准也可融入集体土地征收补偿之中，根据不同权利的不同市场化程度运用不同的公平市场价值计算方法：有交易空间的土地承包经营权、宅基地使用权和住房所有权，以及经营性建设用地使用权和公益性建设用地使用权，采用可比销售法；没有交易空间的农地，采用收益资本法。此外，我国公平、合理补偿目标的实现还需要程序支持，即构建赋予被征收人平等议价权利的协商购买前置程序、完善的补偿听证程序和独立的补偿裁决程序。

---

① 约翰·V. 奥尔特. 正当法律程序简史 [M]. 杨明成，成霜玲，译. 北京：商务印书馆，2006：12.

结　语

　　站在传统与现代的交界点，中国已为推进更公平的征收补偿改革预留了制度空间。国有土地上房屋征收中的"类似房地产的市场价格"是公平市场价值的中国式体现；集体土地征收补偿虽仍处于以所有权为核心的对"物"补偿阶段，但随着集体土地制度改革的深入，土地承包经营权、宅基地使用权、集体经营性建设用地和公益性建设用地市场的放开，"一支又一支"的权利从土地集体所有中分离而出，权利补偿的概念已悄然进入集体土地征收补偿领域。

　　相较于纸上谈兵式的"沙盘推演"，我们更需付诸实践，积极探索并构建中国征收补偿的规范体系和知识体系。在众多可供借鉴的方案中，美国征收法中的公正补偿教义无疑是一个值得深入研究和参考的对象。美国宪法第五修正案中的征收条款虽只有几个单词，但正是这精炼的表述，为美国联邦最高法院和下级法院游刃有余地处理各类征收补偿案件提供了阐释空间，进而形成了一套逻辑严密的公正补偿教义。美国征收法中的公正补偿教义不仅指公正补偿规范本身，还涵盖一系列经由法院判例法发展而来的补偿原则或规则。通过对美国法院大量征收补偿案例的类型化、规范化，可以构建相对完备的补偿教义知识体系。美国法院最初将公正补偿解释为"被征收财产的充分且完美的等价物"，历经时间的推移和实践的检验，法院在"被征收财产的充分且完美的等价物"这一概念的基础上，不断演绎出以"权利群态"或

"权利束"为基础的"双向公正""金钱等价物""被征收人的损失""所有人完好无损"等教义。为将公正补偿落到实处，法院确立了公平市场价值标准。本质上，公平市场价值是一个技术性概念，但只要引入法律领域，无论其技术性多强，都必须接受法律规范的约束。公平市场价值中的"公平"修饰的是"市场"，而非"价值"，以公平市场价值标准衡量补偿实则是以"自愿的买家支付给自愿的卖家的现金价值"进行补偿。在确立公平市场价值标准的过程中，法院不断阐释公平市场价值的认定因素及其分析准则或教义。公平市场价值的认定因素可分为纳入因素和排除因素，前者包括最高且最佳用途、延迟利息、整合、生产能力、固定附着物和改善、矿物、最高限价；后者有因征收项目引起的增值或贬值、主观价值、商誉、搬迁或迁移成本，以及协商、诉讼和交易成本等。通过抵销教义、整合教义、分割损失教义等认定因素的分析准则或教义的运用，法院在衡量财产的公平市场价值时，会系统地纳入应考虑的因素，排除不适用的因素，然后以可比销售法、收益资本法、重置成本法或者开发成本法等方法进行计算。总体而言，将相对抽象的"公正补偿"简化为更具技术性的"公平市场价值"，能够降低补偿裁决的复杂性，校准补偿"天平"的精准度。虽然公平市场价值是基于现实困境的最有效和最合理的选择，但法院、立法机构和学者们并未就此止步，他们进一步提出主观估价标准、幸福分析标准、股权补偿标准和溢价（加成）补偿标准等方法，试图弥补公平市场价值的先天缺陷，以实现更公正的补偿。

　　本书从功能主义的视角出发，在技术层面深入剖析中美征收制度的差异，为中国征收补偿的规则框架构建提供些许借鉴。当然，美国征收法中的公正补偿教义终究是在美国土地上孕育出的制度智慧，我们需要进行更多的本土化改造，以防出现"南橘北枳"的效应。但无论怎样，从更宏观的视野、更纵深的角度观察域外的公正补偿教义，有助于我们寻找更多用于制度阐释的坐标。

参 考 文 献

一、著作类

（一）中文著作

［1］格里高利·西达克，丹尼尔·F. 史普博．美国公用事业的竞争转型——放松管制征用与管制契约［M］．宋华琳，李鸰，刘颖易，译．上海：上海人民出版社，2012.

［2］阿伦·艾德斯，克里斯托弗·N. 梅．宪法个人权利：案例与解析（第二版）［M］．项焱，译．北京：中信出版社，2003.

［3］阿奇博尔德·考克斯．法院与宪法［M］．田雷，译．北京：北京大学出版社，2006.

［4］艾建国，吴群．不动产估价［M］．北京：中国农业出版社，2005.

［5］彼得·斯坦，约翰·香德．西方社会的法律价值［M］．王献平，译．北京：中国法制出版社，2004.

［6］伯纳德·施瓦茨．美国法律史［M］．王军，洪德，杨晶辉，译．北京：法律出版社，2011.

［7］伯纳德·施瓦茨．美国最高法院史［M］．毕洪海，柯翀，石明磊，

译 . 北京：中国政法大学出版社，2005.

［8］卜炜伟 . 中美日财产征收制度比较研究［M］. 昆明：云南大学出版，2011.

［9］陈国栋 . 法律关系视角下的行政赔偿诉讼［M］. 北京：中国法制出版社，2015.

［10］陈新民 . 德国公法学基础理论（上）［M］. 济南：山东人民出版社，2001.

［11］陈征 . 国家权力与公民权利的宪法界限［M］. 北京：清华大学出版社，2015.

［12］大木雅夫 . 东西方的法观念比较［M］. 华夏，战宪斌，译 . 北京：北京大学出版社，2004.

［13］戴维·施特劳斯 . 活的宪法［M］. 毕洪海，译 . 北京：中国政法大学出版社，2012.

［14］丹尼尔·J. 伊拉扎 . 联邦主义探索［M］. 彭利平，译 . 上海：上海三联书店，2004.

［15］范进学 . 美国新法解释方法论［M］. 北京：法律出版社，2010.

［16］房绍坤，王洪平 . 不动产征收法律制度纵论［M］. 北京：中国法制出版社，2008.

［17］房绍坤，王洪平 . 公益征收法研究［M］. 北京：中国人民大学出版社，2011.

［18］冯桂 . 美国财产法：经典判例与理论研究［M］. 北京：人民法院出版社，2010.

［19］符启林 . 国家征收法律制度研究［M］. 北京：知识产权出版社，2012.

［20］格奥尔格·耶利内克 . 人权与公民权利宣言——现代宪法史论

［M］.李金辉，译.北京：商务印书馆，2013.

［21］顾大松.房屋征收法律制度研究［M］.南京：东南大学出版社，2017.

［22］国家法官学院案例开发研究中心.中国法院2017年度案例（3）土地纠纷（含林地纠纷）［M］.北京：中国法制出版社，2017.

［23］韩立达，李勇，韩冬.农村土地制度改革研究［M］.北京：中国经济出版社，2011.

［24］何格，陈文宽.同地同权下的征收补偿机制重构研究［M］.北京：中国农业出版社，2013.

［25］侯学宾.美国宪法解释中的原旨主义［M］.北京：法律出版社，2015.

［26］胡戎恩.走向财富：私有财产权的价值与立法［M］.北京：法律出版社，2006.

［27］黄祖辉，汪晖.城市化发展中的土地制度研究［M］.北京：中国社会科学出版社，2002.

［28］霍菲尔德.基本法律概念［M］.张书友，译.北京：中国法制出版社，2009.

［29］基思·E.惠廷顿.宪法解释:文本含义、原初意图与司法审查［M］.杜强强，刘国，柳建龙，译.北京：中国人民大学出版社，2009.

［30］季金华，徐骏.土地征收法律问题研究［M］.济南：山东人民出版社，2011.

［31］江必新.《国有土地上房屋征收与补偿条例》理解与适用［M］.北京：中国法制出版社，2011.

［32］蒋月.农村土地承包法实施研究［M］.北京：法律出版社，2006.

［33］杰弗瑞·A.西格尔，哈罗德·J.斯皮斯，莎拉·C.蓓娜莎.美国司法

体系中的最高法院［M］.刘哲玮，杨微波，译.北京：北京大学出版社，2011.

［34］杰克·M. 巴尔金. 活的原旨主义［M］.刘连泰，刘玉姿，译.厦门：厦门大学出版社，2015.

［35］金伟峰，姜裕富. 行政征收征用补偿制度研究［M］.杭州：浙江大学出版社，2007.

［36］蓝潮永. 土地征收补偿制度研究［M］.北京：中国文联出版社，2015.

［37］李春华，王业强. 房地产蓝皮书：中国房地产发展报告 No. 14（2017）［M］.北京：社会科学文献出版社，2017.

［38］理查德·A.艾珀斯坦. 征收:私人财产和征用权［M］.李昊，刘刚，翟小波，译.北京：中国人民大学出版社，2011.

［39］理查德·A.波斯纳.法律的经济分析［M］.蒋兆康，译.北京：中国大百科全书出版社，1997.

［40］林来梵. 从宪法规范到规范宪法——规范宪法学的一种前言［M］.北京：法律出版社，2001.

［41］凌学东.集体土地上房屋征收补偿价值的法律分析［M］.北京：中国法制出版社，2014.

［42］刘欢.房地产征收补偿契约的互动公平均衡评价研究［M］.湘潭：湘潭大学出版社，2016.

［43］刘连泰，刘玉姿.美国法上的管制性征收［M］.北京：清华大学出版社，2017.

［44］刘连泰.宪法文本中的征收规范解释——以中国宪法第十三条第三款为中心［M］.北京：中国政法大学出版社，2014.

［45］卢艳.农地征收补偿与失地居民养老保障研究［M］.南京：江苏人民出版社，2016.

［46］路易斯·亨金，阿尔伯特·J. 罗森塔尔. 立宪主义与权利［M］. 郑戈，译. 北京：生活·读书·新知三联书店，1996.

［47］罗伯特·A. 达尔. 美国宪法的民主批判［M］. 佟德志，译. 北京：东方出版社，2007.

［48］罗斯科·H. 科斯，阿曼·A. 阿尔钦，道格拉斯·C. 诺斯. 财产权利与制度变迁——产权学派与新制度学派译文集［M］. 刘守英，译. 上海：格致出版社·上海三联出版社·上海人民出版社，2014.

［49］洛克. 政府论（下篇）［M］. 叶启芳，瞿菊农，译. 北京：商务印书馆，2011.

［50］马丁·安德森. 美国联邦城市更新计划（1949-1962 年）［M］. 吴浩军，译. 北京：中国建筑工业出版社，2012.

［51］马克思. 资本论（第一卷）［M］. 陈启修，译. 上海：昆仑书店，1990.

［52］马新彦. 美国财产法与判例研究［M］. 北京：法律出版社，2001.

［53］蒙晓阳. 私法视域下的中国征地补偿［M］. 北京：人民法院出版社，2011.

［54］蒙晓阳. 私法视域下的中国征收补偿［M］. 北京：人民法院出版社，2011.

［55］米塞斯. 自由与繁荣的国度［M］. 韩光明，潘琪昌，李百吉，译. 北京：中国社会科学出版社，1994.

［56］莫顿·J. 霍维茨. 美国法的变迁：1780-1860［M］. 谢鸿飞，译. 北京：中国政法大学出版社，2004.

［57］南博方. 行政法（第六版）［M］. 杨建顺，译. 北京：中国人民大学出版社，2009.

［58］邵志华. 房地产估价理论与实务［M］. 武汉：武汉理工大学出版

社，2009.

［59］沈开举.《国有土地上房屋征收与补偿条例》条文解读与案例评点［M］.北京：中国法制出版社，2011.

［60］沈开举.行政补偿法研究［M］.北京：法律出版社，2004.

［61］沈开举.征收、征用与补偿［M］.北京：法律出版社，2006.

［62］沈开举.中国土地制度改革研究［M］.北京：法律出版社，2014.

［63］史笔，顾大松，朱嵘.房屋征收与补偿司法实务［M］.北京：中国法制出版社，2011.

［64］世海.房屋征收理论与实践［M］.上海：上海交通大学出版社，2017.

［65］斯蒂芬·卡拉布雷西.美国宪法的原旨主义——廿五年的争论［M］.李松峰，译.北京：当代中国出版社，2014.

［66］孙聪.美国征收法的起源及其现代制度建构［M］.北京：经济日报出版社，2018.

［67］孙宪忠.德国当代物权法［M］.北京：法律出版社，1997.

［68］唐清利，何真.财产权与宪法的演进［M］.北京：法律出版社，2010.

［69］土地矿产法中心.土地无权常见问题专家解答［M］.北京：中国法制出版社，2007.

［70］汪辉.中国征地制度改革：理论、事实于政策组合［M］.杭州：浙江大学出版社，2013.

［71］王利明，尹飞，程啸.中国物权法教程［M］.北京：人民法院出版社，2007.

［72］王利明.物权法专题研究（上）［M］.长春：吉林人民出版社，2002.

［73］王名扬.美国行政法（上／下）［M］.北京：中国法制出版社，2005.

［74］王思锋.不动产准征收研究［M］.北京：中国社会科学出版社，2015.

［75］王太高.行政补偿制度研究［M］.北京：法律出版社，2004.

［76］王铁雄.财产权利平衡论:美国财产法理念之变迁路径［M］.北京:中国法制出版社，2007.

［77］王铁雄.美国财产法的自然法基础［M］.沈阳:辽宁大学出版社，2007.

［78］王铁雄.征收补偿与财产权的保护研究［M］.北京:中国法制出版社，2011.

［79］王锡锌.《国有土地上房屋征收与补偿条例》专家解读与法律适用［M］.北京:中国法制出版社，2011.

［80］王泽鉴.民法学说与判例研究（第一册）［M］.北京:中国政法大学出版社，1998.

［81］许迎春.中美土地征收制度比较研究［M］.杭州:浙江大学出版社，2015.

［82］许渊冲.翻译的艺术［M］.北京:五洲传播出版社，2006.

［83］薛刚凌.《国有土地上房屋征收与补偿条例》理解与运用［M］.北京:中国法制出版社，2011.

［84］薛源.美国财产法［M］.北京:对外经济贸易大学出版社，2006.

［85］亚历山大·M.比克尔.最小危险部门——政治法庭上的最高法院［M］.姚中秋，译.北京:北京大学出版社，2007.

［86］亚历山大·汉密尔顿，约翰·杰伊，詹姆斯·麦迪逊.联邦党人文集［M］.张晓庆，译.北京:中国社会科学出版社，2011.

［87］亚历山大·汉密尔顿，詹姆斯·麦迪逊，约翰·杰伊.联邦党人文集［M］.杨颖玥，张尧然，译.北京:中国青年出版社，2013.

［88］亚历山大·汉密尔顿，詹姆斯·麦迪逊，约翰·杰伊.联邦论——美国宪法评述［M］.尹宣，译.南京:译林出版社，2010.

［89］杨涛.失地农民利益保障研究［M］.郑州:黄河水利出版社，2015.

［90］杨显滨.美国财产权的司法保障机制及其对我国的启示［M］.上海:

上海三联书店，2017.

　　［91］姚红.中华人民共和国物权法精解［M］.北京：人民出版社，2007.

　　［92］尹建国.行政法中的不确定法律概念研究［M］.北京：中国社会科学出版社，2012.

　　［93］尤重道.土地征收补偿实务［M］.台北：永然文化出版股份有限公司，2001.

　　［94］于宏伟.《国有土地上房屋征收与补偿条例》焦点问题解析［M］.北京：法律出版社，2011.

　　［95］于今.城市更新：城市发展的新里程［M］.北京：国家行政学院出版社，2011.

　　［96］约翰·G.斯普兰克林.美国财产法精解［M］.钟书峰，译.北京：北京大学出版社，2009.

　　［97］约翰·M.利维.现代城市规划［M］.张景秋，孙颖，樊绯等，译.北京：中国人民大学出版社，2003.

　　［98］约翰·V.奥尔特.正当法律程序简史［M］.杨明成，成霜玲，译.北京：商务印书馆，2006.

　　［99］约翰·哈特·伊利.民主与不信任——司法审查的一个理论［M］.张卓明，译.北京：法律出版社，2011.

　　［100］约翰·罗尔斯.正义论［M］，谢延光，译.上海：上海译文出版社，1991.

　　［101］詹姆斯·麦迪逊.辩论:美国制宪会议记录［M］.尹宣，译.南京：译林出版社，2015.

　　［102］张珵.土地征收基本问题研究［M］.北京：知识产权出版社，2013.

　　［103］张鹏.从土地征收到土地准征收：原理与政策［M］.北京：科学出版社，2018.

［104］章彦英.土地征收救济机制研究：以美国为参照系［M］.北京：法律出版社，2011.

［105］赵萃萃.英美财产法之Estate——以财产和财产权的分割为视角［M］.北京：法律出版社，2015.

［106］赵旭东，王光进.土地征收与房屋拆迁中的利益冲突及其法律调整［M］.北京：法律出版社，2013.

［107］赵云海.房屋征收补偿实质公平与市场价值［M］.北京：中国社会科学出版社，2015.

［108］郑永流，朱庆育.中国法律中的公共利益［M］.北京：北京大学出版社，2014.

（二）外文著作

［1］ADRIENNE K, PEDEN W. The Life and Selected Writings of Thomas Jefferson［M］. New York: A Division of Random House, 1988.

［2］ALLEN W T, KRAAKMAN R. Commentaries and Cases on the Law of business Organization (5)［M］. New York: Aspen Publishers, 2016.

［3］BAILYN B. The Ideological Origins of the American Revolution［M］. London: Belknap Press of Harvard University Press, 1967.

［4］BARNET R E. Restoring the Lost Constitution: The Presumption of Liberty, Princeton［M］. Princeton: Princeton University Press, 2005.

［5］BENSON B L. Property Rights, Eminent Domain and Regulatory Takings Re-Examined［M］. London: Palgrave Macmillan, 2010.

［6］BLACK H C. Black's Law Dictionary (6)［M］. Paul: West Publishing Co., 1979.

［7］BRUGGER B. Republican Theory in Political Thought［M］.

Basingstoke: Macmillan Press, 1977.

［8］CARMON N, FAINSTEIN S S. Policy, Planning and People: Promoting Justice in Urban Development ［M］. Philadelphia: University of Pennsylvania Press, 2013.

［9］COOLEY T M. A Treatise on the Constitutional Limitations Which Rest on the Legislative Power of the States of the American Union(2nd ed.) ［M］. Boston: Little, Brown & Co., 1871.

［10］COOTER R B, ULEN T. Law and Economics ［M］. Upper Saddle River: Prentice Hall, 2012.

［11］DANA D A, MERRILL T W. Property: Takings ［M］. New York: Foundation Press, 2002.

［12］DUKEMINIER J, KRIER J E. Property(5) ［M］. New York: Aspen Publishers, Inc., 2002.

［13］EATON J D. Real Estate Valuation in Litigation(2) ［M］. Chicago: Appraisal Institute, 1995.

［14］EPSTEIN R A. Takings: Private Property and the Power of Eminent Domain ［M］. Cambridge, Mass.: Harvard University Press, 1985.

［15］FEE J. Reforming Eminent Domain, in Eminent Domain Use and Abuse: Kelo in Context 125 ［M］. Chicago: American Bar Association, 2006.

［16］FRANKLIN M A, RABIN R L. Tort Law and Its Alternatives: Cases and Materials (8) ［M］. Mineola: Foundation Press, 2006.

［17］FRIEDRICH G W. Philosophy of Right ［M］. London: Oxford University Press, 1967.

［18］GOLDFORD D J. The American Constitution and the Debate over Originalism ［M］. Cambridge, Mass.: Cambridge University Press, 2005.

[19] HOPKINS L D. Urban Development: the Logic of Making Plans [M]. Washington: Island Press, 2001.

[20] HUME D. A Treatise of Human Nature [M]. London: Oxford University Press, 1978.

[21] KENT J. Commentaries on American Law(2) [M]. New York: O. Halsted, 1826.

[22] LEVY L W. Seasoned Judgments: The American Constitution, Rights, and History [M]. New Brunswick: Transaction Publishers, 1995.

[23] LEWIS J. A Treatise of Eminent Domain in the United States(I / II) [M]. Chicago: Callaghan & Company, 1900.

[24] MACPHERSON C B. The Political Theory of Possessive Individualism: Hobbes to Locke [M]. Toronto: Oxford University of Canada, 2010.

[25] MALLOY R P. Private Property, Community Development, and Eminent Domain [M]. Farnham: Ashgate Publishing, 2008.

[26] MCCOY D R. The Elusive Republic: Economy in Jeffersonian America [M]. Chapel Hill: University of North Carolina, 1980.

[27] MCGINNIS J O, RAPPAPORT M B. Originalism and the Good Constitution [M]. Cambridge, Mass.: Harvard University Press, 2013.

[28] MICELI T J, SEGERSON K. The Economics of Eminent Domain: Private Property, Public Use, and Just Compensation [M]. Norwell: NOW Publishers Inc., 2007.

[29] MUELLER D C. Public Choice III [M]. Cambridge, Mass.: Cambridge University Press, 2003.

[30] NASH G B. The Unknown American Revolution: The unruly Birth of Democracy and the Struggle to Create America [M]. New York: Viking, 2005.

[31] NEVINS A. The American States During and After the Revolution [M]. New York: The Macmillan Company, 1924.

[32] NUSSBAUM M, SEN A. The Quality of Life [M]. New York: Oxford University Press, 1993.

[33] OLSON M. The Logic of Collective Action: Public goods and the Theory of Groups [M]. Cambriage, Mass.: Harvard University Press, 1965.

[34] PARSONS J. A Consideration of Some Unconstitutional Measures, Adopted and Practiced in This State: in an Address to the Public [M]. Farmington Hills: Gale, Sabin Americana, 2012.

[35] PUFENDORF S V. On the Duty of Man and Citizen [M]. Tully J. ed., Silverthorne M. trans. Cambridge, Mass.: Cambridge University Press, 1991.

[36] PUTNAM R D. Bowling Alone: The Collapse and Revival of American Community [M]. New York: Touchstone Books by Simon & Schuster, 2000.

[37] RABIN E H, KWALL R R, Kwall J, et al. Fundamentals of Modern Property Law [M]. New York: Foundation Press, 2011.

[38] RADIN M J. Reinterpreting Property [M]. Chicago:University of Chicago Press, 1993.

[39] SCHWARTZ B. The Bill of Rights: A Documentary History [M]. Waterlooville: British Society of Gerontology, 1971.

[40] SOLUM L B, BENNETT R W. Constitutional Originalism: A Debate [M]. Ithaca: Cornell University Press, 2011.

[41] STOEBUCK W B. Nontrespassory Takings in Eminent Domain [M]. Charlottesville: The Michie Company, 1977.

[42] TIEDEMAN C G. A Treatise on the Limitations of Police Power in the United States [M]. St. Louis: the F. H. Thomas Law Book Co., 1886.

[43] WHITTINGTON K E. Constitutional Interpretation: Textual Meaning, Original Intent & Judicial Review [M]. Lawrence: University Press of Kanas, 1999.

[44] WOOD G S. The Creation of the American Republic, 1776-1789[M]. Chapel Hill: The University of North Carolina Press, 1969.

二、期刊论文类

（一）中文期刊

[1] 边学芳，吴群，吴粉明，等. 耕地征收价格的理论分析及其政策建议——以江都市为例 [J]. 国土资源科技管理，2006（4）：26-30.

[2] 陈霄，叶剑平. 对基于权利束分离城市土地金融之思考 [J]. 金融理论与实践，2009（11）：8-11.

[3] 陈晓勤. 我国法律法规规章涉及行政补偿规定现状及实证分析 [J]. 中共福建省委党校学报，2009（10）：64-68.

[4] 陈永森. 奥康纳"交换价值从属于使用价值"与"抽象劳动从属于具体劳动"思想论析 [J]. 社会主义研究，2012（2）：124-129.

[5] 程晓波. 土地征收中的利益失衡与均衡：一个分析框架 [J]. 学术月刊，2016（11）：84-94.

[6] 程雪阳. 土地发展权与土地增值收益的分配 [J]. 法学研究，2014（5）：76-97.

[7] 崔建远. 征收制度的调整及体系效应 [J]. 法学研究，2014（4）：63-75.

[8] 崔裴. 论我国土地征用补偿费标准及其定量方法 [J]. 华东师范大学

学报（哲学社会科学版），2003（1）：79-82，123.

［9］翟研宁.农村土地承包经营权流转价格问题研究［J］.农业经济问题，2013（11）：82-86.

［10］房绍坤，王洪平.从财产权保障视角论我国的宪法财产权条款［J］.法律科学（西北大学学报），2012，29（2）：103-112.

［11］房绍坤，王洪平.从美、德法上的征收类型看我国的征收立法选择——以"公益征收"概念的界定为核心［J］.清华法学，2010，4（1）：84-93.

［12］房绍坤.国有土地上房屋征收的法律问题与对策［J］.中国法学，2012（1）：55-63.

［13］高飞.集体土地征收程序的法理反思与制度重构［J］.云南社会科学，2018（1）：34-43，186.

［14］高鲁嘉，齐延平.论美国征收法上的"公平补偿"原则——兼论中国征收补偿法律制度之完善［J］.学习与探索，2018（4）：94-100.

［15］龚鹏程，卢梦.集体土地征收补偿范围类型化探析［J］.江苏农业科学，2016（7）：569-572.

［16］桂华.集体所有制下的地权配置原则与制度设置——中国农村土地制度改革的反思与展望［J］.学术月刊，2017（2）：80-95.

［17］郭洁，崔梦溪.论农地集体土地征收补偿的市场化标准及股权化实现的路径［J］.法学杂志，2017（2）：56-66.

［18］韩松.集体建设用地市场配置的法律问题研究［J］.中国法学，2008（3）：65-85.

［19］衡爱民.从比较法视角看中国土地征收制度之完善［J］.重庆大学学报（社会科学版），2011（5）：90-95.

［20］衡爱民.美国土地征收制度的历史考察［J］.法学评论，2016（1）：

159-164.

［21］衡爱民. 中美土地征收制度的比较及启示［J］: 探索, 2015（6）: 187-192.

［22］胡建. 冲突与缓和: 市民社会语境中市民和国家——以集体土地征收补偿立法为维度［J］. 河海大学学报（哲学社会科学版）, 2013（1）: 60-63, 91.

［23］胡建. 农村集体土地征收补偿立法问题探究［J］. 西北大学学报（哲学社会科学版）, 2013（3）: 79-83.

［24］黄泷一. 美国可转让土地开发权的历史发展及相关法律问题［J］. 环球法律评论, 2013, 35（1）: 120-140.

［25］黄少安, 赵洪瑞. 价值和使用价值的动态分析与"剥削"［J］. 当代经济研究, 2002（2）: 26-28.

［26］金伟峰. 论房屋征收中国有土地使用权的补偿［J］. 浙江大学学报（人文社会科学版）, 2013（2）: 100-107.

［27］靳相木, 陈箫. 土地征收"公正补偿"内涵及其实现——基于域外经验与本土观的比较［J］. 农业经济问题, 2014（2）: 45-53, 111.

［28］李昌庚. 中国征收制度的困境与出路［J］. 学习与实践, 2014（5）: 81-91.

［29］李超峰. 我国集体土地征收补偿法律程序建构分析［J］. 社会科学家, 2012（1）: 99-102.

［30］李海霞. 两岸四地土地征收补偿制度比较研究［J］. 学术界, 2016（3）: 212-220.

［31］李建建. 试论土地构成与土地价值［J］. 发展研究, 2002（10）: 8-10.

［32］李剑鸣. 美国革命中的政体想象与国家构建——解读《埃塞克斯决议》［J］. 史学集刊, 2016（3）: 54-80.

［33］李伟. 公共选择理论对我国改革和完善政府决策机制的意义［J］.

求实，2016（4）：17-18.

［34］李宴．集体土地他项权利征收补偿制度研究［J］．中国土地科学，2016（7）：49-55.

［35］梁亚荣，高海燕．宅基地征收补偿类型化立法探析［J］．南京农业大学学报，2014（1）：93-98.

［36］廖鑫彬．土地征收的公平市场价值补偿———一种基于土地增值税框架的征地补偿模式［J］．农村经济，2013（7）：47-51.

［37］廖志达，张智慧．基于效用理论的土地征收价格模型［J］．清华大学学报（自然科学版），2008（6）：936-939.

［38］林丹，李建建．城市化进程与征地补偿制度的变迁［J］．发展研究，2008（11）：115-119.

［39］林来梵．论私人财产权的宪法保障［J］．法学，1999（3）：15-22.

［40］林筠，李随成．西部地区城市空间结构及城市化道路的选择［J］．经济理论与经济管理，2002（4）：69-73.

［41］凌学东．域外不动产征收的完全补偿与公正补偿原则比较［J］．理论月刊，2013（5）：112-116.

［42］刘东亮．拆迁乱象的根源分析与制度重整［J］．中国法学，2012（4）：136-148.

［43］刘连泰，余文清．公平市场价值在集体土地征收补偿中的适用［J］．浙江社会科学，2019（10）：21-29，156.

［44］刘连泰，左迪．征收法上按公平市场价值补偿规则的白圭之玷———以美国法为例［J］．浙江社会科学，2013（9）：55-62.

［45］刘连泰．"潘蓉案"的美国式判决［J］．政法论丛，2010（2）：74-79.

［46］刘连泰．计算被征收不动产价值的时间标准———美国法上的情形及

其对解决"潘蓉案"的启示［J］.现代法学，2010（5）：121-129.

［47］刘连泰.土地属于集体所有的规范属性［J］.中国法学，2016（3）：106-124.

［48］刘连泰.宪法上征收规范效力的前移——美国法的情形及其启示［J］.法学家，2012（5）：164-175，180.

［49］刘连泰.政府对拟征收不动产的管制［J］.法律科学（西北政法大学学报），2014（2）：97-105.

［50］刘向民.中美征收制度重要问题之比较［J］.中国法学，2007（6）：33-48.沈开举，胡光全.美国行政征用补偿市场价值计算方法解读［J］.行政法学研究，2007（3）：120-130.

［51］刘玉姿.超范围征收的合法性控制［J］.行政法学研究，2019（1）：30-41.

［52］刘玉姿.三维视角下农民土地财产权的实现［J］.中国土地科学，2019（2）：19-24.

［53］刘正强."撕幕"效应下的司法运作——罗尔斯"无知之幕"的中国情境及其省思［J］.政法论坛，2015（4）：3-14.

［54］刘志强.征收集体土地地上青苗如何补偿［J］.中国土地，2018（3）：58.

［55］陆大道，姚士谋，李国平，等.基于我国国情的城镇化过程综合分析［J］.经济地理，2007（6）：883-887.

［56］彭錞.土地发展权与土地增值收益分配——中国问题与英国经验［J］.中外法学，2016，28（6）：1536-1553.

［57］蒲晓媛.行政补偿程序的缺陷及其完善——以公用征收为例［J］.人民论坛，2013（8）：54-55.

［58］屈茂辉，周志芳.中国土地征收补偿标准研究——基于地方立法文

本的分析［J］.法学研究，2009（3）：163-177.

［59］屈茂辉.我国上位法与下位法内容相关性实证分析［J］.中国法学，2014（2）：123-141.

［60］渠滢.双重补偿责任下的国有土地上房屋征收补偿范围重构［J］.河北法学，2018（5）：107-116.

［61］阮兴文.权利正义论视角下土地财产权宪法条款之解构［J］.法治研究，2013（1）：17-22.

［62］申建平.对农村集体土地征收补偿范围的反思［J］.比较法研究，2013（2）：100-109.

［63］沈岿.系统性困境中的违宪难题及其出路——以城市房屋征迁制度为例［J］.政治与法律，2010（12）：2-16.

［64］沈守愚.从物权理论析土地产权权利束的研究报告［J］.中国土地科学，1996（1）：24-29.

［65］石肖雪.以财产保障条款为依托的损失补偿机理——功利主义与自由主义的辩证统一［J］.浙江学刊，2017（1）：184-192.

［66］宋志红.美国征收补偿的公平市场价值标准及对我国的启示［J］.法学家，2014（6）：161-175，180.

［67］宋志红.美国征收补偿中的最高最优使用规则及启示［J］.经济研究参考，2016（24）：5-12.

［68］孙丽岩.美国不动产征收的价值补偿问题研究［J］.现代法学，2017（2）：45-155.

［69］孙宪忠.确定我国物权种类以及内容的难点［J］.法学研究，2001（1）：50-65.

［70］唐俐.农垦国有农地征收补偿问题探析［J］.法学论坛，2015，30（4）：139-144.

［71］唐烈英，唐立文．中美两国土地征收补偿比较与借鉴［J］．中州学刊，2014（9）：68-74.

［72］唐林垚．论中美两国征地补偿之异同［J］．农村经济，2015（10）：125-129.

［73］唐云锋，马春华．财政压力、土地财政与"房价棘轮效应"［J］．财贸经济，2017（11）：39-54，F0003.

［74］田韶华．论集体土地上他项权利在征收补偿中的地位及其实现［J］．法学，2017（1）：66-78.

［75］王典权，陈利根．集体土地征收补偿制度变革的立法选择［J］．华南农业大学学报（社会科学版），2014（4）：37-45.

［76］王静．美国土地征收补偿的计算［J］．国家行政学院学报，2008（6）：97-99.

［77］王锴．我国国家公法责任体系的构建［J］．清华法学，2015，9（3）：18-34.

［78］王克稳．我国集体土地征收制度的建构［J］．法学研究，2016（1）：56-72.

［79］王仕菊，黄贤金，陈志刚，等．基于耕地价值的征地补偿标准［J］．中国土地科学，2008，22（11）：44-50.

［80］王太高．论集体土地上房屋征收与补偿立法模式——基于宪法规范的展开［J］．苏州大学学报（哲学社会科学版），2013（1）：66-71.

［81］王太高．土地征收制度比较研究［J］．比较法研究，2004（6）：16-30.

［82］王铁雄．征地补偿与农民财产权益保护问题研究［J］．法学杂志，2012（3）：43-50.

［83］王兆国．关于《中华人民共和国宪法修正案（草案）》的说明——

2004 年 3 月 8 日在第十届全国人民代表大会第二次会议上［J］. 中华人民共和国全国人民代表大会常务委员会公报，2004（S1）：67-74.

［84］吴传毅. 科学发展观视域下的农村土地征收补偿制度思考［J］. 湖南科技大学学报（社会科学版），2011（4）：85-89.

［85］吴克宁，史原轲，路婕，等. 农用地分等定级估价成果在征地补偿中的应用［J］. 资源与产业，2006（3）：50-52.

［86］肖顺武. 从管制到规制——集体经营性建设用地入市的理念转变与制度构造［J］. 现代法学，2018（3）：94-108.

［87］谢根成，杨紫. 土地承包经营权转让制度存在的问题及对策［J］. 管理学刊，2013（1）：19-22.

［88］徐国栋. 公平与价格—价值理论——比较法研究报告［J］. 中国社会科学，1993（6）：119-138.

［89］许迎春，文贯中. 中美农地征收补偿制度比较研究［J］. 西北农林科技大学学报（社会科学版），2013（5）：29-35.

［90］许中缘，崔雪炜. 集体土地征收补偿制度的功能定位［J］. 浙江社会科学，2019（10）：30-39.

［91］薛刚凌，王霁霞. 土地征收补偿制度研究［J］. 政法论坛，2005（2）:9.

［92］杨青贵. 集体土地所有权实现的困境及其出路［J］. 现代法学，2015（5）：74-84.

［93］杨显滨. 论美国征收条款及对我国的启示［J］. 政法论丛，2015（5）：104-112.

［94］杨显滨. 征收视野下的美国社会责任财产权观及对我国的启示［J］. 法学杂志，2015（10）：125-133.

［95］姚佐莲. 公用征收中的公共利益标准——美国判例的发展演变［J］. 环球法律评论，2006（1）：107-115.

［96］叶必丰.城镇化中土地征收补偿的平等原则［J］.中国法学，2014（3）：126-137.

［97］殷琳.国有土地上房屋征收中的土地使用权补偿［J］.城乡建设，2012（9）：85-86.

［98］袁治杰.德国土地征收补偿法律机制研究［J］.环球法律评论，2016（3）：113-136.

［99］张金明，陈利根.论农民土地财产权的体系重构［J］.中国土地科学，2012（3）：41-48.

［100］张丽丽，文峰.我国土地征收补偿范围与标准之探析——兼谈土地行政征收中的权利保障［J］.生态经济，2011（3）：117-120.

［101］张鹏，高波.土地准征收与补偿：土地发展权视角［J］.南京农业大学学报（社会科学版），2015（2）：64-72，126.

［102］张千帆."公共利益"的困境与出路——美国公用征收条款的宪法解释及其对中国的启示［J］.中国检察官，2006（2）：58.

［103］张千帆."公正补偿"与征收权的宪法限制［J］.法学研究，2005（2）：25-37.

［104］张伟，李长健.美国农民土地权益保护机制其评价启示［J］.中国土地科学，2016（1）：47-52，96.

［105］张先贵，刘兵红.集体土地征收立法之法理与制度的框架分析——写在《农村集体土地征收与补偿》出台前［J］.西南民族大学学报（人文社会科学版），2012（6）：95-100.

［106］张先贵.不动产征收立法取向之抉择：土地中心抑或房屋中心？——以《国有土地上房屋征收与补偿条例》为分析样本［J］.安徽大学学报（哲学社会科学版），2012（5）：122-130.

［107］张先贵.中国法语境下土地发展权是如何生成的——基于"新权

利"生成一般原理之展开［J］.求是学刊，2015（6）：85-91.

［108］张翔.财产权的社会义务［J］.中国社会科学，2012（9）：100-119，207-208.

［109］张翔.中外房屋征收与补偿制度比较研究［J］.科学社会主义，2014（1）：121-123.

［110］张元庆，邱爱莲.英国、德国和美国征地补偿制度对比研究［J］.世界农业，2013（6）：54-57，70.

［111］赵谦.完善我国农村征地补偿程序的法律思考［J］.改革与战略，2010（11）：54-56.

［112］郑丽英.关联交易的界定和规范［J］.当代法学，1999（6）：59-61.

［113］郑尚元.土地上生存权之解读——农村土地承包经营权之权利性质分析［J］.清华法学，2012，6（3）：80-95.

［114］郑贤君."公共利益"的界定是一个宪法分权问题——从 Eminent Domain 的主权属性谈起［J］.法学论坛，2015（1）：20-23.

［115］周兰领.征收、征用与补偿的行政法问题研究［J］.行政论坛，2012（2）：52-56.

［116］朱宝丽.征收权与财产权平衡视野下的征收补偿原则［J］.中国土地科学，2012（7）：67-72.

［117］朱广新.房屋征收补偿范围与标准的思考［J］.法学，2011（5）：21-30.

［118］邹爱华.被征地农民的补偿权与社会保障权［J］.政法论坛，2009（3）：100-109.

［119］邹爱华.美国土地征收法的新发展及其对我国的启示［J］.现代法学，2013（4）：150-162.

（二）学位论文

［1］卜炜炜.中国财产征收制度研究［D］.北京：清华大学，2008.

［2］陈晓敏.大陆法系所有权模式的历史变迁——兼释我国《物权法》三种所有权体系下的所有权类型［D］.吉林：吉林大学，2011.

［3］程雪阳.中国土地制度的反思与变革——基于公法的视角［D］.郑州：郑州大学，2011.

［4］刘玉姿.美国征收法中的公用教义［D］.厦门：厦门大学，2016.

［5］刘征.我国土地征收补偿制度研究——以新制度主义为分析工具［D］.武汉：华中师范大学，2013.

［6］柳志伟.农地征收的补偿问题探究［D］.长沙：湖南大学，2007.

［7］卢艳.农地征收补偿与失地居民养老保障研究［D］.长沙：湖南农业大学，2015.

［8］莫静.宪法上国家财产所有权的行使机制研究［D］.南京：东南大学，2017.

［9］彭卫兵.土地承包经营权流转纠纷解决机制研究［D］.长沙：中南大学，2012.

［10］孙聪.美国征收法律制度历史变迁研究［D］.武汉：中南财经政法大学，2018.

［11］王红跃.行政补偿范围研究［D］.北京：中央民族大学，2014.

［12］王玥.旧城改造中住宅被征收人受偿意愿研究——以行为经济学位视角［D］.武汉：华中科技大学，2013.

［13］夏清滨.土地征收补偿的一般标准研究［D］.济南：山东大学，

2015.

　　［14］许迎春 . 中美土地征收制度比较研究［D］. 咸阳：西北农林科技大
学，2011.

　　［15］张旭鹏 . 基于宪法规范的城市土地产权制度研究［D］. 武汉：华中
科技大学，2017.

　　［16］朱子庆 . 海峡两岸土地征收与补偿制度之比较研究［D］. 北京：中
国政法大学，2013.

　　［17］邹爱华 . 土地征收中的被征收人权利保护研究［D］. 北京：中国政
法大学，2011.

（三）英文期刊

　　［1］ASPER L J. The Fair Market Value Method of Property Valuation in
Eminent Domain: Just Compensation or Just Barely Compensating［J］. South
Carolina Law Review, 2007, 58 (3): 4.

　　［2］BELL A, PARACHOMOVSKY G. Partial Takings［J］. Columbia Law
Review, 2017, 117 (8): 2043-2094.

　　［3］BELL A, PARCHOMOVSKY G. Taking Compensation Private［J］.
Stanford Law Review, 2007, 59 (4): 871-906.

　　［4］BELL A, PARCHOMOVSKY G. Takings Reassessed［J］. Virginia Law
Review, 2011, 87 (2): 277-318.

　　［5］BELL A, PARCHOMOVSKY G. The Hidden Function of Taking
Compensation［J］. Virginia Law Review, 2010, 96 (7): 1673-1725.

　　［6］BERGER C J, ROHAN P J. The Nassau County Study: An Empirical
Look into the Practices of Condemnation［J］. Columbia Law Review, 1967, 67 (3):

430-458.

[7] BERGER L. The Public Use Requirement in Eminent Domain [J]. Oregon Law Review, 1978, 57 (2): 203-246.

[8] BERLIN K. Just Compensation Doctrine and the Workings of Government: The Threat from the Supreme Court and Possible Responses [J]. Harvard Environmental Law Review, 1993, 17 (1): 97-150.

[9] BIGHAM H W. Fair Market Value, Just Compensation, and the Constitution: A Critical View [J]. Vanderbilt Law Review, 1970, 24 (1): 63-91.

[10] BLUME L, RUBINFELD D L, SHAPIRO P. The Taking of Land: When Should Compensation Be Paid? [J]. Quarterly Journal of Economics, 1984, 99 (1): 71-92.

[11] BRENNAN T J, BOYD J. Political Economy and the Efficiency of Compensation for Takings [J]. Contemporary Economic Policy, 2006, 24 (1): 188-202.

[12] BU N. Taking Stock: Exploring Alternative Compensation in Eminent Domain [J]. Columbia Human Rights Law Review, 2018, 49 (1): 213-253.

[13] BURDSAL N. Just Compensation and The Seller's Paradox [J]. Brigham Young University Journal of Public Law, 2005, 20 (1): 79-102.

[14] BURRNEY L H. Just Compensation and the Condemnation of Future Interests: Empirical Evidence of the Failure of Fair Market Value [J]. American Journal of Surgery, 1989, 208 (3): 789.

[15] CALANDRILLO S P, BYRNE R. Eminent Domain Economics: Should "Just Compensation" Be Abolished, and Would "Takings Insurance" Work Instead? [J]. Social Science Electronic Publishing, 2003, 64 (2): 451-530.

[16] CHANG Y C. Economic Value or Fair Market Value: What Form of Takings Compensation Is Efficient? [J]. Supreme Court Economic Review, 2012,

20 (1): 35-88.

［17］CLARK C E. The Proposed Condemnation Rule ［J］. Ohio State Law Journal, 1949, 10 (1): 1-16.

［18］COHEN M R. Property and Sovereignty ［J］. Cornell Law Quarterly, 1927, 13 (1): 11-14.

［19］COKEN C E. Eminent Domain after Kelo v. City of New London ［J］. Harvard Journal of Law & Public Policy, 2006, 29 (2): 11-23.

［20］CRIBBET J E. Concepts in Transition: The Search for a New Definition of Property ［J］. University Of Illinois Law Review, 1986 (1): 1-42.

［21］DAGAN H. Takings and Distributive Justice ［J］. Virginia Law Review, 1999, 85 (5): 741.

［22］DAWKINS C J. Recent Evidence on the Continuing Causes of Black-White Residential Segregation ［J］. Journal of Urban Affairs, 2004, 26 (3): 379-400.

［23］DEBOW M. Unjust Compensation: The Continuing Need for Reform ［J］. South Carolina Law Review, 1995, 46 (4): 579-593

［24］DUNHAM A. Griggs v. Allegheny County in Perspective: Thirty Years of Supreme Court Expropriation Law ［J］. Supreme Court Review, 1962 (1): 63-106.

［25］DURHAM J G. Efficient Just Compensation as a Limit on Eminent Domain ［J］. Minnesota Law Review, 1985, 69 (6): 1277-1314.

［26］ELLICKSON R C. Alternatives to Zoning: Covenants, Nuisance Rules, and Fines as Land Use Controls ［J］. University of Chicago Law Review, 1973, 40 (4): 681-781.

［27］ELY J W. The Historical Context of Just Compensation ［J］. Practical Real Estate Lawyer, 2014, 30 (3): 9-16.

［28］EPSTEIN R A. A Last Word on Eminent Domain ［J］. University of

Miami Law Review, 1986, 41 (1): 253-275.

[29] FARBER D A. Economic Analysis and Just Compensation [J]. International Review of Law & Economics, 1992, 12 (2): 125-138.

[30] FEE J. Eminent Domain and the Sanctity of Home [J]. Notre Dame Law Review, 2006, 81 (3): 783.

[31] FEGAN M. Just Compensation Standards and Eminent Domain Injustices: An Underexamined Connection and Opportunity for Reform [J]. Connecticut Public Interest Law Journal, 2007, 6 (2): 269-297.

[32] FREILICH R H. Planning Blight: The Anglo-American Experience [J]. The Urban Lawyer, 1997, 29 (2): vii-xvii.

[33] GARNETT N S. The Neglected Political Economy of Eminent Domain [J]. Michigan Law Review, 2006, 105 (1): 101-150.

[34] GERGEN A E. Why Fair Market Value Fails as Just Compensation [J]. Hamline Journal Public Law amd Policy, 1993, 14 (2): 181-202.

[35] Harvard Law Review Association. Use of Fair Market Value as a Measure of Compensation in Condemnation Proceedings [J]. Harvard Law Review, 1973, 87 (1): 189-196.

[36] HELLER M A, KRIER J E. Deterrence and Distribution in the Law of Takings [J]. Harvard Law Review, 1999, 112 (5): 997-1025.

[37] HOHFELD W N. Some Fundamental Legal Conceptions as Applied in Judicial Reasoning [J]. Yale Law Journal, 1913, 23 (1): 16-59.

[38] HOLDSWORTH W S. A History of English Law [J]. Cambridge Law Journal, 1927, 27 (6): 245-246.

[39] KANNER G. "Fairness and Equity" or Judicial Bait-and-Switch? It's Time to Reform The Law of "just" Compensation [J]. Albany Government Law

Review, 2011, 4 (1): 38-76.

［40］KANNER G. Condemnation Blight: Just How Just is Just Compensation ［J］. Notre Dame Law Review, 2014, 48 (4): 765-810.

［41］KANNER G. When Is "Property" Not "Property Itself" A Critical Examination of the Bases of Denial of Compensation for Loss of Goodwill in Eminent Domain ［J］. California Western Law Review, 1969, 6 (1): 57.

［42］KAPLOW L. An Economic Analysis of Legal Transitions ［J］. Harvard Law Review, 1986, 99 (3): 509.

［43］KATZ S N. Thomas Jefferson and the Right to Property in Revolutionary America ［J］. Journal of Law & Economics, 1976, 19 (3): 467-488.

［44］KLOSKO G. Rawls's Argument From Political Stability ［J］. Columbia Law Review, 1994, 94 (6): 1882-1897.

［45］LEE B A. Just Compensation: The Idiosyncratic in Eminent Domain［J］. Columia Law Review, 2013, 113 (3): 593.

［46］LUNNEY G S. Compensation for Takings: How Much is Just? ［J］. Catholic University Law Review, 1993, 42 (4): 721-770.

［47］MACIA M M. Pinning Down Subjective Valuations: A Well-Being-Analysis Approach to Eminent Domain ［J］. University of Chicago Law Review, 2016, 83 (2): 945-999.

［48］MAIN J T. The Antifederalists: Critics of the Constitution, 1781-1788 ［J］. The New England Quarterly, 1963, 36 (1): 104-106.

［49］MENSCH E B. The Colonial Origins of Liberal Property Rights ［J］. Buffalo Law Review, 1982, 31 (1): 635-735.

［50］MERRILL T W. Incomplete Compensation for Takings ［J］. New York University Environmental Law Journal, 2002, 11 (1): 110-135.

［51］MERRILL T W. The Character of the Government Action［J］. Vermont Law Review, 2012, 36 (3): 649-673.

［52］MERRILL T W. The Economics of Public Use［J］. Cornell Law Review, 1986, 72 (1): 61.

［53］MICHELMAN F I. Property, Utility, and Fairness: Comments on the Ethical Foundations of "Just Compensation" Law［J］. Harvard Law Review, 1967, 80 (6): 1165-1258.

［54］MUNCH P. An Economic Analysis of Eminent Domain［J］. Journal of Political Economy, 1976, 84 (3): 473-498.

［55］OSWALD L J. Goodwill and Going-Concern Value: Emerging Factors in the Just Compensation Equation［J］. Boston College Law Review, 1991, 32 (2): 283-376.

［56］OSWALD L J. The Role of "Harm/Benefit" and "Average Reciprocity of Advantage" Rules in a Comprehensive Takings Analysis［J］. Vanderbilt Law Review, 1997, 50 (6): 1447.

［57］PETERSON A L. The Takings Clause: In Search of Underlying Principles Part I: A Critique of Current Takings Clause Doctrine［J］. California Law Review, 1989, 77 (6): 53-162.

［58］PHILBRICK F S. Changing Conceptions of Property in Law［J］. University of Pennsylvania Law Review, 1938, 86 (7): 691-732.

［59］PLASSMANN F, TIDEMAN T N. Accurate Valuation in the Absence of Markets［J］. Public Finance Review, 2008, 36 (3): 334-358.

［60］POCOCK J G A. The Machiavellian Moment Revisited: A Study in History and Ideology［J］. Journal of Modern History, 1981, 53 (1): 49-72.

［61］POSNER E A, WEYL E G Property is Only Another Name for

Monopoly［J］. Journal of Legal Analysis, 2017, 9 (1): 51-123.

［62］POWELL H J. The Original Understanding of Original Internet［J］. Harvard Law Review, 1985, 98 (5): 885-948.

［63］PRITCHETT W E. The "Public Menace" of Blight: Urban Renewal and the Private Uses of Eminent Domain［J］. Yale law & Policy Review, 2003, 21 (1): 1-52.

［64］RADIN M J. Property and Personhood［J］. Stanford Law Review, 1982, 34 (5): 957-1015.

［65］REISNER M. Western Legal History: The Journal of the Ninth Judicial Circuit Historical Society, 2023, 33 (1-2): 218-220.

［66］RISINGER M. Direct Damages: The Lost Key to Constitutional Just Compensation When Business Premises are Condemned［J］. Seton Hall Law Review, 1984, 15 (3): 483-540.

［67］ROSS T. Transferring Land to Private Entities by the Power of Eminent Domain［J］. George Washington Law Review, 1983, 51 (3): 355.

［68］RUTLAND R A. The Birth of the Bill of Rights, 1776-1791［J］. The American Historical Review, 1956, 61 (4): 979-981.

［69］RYAN P. Democratizing the Nonprofit Sector［J］. Journal of Political Philosophy, 2013, 21 (3): 260-282.

［70］SCHILL M H. Intergovernmental Takings and Just Compensation: A Question of Federalism［J］. University of Pennsylvania Law Review, 1989, 137 (3): 829.

［71］SCHNUR R L, PARACHOMOVSKY G. Is the Government Fiscally Blind? An Empirical Examination of the Effect of the Compensation Requirement on Eminent-Domain Exercises［J］. Journal of Legal Studies, 2016, 45 (2): 437-469.

［72］SERKIN C. The Meaning of Value: Assessing Just Compensation for Regulatory Takings［J］. Northwestern University Law Review, 2005, 99 (2): 677.

［73］SERKIN C. Valuing Interest: Net Harm and Fair Market Value in Brown v. Legal Foundation of Washington［J］. Indiana Law Review, 2014, 37 (2): 417-436.

［74］SOMIN L. Overcoming Poletown: County of Wayne v. Hathcock, Economic Development Takings, and the Future of Public Use［J］. Michigan State Law Review, 2004 (4): 1005-1039.

［75］STOEBUCK W B. A General Theory of Eminent Domain［J］. Washington Law Review, 1972, 47 (4): 553-608.

［76］STOEBUCK W B. Police Power, Taking and Due Process［J］. Washington and Lee Law Review, 1980, 37 (4): 1057-1099.

［77］SUSSNA S. The Concept of Highest and Best Use under Takings Theory ［J］. The Urban Lawyer, 1989, 21 (1): 113-150.

［78］THOMAS J M, HWANG H.Y. Social Equity in Redevelopment and Housing: United States and Korea［J］. Journal of Planning Education & Resesrch, 2003, 23 (1): 8-23.

［79］TREANOR W M. The Origins and Original Significance of the Just Compensation Clause of the Fifth Amendment［J］. Yale Law Journal, 1985, 94 (3): 694-716.

［80］WADE W W. Theory and Misuse of Just Compensation for Income-Producing Property in Federal Courts: A View from Above the Forest［J］. Texas Environmental Law Journal, 2016, 46 (2): 139.

［81］WHITE B. Coase and the Courts: Economics for the Common Man［J］. Iowa Law Review, 1987, 72 (3): 577-635.

［82］WYMAN K M. The Measure of Just Compensation［J］. U. C. Davis

Law Review, 2007, 41 (1): 239-287.

［83］XIONG X, KOCKELMAN K. Cost of Right-of-Way Acquisition: Recognizing the Impact of Condemnation via a Switching Regression Model［J］. Journal of Infrastructure Systems, 2013, 20 (4): 1-21.

［84］ZAMIR D L. The Objectivity of Well-Being and the Objectives of Property Law［J］. New York University Law Review, 2003, 78 (5): 1669-1754.

三、外文案例

（一）美国联邦最高法院案例

［1］Albrecht v. United States, 329 U.S. 599, 602 (1947).

［2］Almota Farmers Elevator & Warehouse Co. v. United States，409 U.S. 470 (1973).

［3］Armstrong v. United States,364 U.S. 40 (1960).

［4］Barron v. Baltimore, 32 U.S. 243 (1833).

［5］Bauman v. Ross, 167 U.S. 548 (1887).

［6］Berman v. Parker, 348 U.S. 26 (1954).

［7］Boom Co. v. Patterson, 98 U.S. 403, 408 (1878).

［8］Boston Chamber of Commerce v. City of Boston, 217 U.S. 189, 195 (1910).

［9］Calder v. Bull, 3 U.S. 386 (1798).

［10］Chicago, Burlington and Quincy Railroad Company v. Chicago, 166 U.S. 226 (1897).

［11］City of New York v. Sage, 239 U.S. 57, 61 (1915).

［12］Hawaii Hous. Auth. v. Midkiff, 467 U.S. 229, 241 (1984).

［13］Kelo v. City of New London, 545 U.S. 469 (2005).

［14］Kimball Laundry Co. v. United States, 338 U.S. 1, 5 (1949).

［15］Lucas v. South Carolina Coastal Council, 505 U.S. 1003 (1992).

［16］Lynch v. Household Fin. Corp., 405 U.S. 538, 552 (1972).

［17］Missouri Pac. Ry v. Nebraska, 164 U.S. 403, 417 (1896).

［18］Mitchell v. United States, 267 U.S. 341 (1925).

［19］Monongahela Navigation Company v. United States 148 U.S. 312 (1893).

［20］Mt Vernon-Woodberry Cotton Duck Co. v. Ala. Interstate Power Co., 240 U. S.30, 32 (1916).

［21］Olson v.United States, 292 U.S.246 (1934).

［22］Penn Central Transportation Co. v. City of New York, 438 U.S. 104 (1978).

［23］Pumpelly v. Green Bay Company, 80 U.S. 166, 178 (1871).

［24］Rindge Co. v. Los Angeles Country, 262 U.S. 700, 707 (1923).

［25］Seaboard Air Line Railway Co. v. United States, 261 U.S. 299 (1923).

［26］United States v. 50 Acres of Land, 469 U.S. 24 (1984).

［27］United States v. 564.54 Acres of Land, 441 U.S. 506 (1979).

［28］United States v. Commodities Trading Corp., 339 U.S. 121 (1950).

［29］United States v. Cors, 337 U.S. 325, 332 (1949).

［30］United States v. Fuller, 409 U.S. 488, 490 (1973).

［31］United States v. Jones, 109 U.S. 513, 518 (1883).

［32］United States v. Miller, 317 U.S. 369 (1943).

［33］United States v. Petty Motor Co., 327 U.S. 372 (1946).

［34］United States v. Thayer-West Point Hotel Co., 329 U.S. 585, 589 (1947).

［35］United States v. Virginia Electric and Power Co., 365 U.S. 624, 633

(1961).

［36］Van Horne's Lessee v. Dorrance , 2 U.S. 304 (1795).

（二）地方法院案例

［1］Beekman v. Saratoga & S.R.R., 3 Paige 45 (N.Y. Ch. 1831).

［2］Bloodgood v. Mohawk & Hudson R.R., 18 Wend. 9 (N.Y. 1837).

［3］Borough of Harvey Cedars v. Karan, 70 A.3d 524 (N.J. 2013).

［4］Bowers v. Fulton, 146 S.E.2d 884, 886 (Ga. 1966).

［5］Carson v. Coleman, 11 N.J. Eq. 106 (N.J. Ch. 1856).

［6］Carter v. Carter, 181 OKl. 204, 73 P.2d 404.

［7］Coniston Corp. v. Village of Hoffman Estates, 844 F. 2d 461,464 (7th Cir. 1988).

［8］Enfield Toll Bridge Co. v. Connecticut River Co., 7 Day 28 (Conn. 1828).

［9］Gardner v. Trustees of Newburgh, 2 Johns. Ch. 162, 167 (N.Y. Ch. 1816).

［10］James River & Kanawaha Co. v. Turner, 36 Va. (9 Leigh) 313, 314 (1838).

［11］Lindsay v. Commissioners, 2 S.C.L. (2 Bay) 38, 47-51 (1796).

［12］Logan v. Stogdale, 24 N.E. 135 (1890).

［13］Los Angeles County Metropolitan Transportation Authority v. Continental Development Corporation, 941 P.2d 809 (Cal.1997).

［14］Lough bridge v. Harris, 42 Ga. 500 (1871).

［15］M'Clenachan v. Curwin, 3 Yeates 362, 371-73 (Pa. 1802).

［16］Miss. State Highway Comm'n v. Hemphill, 176 So. 2d 282, 285 (Miss. 1965).

［17］National Surety Corporation v. Mullins, 262 Ky. 465, 90 S.W. 2d 707.

[18] National Surety Corporation v. Mullins, 262 Ky. 465, 90 S.W.2d 707.

[19] People v. Symons, 357 P.2d 451, 455 (Cal. 1960).

[20] Poletown Neighborhood Council v. City of Detroit, 304 N.W. 2d 455, 410 Mich. 616 (1981).

[21] Popwell v. Shelby County, 130 So. 2d 170, 173 (Ala. 1960).

[22] Prudential Insurance Co. v. Central Nebraska Public Power & Irrigation District, 296 N.W. 752 (Neb. 1941).

[23] Raleigh & Gaston R.R. v. Davis, 19 N.C. (2 Dev. & Bat.) 451, 452 (1837).

[24] Renthorp v. Bourg, 4 Mart. 97, 130-32 (La. 1816).

[25] Respublica v. Sparhawk, 1 Dall. 357, 362 (Pa. 1788).

[26] Rogers v. Bradshaw, 20 Johns. 735 (N.Y. Ct. of Err. 1823).

[27] Ryerson v. Brown, 35 Mich. 333 (1877).

[28] Scudder v. Trenton Delaware Falls Co. 1 N.J. Eq. 694 (1832).

[29] State ex. rel. Department of Highways v. Constant, 369 So.2d 699 (La. 1979).

[30] State v. Hamer, 550 P.2d. 820, 826 (Ala. 1976).

[31] State v. Weiswasser, 693 A. 2d 864 (N.J. 1977).

[32] Tomasic v. Unified Gov't. of Wyandotte County, 962 P.2d 543, 559-60 (Kan. 1998).

[33] United States v. 50 Acres of Land, 469 U.S. 24, 35(1984).

[34] Wisdom v. Board of Sup'rs of Polk County, 236 Iowa 669, 19 N. W. 2d 602.

[35] Wisdom v. Board of Sup'rs of Polk County, 236 Iowa 669, 19 N.W.2d 602.

四、英文规范

[1] Ala. Code § § 18-1A-171, 18-4-14 (LexisNexis 2006).

[2] Alaska R. Civ. Pro. (2007).

[3] Alaska Stat. § 09.55.440 (2006).

[4] Cal. Civ. Proc. Code § 1263.330(West 1982); 26 Pa. Stat. Ann. § 1-604 (West 1997).

[5] Cal. Civ. Proc. Code § § 1268.710, 1268.720 (2007).

[6] California Code of Civil Procedure.

[7] Del. Code Ann. tit. 10, § 6111 (3) (2007).

[8] Fla. Stat. Ann. § 73.092 (1) (2007); Iowa Code § 6B.33 (2007).

[9] Ga. Code Ann. § 22-1-5 (1999).

[10] Idaho Code Ann. § 7-711A (8) (2007).

[11] Iowa Code Ann. § 6B.42 (West 2001); Iowa Code Ann. § 6B.54 (West 2001).

[12] Kan. Stat. Ann. § 26-509 (2007).

[13] La. Rev. Stat. Ann. § § 19:8 & 19:109 (2007).

[14] Magna Carta, Ch. 28 (1215).

[15] Mass. Stats. ch. X (1743).

[16] Massachusetts Constitution of 1780.

[17] Md. Stats. ch. XLIX (1785).

[18] Mich. Comp. Laws Ann. § 213.66 (3) (2007).

[19] Minn. Stat. § 117.175 (2) (2007).

［20］Mont. Code Ann. § 70-30-305 (2) (2007).

［21］N.H. Rev. Stat. Ann. § 498-A: 27 (2007).

［22］N.Y. Em. Dom. Proc. Law § 701 (2007).

［23］N.Y. Stats. ch. CXCIX (1760).

［24］N.Y. Stats. ch. XII (1743).

［25］Neb. Rev. Stat. § 76-720 (2007).

［26］Northwest Ordinance of 1787.

［27］Ohio Constitution of 1851.

［28］Okla. Stat. tit. 27, § 11 (3) (2007).

［29］Rev. Stat. § 35.346 (7) (a) (2007).

［30］Rev. Stat. § 35.510 (2005).

［31］S.C. Code Ann. § 28-2-510 (b) (2007).

［32］S.D. Codified Laws § 21-35-23 (2007).

［33］The body of liberties of 1641.

［34］U.S. Const. amend. V.

［35］Uniform Law Commissioners' Model Eminent Domain Code 1974 Act.

［36］Uniform Relocation Assistance and Real Property Acquisition Policies Act of 1970.

［37］Va. Stats. Ch. xxxix (1705).

［38］Vermont Constitution of 1777.

［39］Wash. Rev. Code § 8.25.070(1)(b)(2007); Wis. Stat. § 32.28 (3) (d) (2007).